心理理论

学龄儿童如何理解他人的思想

Theory of Mind
Beyond the Preschool Years

【美】斯科特·A.米勒（Scott A. Miller）　著
陈英和　译

北京师范大学出版集团
BEIJING NORMAL UNIVERSITY PUBLISHING GROUP
北京师范大学出版社

译者序
Foreword

　　说起心理理论，很像是指描述或解释心理现象的某种理论，但在这里我们所说的心理理论是指代个体所拥有的一种心理能力，一种核心的社会认知能力，这种心理理论(theory of mind)能力在儿童4岁时有了非常明确的表现，具体是指儿童可以对他人的心理状态以及这种心理状态与其行为关系进行推断。

　　无论在这种能力自身的发展上，还是在对其他能力的影响上，心理理论的发展在儿童发展中都扮演着重要的角色。多年来，我一直从事儿童发展研究，其中关于儿童心理理论能力的发展也是我重点关注的内容之一。我们实验室自21世纪初就开始了儿童心理理论方面的相关研究，在内容上涉及儿童心理理论与元认知、执行功能以及反事实推理等因素的关系；在方法上我们尝试对错误信念的经典范式进行修改，以适应年龄更小的儿童来完成等。但正如书中所言，我们的研究对象与以往关注心理理论的学者一样，也主要集中在学前儿童身上。然而心理理论能力的发展并不止步于学前阶段，我们一直希望能考察更大年龄阶段个体的这种能力的发展状况，研发出更好的适应各年龄阶段的测评工具来鉴别和评价这种能力，探索更有效的方法培养和促进个体的心理理论能力。而本书所讨论的问题对我们的上述想法都很有启发。

　　本书有以下几个特点：首先，就是对研究对象年龄段的延伸，本书在关注心理理论这种能力时已将年龄段拓展到四五岁的学前儿童之后，且全面评价了一阶、二阶、高阶心理理论任务所反映的不同年龄阶段个体的相应心理能力的表现特点；其次，是对研究对象的拓展，书中不仅涉及正常群体，还涉及自闭症和老年群体，这对于深入了解心理理论的功能、发展特点等具有重大意义；再次，是研究方法的多样化，书中不仅关注了行为方面的实证研究结果，还提供了认知神经科学方面的证据，这为我们进一步了解心理理论能力的机制提供了非常重要的帮助；第四，是研究内容的深入，书中不仅关注心理理论这种能力自身的发展，还介绍了该能力的发展对其他能力发展的影响。除了上述四个方面的拓展与延伸外，在内容介绍上，本书力图实现学术性和易读性的平衡。书中既涉及了复杂的理论问题，引用了设计严谨的实证研究；还归纳总结了一阶、二阶、高阶经典任务范式，介绍了实用有效的新任务范式，还将该领域的经典研究和相关学科的新近研究进行了很好的整合。

鉴于上述特点，本书适用于多个读者群体，既能为该领域的专家学者提供新的研究视角，又可以为希望系统了解心理理论的初学者提供了较好的基础知识；既能用于大学心理学专业本科生的教学，也可以作为其他相关学科学生的学习资料。

在译作的出版之际，首先，我要感谢原作者米勒教授为我们提供了这样一本出色的著作，我们在翻译过程中受到了作者很多学术思想和研究方法上的启示。其次，我要感谢北京师范大学出版社的何琳老师，感谢她作为本书的责任编辑所做的大量的非常细致的工作。最后，我要感谢我的博士生和硕士生们。本书的翻译工作由我和我的研究生们共同完成，研究生们先进行初译，然后由我进行逐章修改、统稿及统校。参与工作的主要成员有朱小爽、夏彧婷（第一章），李妍君、邓之君（第二章），张萌、林思语（第三章），师东平、白柳（第四章），肖凤秋（第五章），赖颖慧（第六章），周双珠（第七章），张帆、李艺伟、邓小婉（第八章），赵琪、张晓（术语索引）。她们在翻译此书过程中所表现出来的良好的专业素养和严谨认真的学术态度给我留下了非常深刻的印象，本书的顺利完成离不开所有参与相关工作的人们的辛勤劳动，在此一并感谢。

限于我们的水平，书中会有很多疏漏和不当之处，恳请各位专家和读者批评指正，不胜感谢。

陈英和

2015 年 8 月

于北京师范大学

前 言 ▮▮▮

有些标题总是比其他标题能提供更多信息。如果你喜欢《空中蛇灾》和《牛仔和外星人》这类电影（喜欢这类电影的人不多），那你就会知道将要看到什么。

本书的标题并不引人注意，但能让你明白你将看到什么。本书探讨的是个体5岁后心理理论的发展。本书的第一章阐述了写这本书的理由，在这里可以简短地介绍一下：很多心理理论的研究都涉及学前阶段，因此大部分关于心理理论的书籍都聚焦于学前阶段，然而，在个体5岁时，心理理论的发展尚不完善，数以百计的研究（大多是近期的）描述了心理理论的进一步发展情况。近期研究结合了规模更大、历时更久的研究文献，强调从不同的、比心理理论出现更早的角度去理解心理——目前这类文献尚未与心理理论文献充分整合。本书的目标是在某种程度上整合新旧观点，澄清我们已经知道以及有待了解的高阶心理理论知识。

近期以及更早期都有类似的文献。其中一篇文章是我于2009年发表在《心理学报》上的一篇综述（Miller，2009），那篇文章的内容主要是关于经常被研究的高阶心理理论发展：二阶错误信念。本书是对这一主题的更新和扩充，并涵盖了其他一些学龄后期发展的研究，这些研究有些是从心理理论的角度出发的，有些则是基于那些在时间上早于心理理论的理论。

本书更早期的基础是我作为教师、作者和研究者，在研究心理理论之前的经历。这段经历不属于那种"目前正在创造"的类型（这种类型存在于20世纪20年代的日内瓦）。这段经历让我形成了一个对社会和心理理解研究的看法，这个看法是许多心理理论的作者不具有的。我相信，这些经历有助于我从以下两方面扩展以往按年龄段总结心理理论研究的写作方法：一是扩展了研究儿童的年龄，二是扩展了研究文献的年代。

像其他的作者一样，我希望这本书能够使众多不同的读者受益。因为本书的主题宽泛，即使是资深的研究者也可以从中找到他们之前没有意识到的兴趣点；同时我也竭尽所能使这本书通俗易懂，即使对于那些刚刚接触心理理论的学生来说也是如此。另外，本书的部分内容还可作为认知发展课程的补充材料。

我非常感谢那些与我分享未出版或者待出版材料的同事。特别感谢珍妮特·奥斯汀顿（Janet Astington）的帮助，也同样谢谢罗宾·班纳吉（Robin Banerjee），丹尼尔·伯恩斯坦（Daniel Bernstein），大卫·比约克伦（David Bjorklund），朱莉·科迈（Julie Comay），梅勒妮·格林外特（Melanie Glenwright），伊丽莎白·海沃德（Elizabeth Hayward），南希·艾姆·波特（Nancie Im-Bolter），阿什利·金（Ashley King），乔瑞·科斯特—哈勒（Jorie Koster-Hale）林恩·利本（Lynn Liben），劳伦·迈尔斯（Lauren Myers）和丽贝卡·萨克斯（Rebecca Saxe）。

一些佛罗里达大学的学者也通过各种方式给予我帮助。感谢张胜英（Shengying Zhang）帮我翻译了一些关键的中文材料，同时感谢杰基·罗林斯（Jackie Rollins）和吉姆·尤斯（Jim Yousse）在文字处理上的帮助，感谢画插图2-2的朱莉安娜·瓦索洛（Juliana Vassolo）和画插图7-1的康尼·奥尔达斯（Connie Ordaz）。

与黛布拉·里格特（Debra Riegert），安德里亚·塞卡斯（Andrea Zekus），塔拉·尼维斯特格（Tara Nieuwesteeg），杰西卡·劳弗（Jessica Lauffer）和其他心理出版社团队的合作非常愉快。我想对这个杰出的评审团队表示感谢：德里克·蒙哥马利（Derek Montgomery）（布拉德利大学），约翰·D. 邦维利安（John D. Bonvillian）（弗吉尼亚大学），曼纽尔·施普龙（Manuel Sprung）（哈佛大学），马丁·多尔蒂（Martin Doherty）（苏格兰斯特灵大学），珍妮特·王尔德·奥斯汀顿（Janet Wilde Astington）（多伦多大学），艾瑞克·菲利普·查尔斯（Eric Phillip Charles）（宾夕法尼亚大学，阿尔图特）和一个匿名审阅者。特别感谢德里克，我的老朋友，我非常重视他的意见。

最后，衷心感谢索杰塔（Sujata）所付出的一切。

斯科特·A. 米勒（Scott A. Miller）

目 录 ▮▮▮
Contents

第七章 历史联系——心理理论之前的故事 /151

第八章 结 论 /183

第一章

心 理 理 论

让我们先来看三个文学作品中的情节。朱丽叶（Juliet）喝下了安眠药，假装死亡；罗密欧（Romeo）却相信她真的已经死了，因此悲伤过度而自杀。哈姆莱特（Hamlet）以为克劳迪亚斯（Claudius）藏在窗帘后，所以用自己的宝剑猛击窗帘，而实际上是波洛尼厄斯（Polonius）站在窗帘后，不管怎样，波洛尼厄斯是哈姆莱特杀的。奥赛罗（Othello）认为苔丝狄蒙娜（Desdemona）对自己不忠，就把她勒死了，但是奥赛罗是错误的，实际上苔丝狄蒙娜是他最忠诚的一个妻子。

我们能够理解文学作品，是因为作者和观众共享两个基本假设。第一个是，信念是事实的表征，但不是事实本身，因此信念有时是错误的。第二个是，人们的信念决定了他们如何行为。如果信念是错误的，那么行为可能就会与行为者真正期望发生的有所不同。

当然，成人明白这样的假设不代表儿童也是如此。毕竟，儿童并不是莎士比亚（Shakespeare）的目标观众群体。但是，正如每个家长知道的，童话故事中也经常包含着信念和信念的可靠性这个问题。因此，当小红帽（Red Riding Hood）看见大灰狼躺在祖母床上时，就以为它是祖母（至少在一段时间内是这样认为的）。桃乐茜（Dorothy）和她的朋友们相信欧兹（Oz）就是一个能实现她们愿望的仁慈男巫，事实上，这个"男巫"只是一个站在窗帘后面的人。最后再举一个例子[这个例子引用自一个名叫丹尼特（Dennett）的哲学家，1978]，在"潘奇和朱迪"（*Punch and Judy*）的演出中，当潘奇准备将装有朱迪的箱子扔下悬崖时，观看演出的儿童都开心地笑了，儿童笑是因为他们知道朱迪已经逃走了，而且他们也知道潘奇并不知道这件事情。

这样的例子也说明了我们关于信念的常规看法中存在一个深层成分。错误信念（false belief）并不是简单产生的，而是人们有意制造的。因此，奥赛罗认为苔丝狄蒙娜对自己不忠是由于埃古（Iago）想尽办法将这种想法灌输给他；小红帽相信祖母躺在床上，是因为大灰狼故意穿上了祖母的衣服。通常，理解一个故事或者理解真实社会生活，需要人们考虑多种心理状态（mental state）：A 想要让 B 相信……

心理状态的产生、扩大并不终止于此。任何长期的欺骗行为都需要欺骗者预期并且监控情境中人们不同的心理状态。因为，大灰狼相信小红帽想见她的祖母；并且小红帽会认为它就是自己的祖母；大灰狼也相信小红帽会很高兴地看到祖母等着她，因此小红帽就会像大灰狼期待的那样做——小红帽会走得足够近，这样大灰狼就能够抓到并吃了她。相似的，男巫相信桃乐茜和她的朋友们想要各种各样的东西（如一个大脑、一个心脏），也相信桃乐茜和她的朋友们会认为男巫有这样的能力给予她们这些东西，于是她们就像男巫期待的那样，帮助他除掉西方的邪恶女巫。因此，儿童读者知道小红帽或者桃乐茜所想的，他们也知道（至少发展后期的儿童知道）大灰狼和男巫对于小红帽和桃乐茜想法的想法。

在这里介绍几个后面常用的重要专业术语：一个人对于世界上某种事物的信念（如罗密欧关于朱丽叶的信念，小红帽关于大灰狼的信念）被称作一阶信念（first-order belief）。一个人对于另一个人信念的信念（如大灰狼关于小红帽信念的信念，男巫关于桃乐茜信念的信念）被称作二阶信念（second-order belief）。

一阶信念和二阶信念，以及很多其他关于心理世界的认知，组成了长期以来人们所知的大众心理学（folk psychology）和近些年常说的心理理论（theory of mind）。根据大众心理学的假设，不同文化下的人类都有着共同的信念，即认为心理世界的本质是一致的，信念支配着人们的社会交往。虽然这些信念在不同人或不同文化情境下可能会有一定程度的变化，但特定的成分是不变的。这些不变的成分包括以下核心信念：存在不同于物理世界的心理世界，心理世界和物理世界并不总是保持一致的（如错误信念）。正如莎士比亚的例子所说明的，在人们没有将心理作为一种科学之前，即没有出现心理学之前，人们就已经有了关于人类心理的信念系统。我们的确可以追溯到几百年或者几千年前，在希腊文学中找到这样的例子［最著名的就是俄狄浦斯（Oedipus）关于他身世的错误信念］。

儿童在这方面是什么样的呢？正如之前提到的，儿童最终至少可以明白大众心理学的一个核心方面：最基本的领悟，即信念，可能是错的。但总是这样吗？不，并不总是这样的。我们可以做出预期，即这种能力是经过长时间发展形成的。在 4 岁之前，大部分儿童不明白信念可以是错误的，也就是说他们不明白一阶错误信念（first-order false belief）。6 岁之前，大多数儿童不明白关于一个信念的信念可能是错的，也就是说他们不明白二阶错误信念（second-order false belief）。

一 些 历 史

心理学的很多主题都没有明确的起始点——有几个事件可以同时被认为是某领域研究的开端。心理理论也是如此，实际上，心理理论有两个开创性研究。第一个开始于普瑞马克（Premack）和伍德鲁夫（Woodruff）1978 年的一篇文献，他们报告了一系列有关一只名为萨拉（Sarah）的黑猩猩的实验。萨拉不是一只普通的黑猩猩，它的文化适应性很强。在参与这次实验之前，它已经参加过很多语言学习实验。萨拉在这次研究中的任务不是语言学习而是解决问题。普瑞马克和伍德鲁夫通过视频呈现一系列问题，在视频中，一个人面对一些他需要解决的困境。例如，在一个情境中，这个人冷得发抖；在另一个情境中，这个人很饿，但是香蕉却在他够不到的地方。这个过程的最后一步是呈现两张图片，其中一张呈现问题的一个解决办法（打开一个加热器来对抗寒冷，使用一个棍子去够香蕉），另一张图片呈现一些相关的物体，但是没有解决办法。研究问题是，萨拉会不会选择能够解决问题的图片。答案是肯定的。事实上，萨拉成功地解决了一系列不同的问题(只有当图片中的人是萨拉不喜欢的人时，它才会出错)。

普瑞马克和伍德鲁夫认为出现这种结果只可能是因为萨拉考虑了视频中人物的心理状态。因此，为了解决香蕉难题，它必须意识到这个人想要得到香蕉，并且相信这个木棍可以帮助他获得香蕉。它应该有一个心理过程，也就是普瑞马克和伍德鲁夫所说的"心理理论"。

一个个体拥有心理理论，就是说他可以推测自己和他人的心理状态……确切地说，这种推论系统可以被看作一种理论：首先，因为这种状态不是被直接观察到的；其次，这个系统可以用来做出预测，特别是预测他人的行为(p.515)。

普瑞马克和伍德鲁夫的文章引起了之后许多心理学家和哲学家的探讨。虽然所有人都同意萨拉的问题解决技术是令人钦佩的，但仍有一些人认为给萨拉设置的实验任务太过简单。在所有的任务里，如如何得到够不着的香蕉，它都能利用自己的现实知识——它的信念，因此我们没法排除它使用自己的信念就已经足够解决问题的可能性。更清楚地证明心理理论的方法应该是，证明萨拉能够意识到一个不同于自己信念的信念——特别是他人的错误信念，并按这个信念做出行为。这点在丹尼特(1978)的"潘奇和朱迪"的例子中得以证明。儿童可以意识到他人的错误信念。黑猩猩可以吗？

30 年后，黑猩猩能否推测错误信念——黑猩猩明白什么心理现象——这个问题仍然没有得到解决。在此，向那些对该问题感兴趣的读者介绍两个针对黑猩猩心理能力的前沿性研究，这两个研究是迈克尔·托马塞罗(Call & Tomasello，2008)和丹尼奥·波维内利(Povinelli & Vonk，2004)带领的团队完成的。概括来说，托马塞罗团队关于黑猩猩能力发展的研究有更积极的结果，而波维内利团队的研究结果则比较消极。虽然该领域的一些卓越研究者付出了很多的努力，但是不同的意见以及不确定性仍然存在，这说明该问题有很大的挑战性。

不过，这些情境为儿童的错误信念研究提供了一种思路。有趣的是，在丹尼特(1978)发表他的研究时，人们对儿童的错误信念发展情况并不清楚，也就是说没有人研究过儿童的错误信念理解。从 1983 年开始，人们对此问题有了基本了解，这就是心理理论领域的另一个开端。

在 1983 年韦默(Wimmer)和佩尔纳(Perner)报告了第一个有关儿童错误信念的研究。他们设计了一个实验程序，就是现在所说的意外地点(unexpected location)任务或称意外转移(unexpected transfer)任务。在实验中儿童会听到一个故事，故事的主人公麦克斯(Maxi)带回家一块巧克力，放在绿色的柜橱里，然后就出门去玩了，麦克斯不在家的时候，他的妈妈把巧克力从绿色的柜橱里拿出来，用其中一块做了饭，然后把剩下的巧克力放在了蓝色的柜橱里，麦克斯回来之后想吃他的巧克力。给儿童的问题就是"麦克斯会去哪找他的巧克力"。正确答案当然是绿色的柜橱，因为麦克斯不知道他不在的时候巧克力被移动了。然而，儿童如果要给出这个正确答案，那么他必须忽视自己有关现实的知识，并且意识到麦克斯拥有一个错误的信念。一部分 4 岁的儿童和大多数 5 岁的儿童可以正确回答，但是 3 岁的儿童和许多 4 岁的儿童不能正确回答。此后有几百个关于错误信念的研究，得到了一致的结果：儿童不能通过错误信念任务，大多数儿童要到 4 岁或5 岁时才能顺利完成这个任务。

在第二章中将再次讨论有关错误信念和其他一阶信念的研究成果。在此之前，将介绍另一个开创性的事件。该事件正是本书关注的心理理论研究领域的起点。

1985 年韦默和佩尔纳发表了第一个二阶错误信念的研究，这是第一个验证儿童能否领会某人对他人信念的错误信念研究。这个实验过程（将在第三章中重点介绍）和一阶错误信念的实验过程相似，实验中研究者创设了一个情境，情境中主人公会形成一个错误信念，然后问儿童一个关于主人公信念的问题。在这种情况中，错误信念是一个关于其他人信念的信念：约翰（John）并不知道他的朋友玛丽（Mary）已经知道冰激凌车在教堂里，因此约翰相信玛丽认为冰激凌车在公园里。

判断约翰关于玛丽的信念的错误信念是比较困难的。在一阶信念中表现接近完美的 5 岁或 6 岁的儿童，只有少部分能通过二阶信念任务。只有到 7 岁或 8 岁的时候，绝大多数儿童才能通过二阶错误信念任务。

正如即将看到的，后续的研究在一定程度上修正了这个结论。当研究者使用更加简单的评定方法时，儿童通常在更小的年龄就能通过二阶信念任务。然而，韦默和佩尔纳的基本结论还是正确的：儿童后期才能掌握二阶错误信念，通过二阶错误信念任务要求的能力要高于一阶错误信念任务。

本书的目标

普瑞马克和伍德鲁夫（1978）以及韦默和佩尔纳（1983）的研究引发了有关儿童认知能力发展研究的革命。近 20 年来，心理理论都是认知发展最热的研究主题。数以千计的期刊论文以心理理论为主题，并且发展速度并没有放慢的趋势。很多书籍对已有的研究任务进行了总结，或者至少涉及了该领域的某些研究。这其中包括由该领域先驱者撰写的著作：珍妮特·奥斯汀顿（1993）的《儿童心理探索》（*The Child's Discovery of the Mind*），约瑟夫·佩尔纳（Josef Perner，1991）的《理解心理表征》(*Understanding the Representational Mind*)，亨利·韦尔曼(Henry Wellman，1990)的《儿童心理理论》(*The Child's Theory of Mind*)。最近很多有建树的研究者都对此话题提出了他们自己的设想(Carpendale & Lewis，2006；Doherty，2009；Hughes，2011；Moore，2006)。除了这些从整体角度论述心理理论的书籍之外，也有些书籍关注心理理论中某些特殊方面，如语言在心理理论发展过程中的作用(Astington & Baird，2005)和心理理论能力的个体差异研究(Repacholi & Slaughter，2003)。

上面列出的这些优秀资源为感兴趣的读者提供参考。既然已经有了这些资源，那么一个明显的问题就是：为什么还需要另一本关于心理理论的书籍呢？这个答案已经隐藏在了书名中。以往关于该主题的论述都集中在儿童。粗略估计，以往书中引用的研究90％以上都是关于四五岁之前儿童的。如此强调儿童研究是能够理解的：大多数心理理论研究都集中在生命的最初几年，这些研究也证明了心理理论能力在5岁左右就会发生重大发展。但是，无论是研究文献还是个体的发展进程都不会在儿童6岁后就止步。现在已经有上百个研究从各个方面对年龄更大的儿童(一些研究使用成人被试)的心理理论能力进行了探讨。与以往研究类似的二阶错误信念任务是最常使用的研究范式，但这种范式只是众多有趣并且有说服力的实验范式之一。很多研究不仅致力于研究儿童5岁后心理理论能力的发展情况，也关注这种发展的最终结果——儿童以前不能完成，而现在可以顺利完成的是什么？这说明对心理理论领域感兴趣的两个原因：一个是把它作为认知发展的一个重要方面，另一个是认为心理理论的发展可以促进其他能力的发展。

除了简单总结重要文献外，进一步研究高阶心理理论还有几个深层原因。在这里将首先介绍三个原因，随着内容不断深入，后面还会介绍一些。

第一个是心理理论能力的个体差异。心理理论是个体发展的一个重要方面，从这种意义上说，它关注的是所有儿童最终基本都会完成的发展(如掌握错误信念)。在一阶信念的发展中，儿童的个体差异主要体现在以下两个方面。一个是发展的速度，虽然几乎所有儿童都能掌握错误信念，但是其中一些儿童掌握的速度快于其他儿童，这同样表现在受心理理论影响的其他能力的发展中。另一个体现在一些特殊儿童的发展中。在一些综合征患者(自闭症儿童的研究成果是最明确、最有力的)中，并不是所有的儿童都能掌握错误信念以及与心理理论相关的其他基本能力。这些特殊儿童的研究结果为我们提供了两个方面的信息。最明显的就是它使我们从临床角度上了解问题——为什么自闭症儿童在社会交往中表现出明显的不足。此外，对于特殊个案的研究为有关心理理论的一些重要问题提供了有力的证据，这也使我们对心理理论有了更深的了解。

当然，当我们的关注点转向年长儿童时，这两个方面的个体差异仍然存在。

然而，一般情况下，随着年龄增长发展速度上的差异会更加明显，因此也就更有意义，同时，由临床因素导致的发展不足也更容易导致心理理论能力的发展出现问题。随着儿童的发展和掌握越来越多的知识，除了简单的发展速度不同或者发展不足，儿童之间更容易出现优劣层次、本质上的个体差异。随着相关认知和社会能力的发展，这种差异的作用可能会逐步扩大。由于这些原因，相对于一阶信念的研究，对于高阶心理理论的关注能够提供更丰富信息，因为一阶信念的研究只关注拥有或者没有良好的心理理论意味着什么。

第二个关注高阶心理理论发展的原因是，为了拓展人们对存在争议但非常有趣的心理状态的理解：信念的认知状态研究——实际上这是人们最经常研究的内容。有许多儿童研究都直接从各个方面关注了儿童对信念的理解。除了一些特例之外，人们验证信念的方式都局限在两种物理形式中：一个物体的位置或者一个隐匿物体的特性。当然，这不是因为儿童只能解决这两种类型的信念任务，在第二章中，将介绍一些新的形式。无论如何，这些关于一阶信念的文献明显低估了掌握信念的意义。随着儿童的认知能力发展，儿童可以正确掌握的信念显著增多。另外，当我们把关注点转向年龄更大的儿童后，相关的研究文献也大幅增多了，这其中包括了各种形式的信念。这些研究结果大大扩展了一阶信念研究中理解信念（understanding of belief）所代表的意义。

心理学家并不是从 20 世纪 80 年代的心理理论研究开始才尝试探究心理现象的，相关研究在很久之前就存在了，当时使用的是一系列与之相关的主题词（如观点采择、社会认知、人际知觉、归因）。

第三个关注高阶心理理论发展的原因是要关注早期研究中（有一些还在完善中）心理理论的作用机制。以往的两个传统研究范式中，都存在年龄范围较小这个问题：对于心理理论的研究集中于儿童，而对于年龄更大的儿童、青少年和成人的研究则处于停滞状态。的确，心理理论的研究成果非常丰硕，但是早期对于儿童心理理论的研究仍然遗留了很多问题。当我们关注年龄更大的儿童时，机制问题可能会变得更加重要。在稍后会进行解释，我并不是第一个做出尝试的人。但是我希望能够比前人得出更多有帮助的结论。

本书的组织结构

正如刚才说到的，从第二章开始我们将会对以往儿童阶段的一阶信念发展的相关研究进行综述，并对早期或学步儿童和婴儿的心理理论研究进行简要梳理。在开始时整理这些内容会为后续理解高阶发展奠定一个基础，这会帮助我们理解"更高阶的发展是什么样的"这一问题。我们将在第二章看到，5 岁儿童在心理理论理解上有巨大飞跃。在后续章节中，也会看到很多重要的发展即将发生。

第三章主要叙述了二阶错误信念任务的有关内容。这个任务开创了高阶心理理论研究，而且这个任务的关注对象始终是研究中关注最多的 5～10 岁的儿童。然而，它并不是唯一测量高阶心理理论的实验任务，在第四章和第五章中，我们会介绍一些其他方法。

正如前文提到的，心理理论之所以会吸引众多研究者来关注，主要有两个原因：它是儿童认知发展的一个重要表现，并且它可以影响其他认知发展或社会发展领域。如果要说这两点的区别的话，与一阶心理理论相比，二阶心理理论更加关注理解心理理论后的结果，因此很多研究都希望能够在儿童新出现的心理理论能力与其他方面发展之间建立联系。第六章则介绍了一些与此相关的研究。

这本书的另外一个目的就是将以往对于高阶心理理论的研究结果应用到心理现象的解释中。虽然本书中有一些研究提到了二者之间的关系，但最后两章会着重解决这个问题。第七章回顾了在心理理论出现之前，有关社会和心理世界的相关研究。第八章对这两方面的研究进行了对比，指出了它们之间是如何相互补充和拓展的。该章还将做一些一般性的总结和前瞻性的评论。

对于这本书的内容，还有一点需要声明。本书的主要内容限定为一般群体的心理发展。不过，对于心理理论，包括高阶心理理论发展的研究涉及各种不同的临床情境以及群体。此前已经提到过有关自闭症个体的研究，其他群体包括精神分裂症（schizophrenia），躁郁症（bipolar disorder），智力发育迟缓（mental retardation），大脑损伤（brain damage），学习困难（learning disability），沟通障碍（communicative disabilities），注意缺陷（attention deficit）/多动症（hyperactivity disorder）（ADHD），威廉氏症候群（William's syndrome）和正常老化（normal aging）。

本书不可能关注到所有特殊群体，不过，本书的不同部分选择了其中的两种。第一种就是自闭症个体。对于自闭症个体的研究来自于各种通俗读物，这些研究提供了与本书关注问题最相关的绝大部分内容。第二种群体就是老年人，将他们作为研究对象解释了一些在基本研究中存在争论的问题。此外，关注人生发展的最后阶段将为开始于儿童时期的研究画上一个圆满的句号。

第二章

一阶心理理论的发展

　　第一章介绍了二阶错误信念的概念，本书的大多数内容将关注二阶信念任务和其他高级阶段在学龄后期的发展。然而，为了澄清这些高级发展，就必须知道在高级发展之前的发展状况，这样才能明白新的发展是什么以及有什么重要作用。本章的主要目的就是提供这样一个必要的背景。因为内容比较简单并且是经过筛选的，因此本章将边讲述边为大家提供进一步的资源。

一阶错误信念

　　迄今为止，错误信念任务已经成为心理理论研究最常用的方法。虽然有关错误信念的研究不断增加，但一些评论者认为错误信念任务的兴起使其他一些有趣的理解形式被排除在研究对象之外〔Gopnik, Slaughter, & Meltzoff(1994) 称之为"神经质的任务固定化"(neurotic task fixation)〕。然而，基于同样的理由，大多数评论者将错误信念任务看作一种重要的实验方法，这导致了此任务的最初发展，因为错误信念任务阐述了信念理解作为心理表征(mental representation)的一些基本信息(除 Bloom & German, 2000 外)。

　　错误信念任务有很多形式，但大多数都基于两种基本程序。一种是韦默和佩尔纳(1983)创造的意外地点任务或称意外转移任务。正如其名，在这个任务中，问题中的信念是关于一个物体的地点，儿童被试知道这个物体的位置，但故事的主人公不知道，儿童需要对故事主人公的信念进行判断。图2-1呈现了常用的意外地点任务，即萨拉/安妮(Sally/Anne)故事。

　　另一个常用的程序是由霍格瑞夫、韦默和佩尔纳(1986)创造的意外内容任务。这个任务的名字也说明了程序中的目标信念是关于容器中的东西的。一个容器通常装着一种东西(如蜡笔盒或者糖果盒)，而当盒子打开时，里面却装着其他东西(如蜡烛、丝带、硬币———一切熟悉的东西都可以)。实验者打开盒子，儿童看到了意外的东西，实验的问题是：一个没有看到盒子里东西的人会认为盒子里装的是什么。和意外地点任务一样，儿童必须避免自己已知的真实情况对回答的影响，并了解没有看到盒子里东西的人有一个错误信念。图2-2展示了一个意外内容的典型样例。

　　意外内容任务也使用另一种研究方法。除了询问儿童另一个人的信念之外，也可以询问儿童自己最初的信念，如问儿童："在我们打开盒子以前，你认为里面是什么？"儿童能否发现自己的错误信念可反映其是否掌握了错误信念。

　　实验结果表明，4岁以前的儿童不能完成这个任务。考虑到几秒钟前儿童说过盒子中是"蜡笔"(或者其他一些东西)，我们认为关于自己信念的问题应该是比较容易的。但是结果表明，有关自己信念的问题和他人信念的问题难度相当

这是萨拉　　　　　　　　　这是安妮

萨拉有一个篮子。　　　　　安妮有一个盒子。

萨拉有一个弹珠，她把这个弹珠放到她的篮子里。

萨拉去散步了。

安妮把这个弹珠从篮子里拿出来，然后把它放到盒子里。

现在萨拉回来了。　　　她想玩她的弹珠。

萨拉会去哪里找她的弹珠呢?

图 2-1　萨拉/安妮错误信念任务

来源：Frith，U.，*Autism：Explaining the Enigma*，Basil Blackwell，Oxford，1989，p. 160. Copyright 1989 by Axel Scheffler. Reprinted with permission.

(Wellman，Cross，& Watson，2001)。此外，正如在意外内容任务中回答自己的信念和他人的信念没有差别一样，意外地点和意外内容两种程序的研究结果也没有显著的差异(Wellman et al.)。大多数 3 岁儿童均不能完成两种任务，4 岁儿童完成任务的情况没有规律，大多数 5 岁儿童则能够顺利完成任务。但这并不意味着一个儿童在两个任务上的表现保持一致，因为他们经常不是这样的;不过，儿童完成不同形式标准错误信念任务的平均成绩并没有明显差异。

任务修订

研究此领域一段时间后，就会发现错误信念的研究文献和早期皮亚杰研究守

图 2-2　意外内容错误信念任务

恒概念的文献有一些明显的相似之处。在两类研究中，早期关于儿童对世界基本规律理解的开创性研究都存在一些令人惊讶的并且遗留至今的缺陷，后续研究者自然的反应都是探索儿童的理解能力是否像早期研究所说的那样存在局限，也许把评定的方法变得稍微简单一些，更生态化、更适合儿童，儿童就可以表现得更好。在 20 世纪 60 年代到 80 年代，受到皮亚杰启发的研究者发现了这个问题；近 20 年来，错误信念的研究也出现相似的发展。

经典评价程序是否真的低估了儿童对于错误信念的理解能力？答案几乎是肯定的，但对于低估的程度则存在争议。一些人认为儿童能力被严重低估了，顺利完成标准错误信念任务之前，他们的信念理解能力已经发展得很好了。提出这种早期能力理论（early-competence argument）的研究者主要有钱德勒和哈拉（Chandler & Hala，1994），罗斯和莱斯利（Roth & Leslie，1998），以及达西和拜爱宗（Onishi & Baillargeon，2005）（稍后会提到最后一个研究）。我自己的评价比较保守，与大多数研究此领域的研究者的观点一致（当然，这个问题还处于研究阶段，这种观点并不一定是正确的）。很明显，在很多研究中，儿童的信念理解能力比在标准程序中表现得好，不过儿童在这些研究中的进步是有限的，最多表现出对错误信念概念的部分理解，所以，大多数儿童在 4 岁之前不能完全掌握错误信念这个结论仍然是合理的。

韦尔曼等人（2001）在一篇非常有影响的文章中对 20 世纪 90 年代以来相关的研究成果进行了总结。本书曾提到的两个结论都是来自于他们的文章：意外地点任务和意外内容的任务难度没有差异，同时意外内容任务中儿童理解自己和他人信念的难度也没有差异。韦尔曼等人还检验了许多其他可能会影响儿童表现的因素。表 2-1 列出并简要描述了他考虑的因素。从中可以看到很多可能促进儿童表现的因素，包括如何提问、现实信息的显著性、情境是否带有欺骗性。

表 2-1　韦尔曼、柯若思和沃森检验的变量（2001）一阶错误信念的元分析

出版年

一种条件下的被试量和被试平均年龄

通过控制问题的被试量和研究过程中被试的流失率

被试的国籍

任务类型：意外地点、意外内容、意外身份

故事中主人公的特点：木偶或者洋娃娃，图片中的人物，真实人物

目标物体的特点：真实物体，玩具，图画中的物体，视频中的物体

目标物体是否真实出现：目标物出现或者目标物不出现

转移（物体的）动机：欺骗情境或者非欺骗情境

转移的参与度：儿童参与或者不参与转移

主人公的突出心理状态：对主人公信念的强调程度

问题类型：问题中使用的词语是想、知道、说或做

时间顺序标记：问题中是否有明显的时间顺序标记（如"先看这"）

很多因素并没有产生影响，但一些因素可能有促进作用，使儿童的表现高于平均水平。例如，韦尔曼及其同事得出结论：当给儿童提供一个欺骗情境或者当儿童积极参与控制实验刺激时，儿童的表现就会高于平均水平。然而儿童表现的差异是很小的，并且是不一致的，有的研究中出现过，有的研究则没有出现。此外，所有操作都没有有效地使3岁儿童的表现与之前有所不同（之前假设因为实验程序过于复杂，导致幼儿没有表现出真实能力），并且所有研究中3岁儿童的表现都低于概率水平。作者认为，元分析的结果说明"儿童的困难反映的是对此任务核心概念的理解困难，与任务本身任何的特殊要求无关"（Wellman & Cross，2001，p. 704）。

其他反应方式

目前为止，我们讨论的任务改进主要是自变量的变化，也就是变化儿童需要判断的情况。因变量也是可变的，因变量的变化需要改变儿童的反应方式。

在标准任务中，儿童必须对主人公的信念做出明确的判断，而儿童反应的方式是回答一个测试问题，这个问题可以是直接与信念有关的（如"艾姆认为这个盒子中是什么"）或者是一个信念后出现的行为（如"麦克斯会去哪里找他的巧克力"）。如果儿童对于"这个信念可能是错的"有一些萌芽性的理解，那么该如何证明呢？克莱门茨（Clements）和佩尔纳（1994）提出用注视行为作为反应指标。他们让年幼的被试听到一个故事，并让他们用小道具表演出来。故事中有一只叫山姆的小老鼠把它的奶酪留在了蓝色的盒子里然后去睡觉了，当山姆睡觉时，它的朋友把这块奶酪移到了红色的盒子里，山姆醒后说要找它的奶酪。这时实验者问被试："我想知道他会去哪找"，然后给被试机会去注视其中一个地点的方向。

2岁5个月到2岁10个月的被试中很少有朝山姆留下奶酪的地方看的，这是预料中的结果，此年龄的儿童确实无法完成错误信念任务。然而，2岁11月到4岁5个月的儿童中有90%都看向了山姆留下奶酪的那个地方，而这是拥有错误信念的故事主人公才会寻找的地方。对于这个年龄的被试来说，顺利完成错误信念的人数比例大大提高。当使用明确的错误信念问题进行提问时，只有45%的儿童能够正确回答。这个实验和后续的注视行为研究（Carnham & Perner，2001；Garnham & Ruffman，2001；Low，2010；Ruffman，Garnham，Import，& Connolly，2001）表明儿童有一些关于错误信念的模糊知识，这些知识在他们能够对某人的信念做出明确判断之前就已经出现了。

巴奇（Bartsch）和韦尔曼（1989）引入了另一个变量。在标准任务中，儿童必须预测主人公的反应，即基于主人公此刻的想法推测他接下来会想什么、做什么。巴奇和韦尔曼想知道让儿童解释一个错误信念是否比预测一个错误信念更简单。

他们设计了一个场景，在这个场景中主人公正表现出一个错误信念——在钢琴下寻找一只丢失的小猫，实际上这只小猫在床下，儿童的任务是解释这个看起来奇怪的行为。有趣的地方在于，看看儿童能否在学会预测错误信念导致的行为之前，先学会对错误信念后的行为进行归因。实际上很多儿童是可以做到的：3～4岁的被试中有一半同时完成了两个任务，或者同时失败了；剩下的一半被试中有11人只完成了解释任务，而只有1个人完成了预测任务。

解释和预测的比较是存在争议的。一些研究（Dunn，Brown，Slomkowski，Tesa，& Youngblade，1991；Robinson & Mitchell，1995）证实巴奇和韦尔曼使用错误信念的解释方法发现儿童有更好表现的结果是错误的，其他人重复这个实验并没有得到相同的结果（Foote & Holmes-Lonergan，2003；Hughes，1998）；甚至在一些研究中儿童预测错误信念的表现优于解释错误信念（Flynn，2006；Perner，Lang，& Kloo，2002）。此外，传统方法的拥护者还指出了对比预测和解释错误信念时的复杂性（Perner，Lang，et al.，2002；Wimmer & Mayringer，1998），如很难确定两种方法中出现的人数比例的变化是同质的。如果把如何提出解释以及解释的方式这两个问题考虑在内，结果就可能会随之变化。更让人印象深刻的是，有些儿童在解释信念的时候会自发地提到错误信念，但这通常是相当罕见的。一个更容易的符合标准的做法就是简单地回答"X 在想什么"，这个问题是简单的陈述信念。在这篇文献中，一些儿童确实能够在预测错误信念之前解释错误信念，说明儿童具有一些在标准任务中未表现出的错误信念理解能力，但是这个差别并不是很大，也不是普遍存在的。

或许与标准实验任务差别最大的就是完全不使用实验任务。我们所有人，包括儿童，经常讨论心理状态——我们（或他人）想要什么，在想什么，感觉怎么样等。也许可以简单地从儿童的谈话中收集一些心理理解能力的证据。早期研究中使用这种方法的文献包括布瑞斯顿和比格理（Bretherton & Beeghly，1982）还有尚茨（Shatz），韦尔曼和西尔伯（Silber，1983）的研究。巴奇和韦尔曼（1995）的著作《儿童们关于心理的谈话》（Children Talk About the Mind）对这种方法进行了详细解释。

巴奇和韦尔曼（1995）使用了儿童语言交流系统（the Child Language Data Exchange System，CHILDES）。儿童语言交流系统是一个共享的数据库，其中收集了上百个幼儿语言研究的数据，建立它的目的是给感兴趣的研究者提供方便（MacWhinney，2000a，2000b）。这个数据库对于儿童语言研究者来说是一个非常棒的资源，同时它也是心理学研究中数据资源共享的一个很好的例子。从发表开始，这个系统已经为3000多份出版物提供了数据基础。

巴奇和韦尔曼（1995）的兴趣点并不在语言本身，而在于它涉及的心理状态。

他们的分析主要关注两种心理状态：欲望（类似的词如想要、希望和愿望）和信念（类似的词如像、知道和相信）。在编码这些词语时，他们仔细区分涉及真实心理状态的情况和其他惯例性的情况（如重复父母刚才说过的一些话，常见的短语如"你知道什么"）。就此而言，尤其有教育意义的是出现对比性陈述（contrastive statement），也就是说在陈述中儿童明确地描述了信念和现实或者一个人的信念和另一个人信念的对比。

表2-2呈现了一些在解释错误信念时出现的语言，3岁以前的儿童是不会出现这些语言的，这与错误信念的实验研究结果是一致的；但是可以发现很多3岁的儿童使用了这些语言，在标准错误信念任务中，这个年龄的儿童很少会有这样的表现。这些结果说明儿童也许拥有一些错误信念的知识，但在典型的实验程序反应中没有表现出来。当然，回顾此领域的早期研究也能得到这个结论。然而正如巴奇和韦尔曼（1995）提到的，也许数据分析使用的10个儿童是属于发展过快的个体，不能代表3岁儿童的一般水平。确实，后续研究为这种可能性提供了一些支持（Sabbagh & Callanan，1998）。

表2-2　儿童自发提及错误信念的例子，来自巴奇和韦尔曼（1995）对儿童语言交流系统数据库的分析

儿　童	年　龄	陈　述
亚当	3岁3个月	它是一辆巴士，我以为是一辆出租车
罗斯	3岁4个月	我认为你在你的家里
亚伯	3岁5个月	人们认为德拉库拉很凶恶，其实他很友善
亚当	3岁6个月	（尝了胶合物后）我不喜欢它，我以为它很好吃
亚伯	3岁7个月	我认为……我想我可以把这纸拿走，除非这里没有纸
马克	3岁8个月	当我们散步的时候我以为我们走丢了。我认为我们走丢了
亚伯	4岁8个月	你看见云了吗？（大人们解释说他们看见烟火中冒出了烟）但我认为它们是云
萨拉	5岁1个月	保罗在哪？我认为他要把他留在这里

来源：Bartsch，K.，& Wellman，H. M.，*Children Talk About The Mind*，Oxford University Press，New York，1995，pp. 46，52，53，115. Copyright 1995 by Oxford University Press, Inc. Reprinted with permission.

其他类型的信念

刚才讨论过的自然语言数据扩展了研究情境的范围，也扩展了可以从中推论信念理解能力的儿童行为，但是这样的研究同样扩大了儿童需要处理的信念的范围。自发产生的错误信念任务可能不仅包括一个物体的地点或者一个容器中的东西，如麦克斯或者蜡笔盒情境，还包含许多其他类型的信念，表 2-2 中提供了一些例子。

对任何事物的信念都可能是错误信念评估的对象。实际上，很少有错误信念研究关注物体地点或物体以外的内容。在这里介绍两个类似研究：一个是约翰·弗拉维尔(John Flavell)和他的同事所做的研究，另一个是本书作者自己做的研究。

弗拉维尔的研究(Flavell，Flavell，Green，& Moses，1990；Flavell，Mumme，Green，& Flavell，1992)包含了不同类型的错误信念，如一些关于道德的信念(如认为可以打人的信念)、关于社会惯例的信念(如认为可以穿睡衣去学校的信念)、关于价值的信念(如吃草是很有趣的信念)。为了对比，他的研究中还包括关于物理现实的信念，其中既有错误信念评估中常用的信念，也有反映对现实错误理解的信念(如认为狗会飞的信念)。这些研究发现，儿童判断价值的矛盾信念(discrepant belief)比判断有关物理现实的矛盾信念更好。考虑到价值是更加主观的，与物理现实相比没有对与错之分，这也许是个意料之中的结果。然而在大多数研究结果中，新形式信念任务表现出了与标准信念任务一致的发展过程：新形式信念任务和标准形式信念任务之间没有什么差异，儿童无法完成两种任务，而年长儿童可以顺利完成。

我和我的合作者进行的一系列研究(Miller，Holmes，Gitten，& Danbury，1997)关注儿童的错误信念源于发展中的错误概念(developmental misconceptions)，即在发展过程中的某个特殊时期，人们自然形成的对于世界某些方面的错误理解。我们关注的特殊错误概念是儿童不能理解外表—现实的区别(appearance-reality distinction)(详细内容在本章后面部分进行讨论)、不能理解感知差异、不能理解视线、不能理解生长和遗传等特定生物原则(biological principle)。研究的目的是探究已经掌握了相关概念的儿童被试能否意识到他人可能拥有和自己不同的信念。答案是肯定的，但只有 4 岁半或者 5 岁的儿童才能完成这个任务。因此，基于错误概念的错误信念与物理现实错误信念研究得出了类似的结果：3 岁儿童很少能够理解，5 岁儿童能够很好地理解。

弗拉维尔等人(1990，1992)和米勒等人(1997)的研究都修正了已被普遍认可的掌握错误信念的时间表，同时拓展了儿童能力发展相关结论的推论范围。意识到某人可能对一个物体的位置有暂时性的错误认知，并不意味着儿童能够意识到某人可能无法区分外表和现实，或者相信人们可以看到转角处的情况是可能的，但这些(仍然相当有限)证据表明，儿童能够掌握一种错误信念时，他也可以掌握其他错误信念。

婴儿有错误信念吗？

先前讨论的研究并没有对传统儿童错误信念能力的研究结果构成威胁，只是对传统研究结果进行了两个方面相关的修正：第一方面是错误信念的掌握并不是单一的，即从缺失到掌握的转换，而是在完全掌握之前，儿童会掌握部分错误信念的知识；第二个方面是儿童在顺利完成标准任务前至少可以完成一些错误信念的理解任务。

对传统观点更为严重的挑战来自于最近的一项研究，这项研究表明 13 个月的婴儿也可以认识到他人的错误信念。如果确实如此，那么这个研究结果将会彻底改变错误信念发展的已有图景，还会引起心理理论发展相关理论的重大修订。

首先介绍实验方法，婴儿不会说话，也不能理解他人语言的意思。这意味着也许 99% 适用于儿童或成人的评估方法都不能在婴儿研究中使用，包括与被试谈话、引起被试的语言反应等。婴儿研究面临着很多挑战，但不容置疑，最大的挑战是婴儿的反应方式：需要使用一些婴儿能够做到的，并且研究者能够从反应中推论其想法、理解或感觉的反应指标。

婴儿认知发展研究中最常用的反应方式就是注视行为。婴儿从出生开始就会注视视觉范围内的刺激，而且从出生开始，婴儿就有选择地注视不同物体，也就是说，婴儿发现一些刺激比其他刺激更有趣。一个会让婴儿觉得有趣的因素是惊讶：婴儿对那些让他们感到吃惊的刺激会注视更长时间。如果一件事情与预期相违背——如果现实和想的情况不一样，就会让人觉得吃惊。通过观察什么刺激令婴儿惊讶，也可以了解什么是我们期待的，进而了解什么是我们相信的。例如，（以最常用的研究为例）设计一个明显与客体永久性（object permanence）相违背的程序，也就是说，让一个物体神奇般地消失了，那么婴儿就会表现出惊讶。婴儿的反应说明他预期这个物体仍然在那，说明他掌握了皮亚杰所说的客体永久性的第四个发展阶段。

近年来，期待冲突范式（violation-of-expectation method）被广泛地应用于婴儿对物理世界理解的研究中，包括皮亚杰式的发展研究，如客体永久性研究以及对物理法则（如重力、惯性）一般性理解的研究。最有影响力的研究项目就是雷尼·拜爱宗（Baillargeon, 2004; Baillargeon, Li, Ng, & Yuan, 2009）和伊丽莎白·斯皮克（Spelke, Breinlinger, Macomber, & Jacobson, 1992; Spelke & Kinzler, 2007）的研究，甚至可以说他们的研究改变了人们对婴儿认知能力领域的观点。婴儿明显知道得更多，并且在此领域的权威——皮亚杰流派公认的年龄之前，也就是生命的早期，婴儿就知道了很多知识。然而，婴儿知道的具体内容比传统观点认为的多多少这个问题还存在争论，在后面将继续对这点进行探讨。

　　达西和拜爱宗(2005)在婴儿错误信念研究中开创性地使用了期待冲突范式。婴儿观看一个情景剧,剧中的主角有一个关于物体地点的正确或者错误的信念。然后主角在与他信念相符或者相反的地点寻找这个物体。当主角寻找物体的地点和预期不相符时,婴儿的注视时间明显增长,也就是说婴儿对行为和信念之间的矛盾感到惊讶。不管怎样,这种现象只有在婴儿精确判断信念,包括故事主人公拥有的错误信念是什么之后才会出现。

　　这个结果表明 15 个月的婴儿期待故事中的主角到他们认为的地点去寻找玩具,不管他们潜藏的信念是对还是错。这样的解释对幼儿才会出现心理理论表征从无到有的变化的观点提出了质疑。(p.257)

　　从达西和拜爱宗的研究开始,已经有很多研究结果证明婴儿明显可以理解错误信念(Buttelmann, Carpenter, & Tomasello, 2009; Scott & Baillargeon, 2009; Song, Onishi, & Baillargeon, 2008; Surian, Caldi, & Sperber, 2007; Trauble, Marinovi, & Vesna, 2010),值得注意的是,这些研究结果来自于不同的实验室,这使我们能更安心地接受这些结果。苏然等人的研究把理解错误信念的年龄提前到了 13 个月。

　　然而这些令人吃惊的结果受到了很多质疑。许多挑剔的评论者对这些研究中儿童的优异表现进行了更简单的、低水平的解释(Perner, 2009; Perner & Ruffman, 2005; Ruffman & Perner, 2005; Stack & Lewis, 2008)。近几年的婴儿研究文献(有趣的是,所有结果都出自于富有经验的婴儿研究者)中普遍出现了一些批评意见,他们对能从注视时间指标推导出哪些结论提出了质疑(Cohen, 2009; Haith, 1998; Kagan, 2008)。虽然这些结论的细节上有一些不同,但基本的主题是一致的:仅使用单一的注视时间作为因变量推论婴儿的基本知识,如客体永久性和错误信念等,以及婴儿所有形式的心理活动(如婴儿"论证""计算""推理")是否合理。

　　讨论了这些反对意见后,介绍几个得出了婴儿具有错误信念理解能力的研究结果,这些研究使用的都是记录反应行为的方法,并不是注视时间,因此不会受到只有注视时间这个反应指标的批评(Buttelmann et al., 2009; Southgate, Senju, & Csibra, 2007)。此外,迄今为止本领域最为全面的综述——卡朗(Caron, 2009)(他自己本身对婴儿研究是很有经验的)关于在两种观点的争论中反对早期能力论的完美回顾(但是查阅苏丹的研究,似乎做出这种推论要更为谨慎,2011)。这仍有一些问题尚待解决,如以往研究中的结论需要进一步的探索,而且还有一个非常明显的问题还没有答案:如果婴儿在 13 个月时对错误信念有了一些理解,为什么在 3 岁或 3 岁以前无法顺利完成标准任务? 答案很可能是因为完成标准任务有更多要求,但是关于标准任务中更多要求指的是什么并没有一致的观点(Apperly &

Butterfill，2009；Scott & Baillargeon，2009；Wellman，2010）。

本书中对讨论的很多主题的名字都是暂定的，可以随着未来发展而不断调整，不过对于这个研究领域，没有比婴儿错误信念更合适的名字了。

其他认知方式

虽然错误信念的形成很重要，但它并不能完全说明儿童完全理解了认知状态。心理状态包括想法、信念、认知、记忆，意味对世界的准确表征。这一部分将介绍几个其他的发展任务。

儿童的一个主要发展任务就是学会使用不同的证据形成不同的信念，错误信念任务是其中一类。在有错误信念的情况下，一个令人误解的信息导致了一个错误信念；相反，在有正确信念或者知识的情况下，足够的信息使人形成正确信念；在信息缺失的情况下，没有信息，人们则无法形成信念；最后，在模糊信息的情况下，双面性的信息可以使人得出两个结论，因此人们的信念是不确定的。

儿童在掌握错误信念时可以同时理解简单的知识或者信息缺失的情况。因此4岁时，大多数儿童可以意识到如果 A 看了箱子，而 B 没有看，那么 A 就知道箱子里装的东西，而 B 不知道（Pratt & Bryant，1990）。大多数 4 岁儿童（虽然不是全部）可以利用一些语义提示信息来理解知识——他们可以区分"知道"和"认为"，也可以区分"是"和"也许是"（Montgomery，1992）。

在看箱子任务中，知觉是知识的来源。但是知觉并不是学习知识的唯一方式，儿童也可以通过别人告知（因此语言沟通也是获得知识的一种方法）或者通过一些可利用信息推论［因此逻辑推理（logical inference）也是获得知识的一种方法］来学习知识。虽然掌握这些能力会晚于知觉能力，儿童依然可以通过与人沟通或者推论学到知识（Miller，Hardin，& Montgomery，2003）。

除了判断是否知道某些事物，儿童也能理解事物是如何被知道的。不过，儿童在完全掌握这些能力之前对它的理解会表现出明显的不足。例如，4 岁的儿童会抱怨说他们早就知道实验者刚刚教给他们的一个知识（Taylor，Esbensen，& Bennett，1994）；学习知识的几秒钟后，3 岁儿童可能就无法说出他们是通过视觉、触觉还是听觉获得这些信息的（O'Neill & Chong，2001；O'Neill & Gopnik，1991）。

虽然最初存在这些困难，儿童仍可以在 5 岁的时候理解很多基本知识。相反，对于大多数模糊形式的知识，他们要到学龄阶段才能理解。实际上，对儿童发展的这一理解是迈克·钱德勒及其同事（Chandler & Carpendale，1998；Chandler & Sokol，1999）的主要成就，他们的理论是为数不多的关注学龄期心理理论发展的理论之一。本书将在第五章探讨对模糊知识的理解。

皮亚杰有关观点采择能力的理论，涉及儿童理解他人心理状态（如他们看见了什么、他们心里想的是什么、他们感觉怎样）的能力，这无疑可以归类到现在称为心理理论的研究中。然而皮亚杰的观点采择关注相对复杂的知识形式（如著名的三山实验），直到童年中期，儿童才能掌握相关知识。最近很多研究使用更简单的实验形式，使儿童的能力能够更早地表现出来。观点采择的第一阶段是指儿童能够意识到一个人可以看到一个物体，而另一个人可能看不到。比如，如果我使一本图画书朝向我而背向你，那么我可以看到这幅画而你看不到。观点采择的第二个阶段是更高级的，儿童知道另一个人对同一个物体可能有不同的感知。因此，如果我把图画书平放在我们中间，则我看到的图是正向的，你看到的是颠倒的。简而言之，观点采择的第一阶段中，儿童要做的是判断某个东西是否会被看到，而在第二阶段，儿童要做的是判断如何看到的（Flavell, Miller, & Miller, 2002）。研究证明，2 岁半的儿童对于观点采择第一阶段有一些理解；在 4 岁左右，儿童可以掌握观点采择的第二阶段。

认知领域中一个更深入的主题是外表—现实任务（appearance-reality task）。这个任务由约翰·弗拉维尔（Flavell, Flavell, & Green, 1983）于 20 世纪 80 年代早期设计完成，而这时心理理论还没有作为一个明确的研究主题出现，然而后来它被划分到心理理论的主题之下。正如任务的名字，这个任务检验的是儿童区分某物体的外表和其真实特性的能力。当然，最令人感兴趣的是当外表和真实特性存在分歧时，儿童完成任务的能力。例如，假设给儿童看了一张白色蝴蝶的图片，然后在图片上放了一张红色的滤光纸。可以问儿童两个问题："当你看到这只蝴蝶的时候，它看起来是红色的还是白色的？""实际上，这只蝴蝶是红色还是白色的？"（在这些研究中将会加入相当数量的言语预实验，以确保儿童能够理解所问的问题）大多数 3 岁的儿童和一些 4 岁儿童会在两个问题中都回答"红色"，这表现出他们并没有区分外表和现实的能力。他们能够正确认识外表，但是不能正确认识真实特性。

另一类型的任务使用了一些故意设计得看起来像另一个东西的物体。常用的刺激是海绵/岩石：一个看起来像灰色岩石的泡沫橡胶海绵。当儿童有机会触摸海绵并且了解它的真实属性后，将问儿童两个问题：它看起来像什么以及它真正是什么？儿童倾向于得出与真实属性一致的答案，他们可以说出这个物体是一个真正的海绵。然而，引人注目的是他们对于外表的判断是错误的，即他们会把这个看起来像岩石的物体说成看起来像海绵。因此，这类错误和有色滤纸任务的错误是相反的。

错误信念、外表—现实任务显示了儿童在理解（有时缺乏理解）表象时的一些基本原则，即某些事物的外表只是一种表象，可能与这个事物的实质有差异。另一个相似点——不仅仅是和错误信念相似，也和观点采择的第二阶段相似——是这三个发展任务都依赖于双重表象(dual representation)能力的发展，这种能力是指同时用两种方式来表征一个物体的能力。比如，蝴蝶看起来是红色的，但实际上它是白色的；我看一只海龟是头朝上的，你看则是颠倒的；我知道盒子里装的是蜡烛，但欧尼以为是蜡笔。鉴于这些共同的核心，三个研究结果存在正相关就不足为奇了(Flavell，Green，& Flavell，1986；Gopnik & Astington，1988)。需要说明的是，基本的外表—现实任务的结果和标准错误信念一样，会受到方法修订和不同解释的影响(Hansen & Markman，2005；Sapp，Lee，& Muir，2000)。

其他心理状态

在某种意义上，目前为止讨论的内容体现了心理理论的最初 10 年的研究焦点：最感兴趣的心理状态是信念，最感兴趣的发展阶段是学前阶段。考虑到最初的关注，产生了一个合理的问题——这是很多研究者在 20 世纪 90 年代面对的问题——接下来要研究什么？

图 2-3 来自弗拉维尔(2000)，给了我们一个思考这个问题的思路。一个清晰的探索方向为时间顺序(chronological)：从更早开始，向更晚走去。正如图 2-3 所示，这样做将使我们确认更多的发展成就不仅仅存在于学龄前的那几年，还有年龄更小的儿童展示出更早、更基本的发展，以及年龄较大儿童显示出的更进一步的发展，后者是这本书的主题。时间顺序的探索对阐述心理理论的两个基本问题同样重要：什么是诸如错误信念、外表—现实发展的前提条件；反之，在年龄稍长的儿童身上可能有这些发展吗？

第二个探索方向是分主题的，而不是按时间顺序区分的。尽管信念和其他的相应心理状态很重要，但是它们不是人类经历的唯一心理状态，因此也不是儿童必须理解的唯一心理状态。图 2-3 列举了发展的其他一些目标(愿望、意图等)，但这个清单并没有完成，本书也难以完成所有目标，因此将考虑两个状态：愿望和情绪。当然，可以在包含早期一阶发展的各种书中找到更充分的表述。

愿 望

和信念一样，愿望在哲学家的思维里是"有意图的"，因此愿望是与这个世界上的事物有关。如果我们思考一个苹果、一本书或者一个朋友，可能是我们渴望一个苹果、一本书或者一个朋友。但是思维与世界的关系(mind-world relation)在

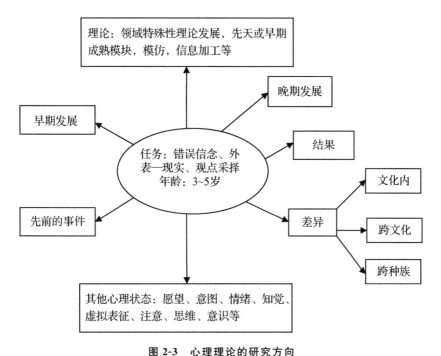

图 2-3 心理理论的研究方向

来源：Flavell，J. H.，*International Journal of Behavioral Development*，24 ，2000，p. 18. Copyright 2000 by SAGE Publications. Reprinted with permission of SAGE.

这两种情况下是不同的，信念是为了准确反映这个世界，因此它可能存在正确或错误；而愿望没有对错，讨论愿望对错也没有意义，愿望只有满足与未满足。

儿童很早就开始在生活中讨论愿望。表 2-3 呈现了巴奇和韦尔曼(1995)对儿童语言交流系统中的一些样本的分析。意料之中的是，大部分的被试都使用词"想"（want）——在巴奇和韦尔曼的统计中，97％的愿望表述与"想"有关[而不是"愿望"（wish）、"希望"（hope）、"在意"（care）、"担心"（afraid）]。这些样本大部分来自 2 岁的儿童，这个年龄组还没有产生有关信念的动词。巴奇和韦尔曼的主要结论之一就是儿童在发展中讨论愿望要比讨论信念早。

表 2-3 儿童愿望自发参照的例子，来自巴奇和韦尔曼(1995)
对儿童语言交流系统数据库的分析

儿 童	年 龄	陈 述
亚伯	2 岁 5 个月	我想要蔓越橘蛋糕，我喜欢这个
亚当	2 岁 6 个月	不，我不想坐下

续表

儿　童	年　龄	陈　述
亚伯	2 岁 8 个月	我想让你把热巧克力放在上面
亚当	2 岁 8 个月	别想要书
内奥米	2 岁 11 个月	我想穿这件
亚当	3 岁 5 个月	我想玩这个
萨拉	3 岁 10 个月	我想要一只海龟，但我不能有
亚伯	4 岁 2 个月	我希望我们今天收到一些邮件

来源：Bartsch，K.，& Wellman，H. M.，*Children Talk About the Mind*，Oxford University
　　Press，New York，1995，pp. 70，71，78. Copyright 1995 by Oxford University Press，inc.
　　Reprinted with permission.

　　实验研究是不是同样显示愿望理解早于信念？对于这个问题可能没有唯一的、全面的回答，因为它依赖于关注的是愿望和信念的哪一部分（这一点同样适用于下一个情绪主题）。然而，在很多方面，年龄较小的儿童对愿望的理解确实要早于对信念的理解。例如，在 3 岁前（一些儿童甚至更早），儿童意识到人们是基于愿望行动的，如一个男孩想要他的宠物兔子，他会去寻找这个兔子；他们还会评估结果是否满足愿望，如他们意识到如果男孩找到他的兔子，他将会停止寻找，但是如果最初的寻找不成功，他将会继续；他们还会评估愿望满足与情绪之间的关系，如果男孩找到兔子他将会高兴，如果没找到将会伤心（Wellman，1990；Wellman & Woolley，1990）。

　　可能最让人印象深刻的早期发育成就是，愿望不是从 3 岁开始的，而是从学步时期开始的。雷帕科利和高普尼克（Repacholi & Gopnik，1997）让14～18 个月的被试选择两个小吃中的一个：金鱼饼干或者西兰花。和预想的一样，几乎所有被试都更喜欢饼干。然后，这些儿童观看一个成年实验者进行示范，面对两个小吃，她明显表现出对西兰花的偏好。然后再将这两个小吃放到儿童的面前，此时实验者将手心朝上，让儿童给她一个。大部分 14 个月儿童会给她饼干，这是他们自己喜欢的；但是大部分 18 个月儿童会给她西兰花，这表明他们意识到不同人可能会有不同的愿望。因此对矛盾愿望（discrepant desires）的理解比对矛盾信念的理解要更早出现。（但 Doherty，2009，认为在解释这个结果时需要更谨慎）

　　下面对心理理论的理论进行简短的讨论。主要介绍最有影响的理论之一，即亨利·韦尔曼（1990）的理论。在韦尔曼的概念体系中，年幼儿童最初形成一个愿望理论（desire theory），他们用愿望来解释行为，而没有意识到信念的重要性。到 4 岁时，这种最初的理论被信念—愿望心理学（belief-desire psychology）替代，儿童意识到愿望和信念共同影响行为。

情　绪

巴奇和韦尔曼(1995)对儿童语言交流系统数据库中的数据进行分析时,并没有对情绪的分析。但是,从他们引用的被试以及其他的研究都可以看到,儿童很早就开始讨论情绪(Bretherton & Beeghly, 1982)。这里有几个 2 岁 4 个月儿童的例子:"如果我在厕所里小便的话,圣诞老人会高兴的。""别伤心,鲍勃。""爸爸让我惊讶了。""蜜蜂到处都是,我很害怕!""别发疯了,妈妈!"(Bretherton & Beeghly)

儿童不仅很早就开始谈论情绪,他们还会听周围人讨论情绪。朱迪·邓恩(Judy Dunn)及其同事的研究(Dunn, Bretherton, & Munn, 1987;Dunn, Brown, & Beardsall, 1991)认为这种"家庭谈话"(family talk)中关于情绪的部分会帮助儿童理解情绪。接触关于情绪的谈论越多,儿童自己谈论到的情绪也会越多,他们也会更容易理解他人的情绪。

实验研究清晰地指出,掌握情绪的不同方面需要数年的时间。正如之前看到的,儿童在发展的早期就可以理解愿望满足和接下来的情绪之间的关系,然而对于惊讶和好奇这些基于信念的情绪理解会发展得晚一点儿,不过对于晚多少还存在不同的意见(Hadwin & Perner, 1991;Wellman & Banerjee, 1991)。

在一些情境中,获得的线索(如面部表情)和暗藏的情绪间的关系并不清晰。在一种所谓的表现规则(display rules)情境下,人会试图隐藏自己的真实感受(如在收到不满意的礼物时依然微笑)。这也可能会出现在混合情绪的情境中,对同一事件,人可能会同时产生积极和消极的情绪。尽管学前儿童已经能够成功地对简单情境进行判断,但是对隐藏和混合情绪的完全理解是在整个儿童期逐渐发展的(Flavell et al., 2002)。

和愿望一样,情绪没有真假之分。但是情绪在当时的情境中可能是不合适的,这可能是因为我们没有意识到接下来发生的事情会让我们的感受发生变化,这种情境会让人觉得惊讶。我们可能本来很高兴地期待能回家吃最后一块蛋糕,但是到了家才发现已经有人先我们一步吃了蛋糕。在这种情境下,当下的情绪(高兴)和最终的情绪(伤心)之间就是一对矛盾。

一些研究(De Rosnay, Pons, Harris, & Morrell, 2004;Harris, Johnson, Hutton, Andrews, & Cooke, 1989;Wellman & Liu, 2004)已经发现儿童具有对这种情境的推理能力。研究程序与错误信念中不被期待内容的形式相近:表面上装着某样东西(主人公非常想要)的容器其实装着完全不同的东西(主人公不想要)。但是问题却是关于情绪的,和信念无关:主人公在打开盒子前感觉怎么样?学前儿童对这个问题的回答并不一样。除了一些特例,大部分研究证明判断这种短暂的"错误"情绪,要比判断错误信念更难。逻辑上说,这个差异是有意义的,因为对情绪的正确归因似乎至少依赖于对主人公信念的清晰理解——在这里指主人公想得到想要的东西。其他影响情绪归因的因素还没有完全解决（Bradmetz & Schneider，2004；De Rosnay et al.，2004；Harris，2009）。

在这种情境中，快乐和伤心并非是唯一能挑战儿童能力的情绪，对惊讶（Hadwin & Perner，1991）和恐惧（Bradmetz & Schneider，1999）的研究也有类似的发现。正如最新的一篇研究，它利用了第一章中提到的例子：小红帽对假外婆的回答。儿童觉得判断小红帽的错误信念（认为是她的外婆）要比判断她的情绪（高兴而不是害怕）更容易。

在二阶的文献中也存在一种信念—情绪的比较（belief-emotion contrast）。之后将会看到，二阶中问题变得更加复杂。

婴儿期发展

正如之前所说，婴儿是否理解错误信念一直是一个有争议的问题。但是普遍认可的是，在婴儿期就已经开始有心理理论的发展了。婴儿在生命早期就可以通过各种方式分辨社会和非社会的世界，并最终发展出一些能力，这些能力会成为之后心理理论发展的萌芽或者早期形式。在这里我将讨论三个发展的例子，对婴儿期心理理论发展更详细的描述见莱格斯特（Legerstee，2006）；波林－杜波依斯、布鲁克和周（Poulin-Dubois，Brooker，& Chow，2009）以及雷迪（Reddy，2008）的研究；莫瑞（Moore，2006）还对早期的一般性资料进行了详细介绍。

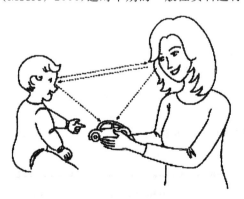

图 2-4　婴儿阶段的三角交互例子

来源：Moore，C.，*The Development of Commonsense Psychology*，Erlbaum，Mahwah，NJ，2006，p. 94. Reproduced by permission of Taylor & Francis Group，LLC，a division of Informa plc. with permission.

在讨论某个具体能力的发展之前，先了解一下在每个具体能力的发展之前都会有的一般性进步。图 2-4 取自莫瑞（Moore，2006）的研究，这幅图说明，从出生开始，婴儿就是一种社会生物，他开始与重要他人进行无数次互动。考虑到彼此的焦点都是在其他东西上，并且环境元素（一个玩具、一个瓶子等）在反复的人际互动中最多只是一个偶然的参与者，所以一开始这种互动是双向的。当然，婴儿有时确实会将注意力集中在玩具、瓶子或环境中其他无生命物体上。当他们这样做时，婴儿并没有将注意力同时集中在互动对象身上。因此，互动是呈三角形的，并不只是婴儿和社会互动者或者婴儿和环境中的物体。

在婴儿出生 6 个月后，这种情况会发生改变。这种变化是渐进的而不是突然的，研究者对于这种变化发生的准确时间存在不同观点，但是最终互动的焦点会扩展到不仅包括两个而是三个元素：婴儿，成人和环境。这时婴儿和成人之间的互动与某些事物是相关的，并且婴儿第一次意识到成人和世界上的某个东西会产生心理联结——成人可以看见、喜欢、想要任何一样东西或者他们都会关注任何一样东西。这一领悟标志着心理理论的一个根本进步：对于他人心理状态的最早理解。

哪种心理状态是婴儿必须理解的？可能最根本的是注意：意识到互动者正在注意或者处理环境中的某些事物。例如，婴儿和妈妈正在一起玩，妈妈突然看向房间的角落。婴儿会追随她的视线并且看向相同的方向么？年龄较小的婴儿还做不到，但是 9 个月大的婴儿就能追随目光了。这种关注共同的焦点被称作共同注意（joint attention），它反映了婴儿头脑中的一些认识：妈妈正有一个有趣的视觉体验；我和妈妈很像；所以如果我也看她看到的东西的话，我也能有一个有趣的视觉体验。

共同注意是婴儿心理理论研究中涉及最多的方面，这一领域的研究有一定的复杂性并存在争论。注视追随的可能性和容易性会随着一些因素而变化——对象是转动他的头还是简单地移动视线，作为注视对象的物品是一个还是多个，注视是无阻的还是被障碍干扰的？除此之外，视线移动并不是他人注意焦点的唯一线索；手势指向也有一样的功能（实际上比视线要更明显），婴儿一定会去学习跟随这种手势。婴儿是作为一个主动者还是一个接受者也是一个问题：什么时候婴儿自己开始使用手势去改变别人的注意力？对于共同注意各成分的掌握不是突然的，一般会在出生后第一年末到第二年初的几个月间逐渐发展起来，关于这个准确时间还没有定论。

最后，即使在实验结果上可以达成一致，在如何解释这些结果上也会存在争议。解释视线追随的一个例子是丰富解释（rich interpretation）：婴儿的外显行为反映了他们有很多的潜在知识，特别是在这个例子中，婴儿意识到妈妈正有一个知觉经验，他想去分享这个经验，并且相信他可以通过追随视线达到这个目的。在众多杰出的研究者中，西蒙·贝伦科汉（Baron-Cohen，1995）、安德鲁·梅尔佐夫（Meltzoff，2007）和迈克尔·托马塞罗（Tomasello，1999b）对婴儿能力的"丰富解释"做出了概括性阐述。另一个观点叫作贫乏解释（lean interpretation），这一观点认为应该用最简单的方法解释行为，用所必需的最少知识推测婴儿的注视行为就足够了。持这一观点的研究者包括杰里米·卡帕得和查尔斯·路易斯（Carpendale & Lewis，2010）和克里斯·莫瑞（Moore，2006；Moore & Corkum，1994）。

这一丰富—贫乏论题在婴儿和年幼儿童能力研究上是一个普遍的问题。这一术语首先在语言发展的研究中出现，相关的问题是根据年幼儿童早期自发表达的话语能推测出他们有多少语言知识。这一术语之后又在婴儿认知中出现，在拜爱宗或史培基的研究中提出关于能从注视时间数据中解读出多少婴幼儿发展的问题。如上文所述，这在婴儿错误信念的研究中仍然是一个没有解决的问题。

对婴儿心理理论另一个重要的发展，即社会参照框架（social reference）的建立的解释也面临相同的问题。现在对之前的例子做一些调整，假设妈妈没有看房间的角落，而是看着门，因为有一个陌生人（如婴儿不认识的人）在那儿，婴儿会如何反应？一个较小的婴儿可能不会对妈妈的头部转向做出反应，但9个月的婴儿可能不仅会追随母亲的视线，他们还会做点儿别的。看见陌生人后，9个月的婴儿回过来看母亲的脸，在她的脸上寻找线索，帮助他理解这一新异事件。对母亲脸的搜索是一个社会参照的例子：使用其他人提供的情绪线索（从面部表情或声音语调）指导自己对不确定情境的反应（Baldwin & Moses，1996；Walker-Andrews，1997）。这涉及的知识包括其他人会有情绪，以及这些情绪可以指导一个人该有什么感受和如何表现自己。

所以婴儿最终（尽管在具体时间上还存在争议）至少可以理解其他人正在知觉什么和其他人正在感受什么。第三个重要的成就是通过他人的行为理解他人的意图。这个成就（这已经讨论过）是双重的：首先要意识到他人有意图，然后准确地判断在特殊情境下意图是什么。

现在再一次调整婴儿—妈妈的例子。假设婴儿和妈妈面前有两个玩具，妈妈正在接近其中一个玩具，婴儿是否能意识到她正在试图获得这个玩具？怎么确定这一点？伍德沃德（Amanda Woodward，2005，2009）的研究使用了习惯化现象：当相同刺激重复出现时，对它的注意或者兴趣就会消失。例如，一个研究中婴儿看见主试重复接近两个玩具中的一个，然后玩具的空间位置颠倒，主试接近相同的玩具（保持同一个目标，但换一个运动方向）或者接近另一个玩具（保持同一个运动方向，但换一个目标），5个月的婴儿在主试接近另一个之前被忽略的玩具时会注视更长时间，这表明他们可以编码接近之后的意图，并且当意图改变时会表现出惊讶。

伍德沃德和其他人的另一些研究（Meltzoff，2006；Tomasello，1999a）进一步显示了婴儿对意图的理解。最初，婴儿只有在行为结果是接触到目标物时才能理解与目标相关的行为；最终，一个指向或眼神就足够推测行为者的意图。婴儿也逐渐可以使用他人的意图来指导自己的行为。看到成人接近一个特别的玩具，他们自己接下来也更有可能会选择这个玩具。这种自己—他人关系（own-other relation）也表现在另一个方向。婴儿对接近和指向等行为的理解与婴儿自己产生这种行为的能力有关系，更进一步的证据表明婴儿自己的行为对理解他人行为有关键的作用。最后，18 个月的婴儿甚至可以判断失败行为的意图（Meltzoff，1995）。如果看到成人的尝试，而且最后没有完成任务，他们就会有选择性地模仿，只会做出能够完成目标的行为。

之前讨论的研究涉及婴儿期和后期发展之间的一般关系。最近的一些相关研究通过对同一儿童从婴儿期到学前的纵向研究来关注早期和晚期之间的具体的、个体内部的关系（Aschersleben, Hofer, & Jovanovic, 2008；Colonnesi, Rieffe, Koops, & Perucchini, 2008；Wellman, Lopez-Duran, LaBounty, & Hamilton, 2008）。研究的一般结论是二者之间存在联系：如果婴儿早期能相对较快地掌握婴儿形式的心理理论的话，也会成长为能相对较快掌握晚期形式的心理理论的婴儿。例如，婴儿时期对意图行为的较好理解可以预测其 4 岁时对错误信念的理解会更好。

自 闭 症

目前讨论的都是关于正常发展的儿童。正如第一章中指出的，有很多并还在迅速增多的研究关注自闭症儿童和成人的心理理论理解。这里将对这些文献中关于一阶成分的研究做简要的总结，在接下来的章节中讨论更高级心理理论形式时将再回到自闭症。贝伦科汉、瑞金多、米切尔、耶利米、艾瑞、谢克德和所罗门卡（Baron-Cohen, 2000, 2001；Rajendran & Mitchell, 2000, 2001；Yirmiya, Erel, Shaked, & Solomonica, 1998a）对自闭症文献做了综述。

自闭症是一种严重的发展失调，几乎确定起因于生理因素，其中一个定义性特征是在社会理解和社会互动上存在问题。自闭症的认知理论（cognitive theory of autism）指出心理理论的缺陷导致了自闭症的一些症状。这个观点并不是说心理理论的缺陷导致了自闭症的所有症状，因为很明显没有，也不是说心理理论缺陷仅是自闭症的一种并发症，因为很明显也不是。这个观点只是简单说明心理理论对自闭症个体的表现有影响。

在韦默和佩尔纳(1993)对错误信念的最初研究之后不久，错误信念范式就应用到对自闭症的研究中。贝伦科汉、莱斯利(Leslie)、弗里斯(Frith，1985)最早做了这种研究，在本章前面描述过，他们比较了三组被试：自闭症儿童(平均年龄 11 岁 11 个月)、唐氏综合征(Down syndrom)儿童(平均年龄 10 岁 11 个月)和发展正常的儿童(平均年龄 4 岁 5 个月)在萨拉/安妮任务上的表现。正常发展的儿童和唐氏综合征的儿童都表现很好(正确率分别为 85％和 86％)；但是自闭症儿童的正确率只有 20％。

很多研究重复了贝伦科汉等人(1985)的研究，对这个一般结论提供了清晰的支持。很多自闭症的儿童不能掌握一阶错误信念。这个结论并不局限于意外地点任务(如贝伦科汉等人使用的萨拉/安妮任务)，在错误信念的其他主要范式中，即意外内容范式中也有。自闭症组掌握错误信念的时间通常要比正常发展的儿童晚几年，也比与自闭症样本心理年龄相匹配的被试组(如发展迟滞的儿童)要晚。更进一步说，自闭症者并不只在错误信念任务上存在困难，在普遍应用心理理论能力时都有困难。例如，在外表—现实任务和假装游戏上，都有证据支持他们存在困难，在儿童的共同注意上也有证据。

另一方面，对一些自闭症患者来说，这些困难并不是绝对的，因为他们在很多一阶心理理论任务上可以成功，特别是那些具有自闭症高功能末期症状的人(相对较好的语言能力、正常 IQ)。这些发现并不意味着这些患者的心理理论整体表现与正常发展的人相同，一般也会存在几年的迟滞，同时有证据表明，自闭症患者对错误信念任务做出正确表现的基础可能不同于正常人(Tager-Flusberg，2007)。不过，对大多数自闭症患者，问题是迟滞而不是永久的缺陷。

自闭症患者是心理理论迟滞而不是缺陷的结论对我们理解失调有重要意义。但是这些结论是基于一阶心理理论的任务，正常人在 5 岁前就可以完成。但是一般心理理论在 5 岁前还不能完全发展完，对于自闭症患者心理理论假设的完全评估应该包含对于更进一步发展形式的理解，也就是应包含正常人学龄后的发展。因此，在第三章和第四章中还会讨论自闭症患者。

心理理论的脑成像研究

在 20 世纪的许多年中，我们只能在解剖和组织水平上观察大脑，而现在情况已经不再相同。各种神经影像技术(如功能性核磁共振成像，fMRI；正电子放射断层造影术，PET；脑电图描记器，EEG；事件相关电位，ERPs)的发展第一次让研究者和临床医生不仅看到静态大脑，还看到了大脑的活动，《发展科学》的一期特刊描述了这些技术是如何工作的(Casey & de Haan，2002)。成像技术也应用到心理理论这一问题中，最近的一篇元分析引用了 200 多篇使用 fMRI 研究心理理论的文献(Van Overwalle，2009)。

在对脑活动的测量和解释上还有许多艰巨的挑战(对这些挑战的讨论见 Apperly，2011；Saxe & Pelphrey，2009)。现将介绍最常应用于心理理论的技术——fMRI 研究中的两个问题，这两个问题都是由于在 fMRI 研究中，被试必须长时间躺在一个有噪声的机器中不动，这要求情境和任务是可以被呈现的，输入的内容局限为"抽象的、无创造性的社会信息"(Saxe，2006，p.60)。这意味着这个技术不能应用于学前儿童，只能应用到年长儿童，而事实上只有少数 fMRI 研究会包含儿童(Kobayashi，Glover，& Temple，2007；Mosconi，Mack，McCarthy，& Pelphrey，2005)。

大部分研究是关于成人的，这些研究有什么结果呢？最基本的问题是当进行心理理论推理时激活的脑区位置，存在一个独立的加工脑区还是整个大脑共同加工心理理论？通常在有两个极端选项时，答案会是二者中间的某个位置，而这个问题的结果是在可能性区间中更靠近"存在特别脑区"的位置。米切尔(Mitchell，2008，p.142)做了以下总结："在进行这一心理活动时，可能伴随着一小部分脑区，包括前额叶中部(MPFC)、顶—枕联合区、楔前区/后扣带回、杏仁体、颞上沟和颞极。"

尽管刚刚总结的这些发现可能是神经心理学家的主要成果，但对大多数研究者来说还仅仅是一个开始。关于心理理论，神经成像能告诉我们什么(除了生理基础)？特别是，神经成像能帮我们回答行为数据中还不能解决的问题吗？

无疑最基本的问题是，心理理论作为一种认知形式，是否存在独特的、有别于其他认知过程的地方，还是心理理论仅仅是一般认知系统的一种表达？这个心理理论的关键问题将会在本章的最后部分谈到。心理理论特殊脑区的发现意味着它可能确实是一种特别的认知形式，但是没有可比较的数据来确认这一结论，因为在相同的脑区还可能存在其他认知形式。现在需要去研究的是比较心理理论的表现和与之匹配任务的表现，匹配任务要与心理理论任务的特征大致相同(如语言要求、记忆要求)，但缺少心理化的过程。这种匹配很难达到，而结果也还不能清楚回答这个一般对特殊的问题。可能每一个关注这个问题的研究者都会同意，心理理论既需要一般脑区也需要特异性脑区；相对地，这些研究者就不会同意绝对的特异性脑区或者绝对的一般性脑区观点(Saxe，Carey，& Kanwisher，2004)。

另一个基本问题关心的是对自己的认识和对他人的认识之间的关系。在本章结论部分可以看到，这个问题对模拟论很重要，它认为我们对他人的知识是建立在我们对自己心理过程的认识基础之上。如果这个观点是对的，可以预期考虑自已和考虑他人应该共享相同脑区。因此一些研究者用神经成像的结果支持模拟论（Mitchell，2008）。但是这种自我—他人结构并不常发现，因此一些研究者有不同的结论（Abu-Akel，2003）。和一般对特殊的问题一样，这个也是正在研究的问题。

对于第三个问题会有更清楚的结论：不同的心理阶段之间存在差异。正如我们所知，儿童在理解信念特别是错误信念前，儿童会掌握关于意图和愿望的一些基本知识。也许在相关脑区成熟上的区别可以解释这种差异，尽管还没有对儿童做相关研究，但是一些对成人被试的研究结果表明这个问题的答案是肯定的。这些研究来自不同的实验室（Abraham，Rakoczy，Werning，von Cramon，& Schubotz，2010；Liu，Meltzoff，& Wellman，2009；Saxe & Powell，2006；Zaitchik et al.，2010），使用了不同的脑成像技术（3 篇 fMRI，1 篇 ERPs），包括不同的非信念状态（nonbelief states）（知觉、意图、情绪、愿望）。在所有报告中，信念推理使用的脑区均不同于其他的内部状态推理。这种生理数据补充和完善了行为数据，二者都表明信念确实存在特别之处。

本书对神经成像的简要介绍并不能全面描述这一领域日渐增多的文献。有一些全面介绍的资源，如卡林顿和贝利（Carrington & Bailey，2009）；凡·奥维拉（Van Overwalle，2009）；泽拉欧（Zelazo）、钱德勒、克隆内（Crone，2010）。本书也没有回顾相关的脑损伤者心理理论表现的研究，艾比利（Apperly，2011）对此有很好的介绍。

与其他发展的关系

回顾图 2-3，如图所示，找到发展重要的里程碑，如错误信念和外表—现实，只是研究心理理论的一种任务。我们还想知道什么使这些成果成为可能——作为错误信念发展基础的早期能力和相关经验是什么？这是图中的"先前的事件"部分。我们也想知道这些发展改变了什么——在掌握问题中的概念后，儿童可以做哪些在之前不能做的事？这是图中的"结果"部分。这些问题对心理理论研究很重要，因此这里对进一步了解这些问题提供了资源，在之前引用过的书中，卡帕得、路易斯（2006）和休斯（2011）做了很好的总结。除此之外，奥斯汀顿（2003）；戴维斯和斯通（Davies & Stone，2003）；哈里斯（Harris，2006）以及休斯和里克曼（Leekam，2004）的研究也是很有帮助的资源。

心理理论的先前事件

从先前事件开始，之前还没有讨论过心理理论的理论。这些理论对社会经验的重要性有不同认识，而社会经验是心理理论发展的来源之一。但是任何一个理论都认为经验会起作用——如果没有和别人互动的经验，儿童不可能理解他人的想法和感受。有不同形式的证据表明经验会起作用。

一个有趣的证据来自个体是否有兄弟姐妹对心理理论发展影响的研究。与预期相同，一般来说，有更多兄弟姐妹的儿童比没有或仅有一个兄弟姐妹的儿童可以更快地发展心理理论能力。在一些研究中发现，有哥哥或姐姐才会促进儿童发展（Ruffman，Perner，Naito，Parkin，& Clemants，1998）；但是在另一些研究中发现，拥有任何年龄的兄弟姐妹都能促进儿童发展（McAlister & Peterson，2007；Peterson，2000）。可能和兄弟姐妹一起成长可以给儿童提供一些经验（如假装游戏、被戏弄、被欺骗），这些经验可以帮助儿童认识他人的想法和感受。对兄弟姐妹互动的直接观察支持了这种推测（Dunn，2009；Randell & Peterson，2009）。

兄弟姐妹并不是促进发展的唯一来源。家庭规模（Jenkins & Astington，1996；Lewis，Freeman，Kriakidou，Maridaki-Kassotaki，& Berridge，1996）、与同伴的经验（Astington & Jenkins，1995）和心理理论发展也存在关系。与兄弟姐妹的研究结果类似，一些证据表明与年长同伴的互动会特别有帮助（Lewis et al.）。

父母与儿童的心理理论发展也有关系。以伊莉萨白·梅因斯（Elizabeth Meins）开始的一系列研究（Meins & Fernyhough，1999；Meins et al.，2003），考察了父母的思维—思想（mind-mindedness），即"一种将婴儿看作有思维的个体的倾向，而不是仅将婴儿看作需要被照料的存在"（Meins et al.，p.1194）。思维—思想在操作性定义上主要由母亲如何对婴儿谈话或母亲谈到婴儿时如何表现决定。当她们与婴儿互动时会评论婴儿的心理状态吗？或者在向别人描述她们的孩子时会使用较高比例的心理状态词汇吗？如果母亲对婴儿和儿童早期有较高的思维—思想，其孩子在4岁或5岁时也会有较好的心理理论表现。有意思的是，思维—思想与婴儿的安全依恋也有正相关。

还有一些研究并不仅仅关注母亲在想到儿童时使用心理词汇的倾向，而且特别关注她们与孩子谈话时对心理状态词汇的使用。一个普遍的程序是让母亲和儿童在一起看一本无字的图画书，这个任务可以让母亲有很多机会对主人公的心理状态做出评价。结果表明母亲做出这种评论的频率上存在显著的个体差异，并且这种差异与她们孩子的心理理论的各个方面都相关（Doan & Wang，2010；Peterson & Slaughter，2003；Ruffman，Slade，& Crowe，2002）。大部分研究都关注母亲，但最近韦尔曼和其同事的一篇研究发现，父亲对心理状态的谈论也会对儿童心理理论发展产生影响（尽管这种影响与母亲的影响略有不同）（Wellman，Olson，Lagattuta，& Liu，2008）。

父母教养的很多方面都与心理理论有关，父母的控制和规范类型很重要。这方面最清楚的结果与儿童养育的一般文献的观点是一致的：通过恐吓和惩罚来控制儿童并不奏效，这种方式与较差的心理理论发展有关；相反，向儿童提供行为的理由，特别是强调对他人产生的影响，可以培养儿童心理理论技能（Pears & Moses，2003；Ruffman，Perner，& Parkin，1999）。目前为止本书的重点集中在各种社会经验对心理理论发展的作用上。另一些对先前事件问题的解答试图找到先天能力，即心理理论理解的出现或表达所必需的能力，其中有两个假设的必备能力受到了特别关注。

第一个假设的必备能力是言语。很多研究表明言语和心理理论有正相关：通常言语发展较好的儿童，其心理理论也会发展更好（Milligan，Astington，& Dack，2007）。在大部分例子中，当其他因素（如年龄）被统计控制后，这个关系还是显著的。至今，研究未发现言语的某一方面对心理理论发展是特别重要的；言语的很多方面，包括词汇、语法的发展和整体的言语能力指数都能预测心理理论。

第二个假设的必备能力是执行功能（executive function）。执行功能是一般问题解决资源的涵盖性术语（如抑制、计划、工作记忆），这些资源对各种认知领域表现都有作用。在这些认知领域中，执行功能对心理理论有预测作用，特别是错误信念任务的表现：在执行功能上发展相对较好的儿童在错误信念任务上也有更好的表现，抑制一个明显回答的能力在这时很重要（Moses，2005；Moses，Carlson，& Sabbagh，2005）。

前面对心理理论与言语和执行功能之间关系的总结中还有两个问题没有解决。一个是这种关系的因果方向。之前讨论的是言语和执行功能对心理理论有作用。对因果方向的假设通常如此，并得到了实验支持。但是因果方向也有可能是相反的，即心理理论影响言语和执行功能。特别是约瑟夫·佩尔纳认为在心理理论—执行功能关系中，心理理论存在优先性（Perner，1998）。当然，没有理由说这两种因果方向不能同时应用。这几种能力的发展是长期的、多成分的，随着时间变化，每一个都可能会促进其他的发展。在对这一领域文献的阅读中确实发现存在这种情况，但是，可能将心理理论作为结果的证据要比作为原因的更多。

第二个问题关注言语或执行功能影响心理理论的方式。这是一个论题，因为有两种可能：这些领域的发展可能影响心理理论能力的出现，或这些发展可能影响在标准测量程序上这些能力的表达。并且，这两种可能并不是相互排斥的，证据表明二者都有可能发生。但是之前回顾的研究认为言语和执行功能主要对心理理论的出现有作用（Milligan et al.，2007；Moses，2005；Moses et al.，2005）。

言语和执行功能的作用在二阶心理理论中也是一个问题，在第三章还会再讨论这个问题。

这一部分讨论的各种证据都是相关性质的，也就是说他们考察了儿童自然发生的各种变异(如社会经验或语言能力)对心理理论的贡献。任何一个心理学学生都知道,相关并不能建立确定的因果关系,因此需要实验操纵。在训练研究中,可以出现操纵:提供一些假设能对心理理论发展有益的经验,从而培养心理理论能力,如错误信念。这种研究在心理理论领域中刚开始出现(Hale & Tager-Flusberg, 2003;Lohmann & Tomasello, 2003),所以对训练做出一个一般结论还太早。如果早期皮亚杰学派的文献有指导意义,我们可以期待在未来几年会有很多这样的研究。

心理理论的结果

现在开始讨论结果。在某种意义上,这本书剩下的大部分都与掌握了一阶心理理论后可能出现的更进一步发展有关。这一部分会聚焦在同时期的结果上——心理理论能力作为先决能力时,心理理论领域外的各种发展。

奥斯汀顿(2003)对这一问题有很好的介绍,她至少指出了12个与心理理论相关的儿童社会发展的不同方面。并且,当其他因素(年龄、言语、执行功能)被控制后,大部分情况下这些关系是显著的。她对已发现的这些特殊关系做出了很好的总结,因此在这里引用。

有明确的证据表明错误信念理解与社会功能……交流能力的一些方面相关,这在更连续和信息更多的谈话中可以看到;想象能力,这在更频繁和更复杂的假装游戏……中可以看到;解决冲突的能力、在友情中保持和谐和亲密的能力;教师对总体社会能力的评价……;学校满意度;与同辈的共情和受欢迎程度。(p. 32,再版得到 Psychology Press 许可)

可见,心理理论相对较好的儿童在社会互动中也会表现较好。重要的是,与心理理论相关的这些结果不仅包括特殊社会技能(如解决冲突的能力),还有对社会能力和社会成功的测量方法。

但是,值得注意的是,心理理论能力高带来的并不都是积极的结果。儿童可能会出于好的目的却错误地使用心理理论技能,去戏弄、欺骗、操作他人(Polak & Harris, 1999)。除此之外,心理理论提高有时可能会给他们带来新的挑战和困难。例如,有相对较好的心理理论理解的儿童比一般儿童对批评更敏感(Cutting & Dunn, 2002)。在讨论二阶心理理论时还会再提到这些关于心理理论的双面性的结论。

奥斯汀顿(2003)的综述总结了几个深远、严谨的观点。第一,不是所有研究都按照预期成功地发现心理理论的结果。但需要补充的是,她的综述和大部分综述一样,局限于已出版的文献,没有人知道有多少失败的尝试被隐藏了。

第二,有时儿童在心理理论先决要求出现前,就已经显示出早期简单的社会

行为。例如，欺骗的早期形式就出现在完成错误信念任务之前（Newton，Reddy，&
Bull，2000）。更普遍的是，学步儿童或学前儿童在每天的社会互动中表现出的令
人印象深刻的能力，与他们在实验室测量出的糟糕社会理解能力相背离。如朱
迪·邓恩（1991，p. 98）所写："如果学前儿童理解他人的能力如此局限，他们是如
何在复杂的家庭生活中有效活动的？"当然一个可能的答案是儿童拥有的技能是实
验测量无法得到的——有很多实验支持这个可能。

最后一点关注之前所证明的关系的强度。尽管心理理论能力对很多结果都有
作用，但是这种关系通常都是中等强度的，还有很多变异被其他因素解释。因此
心理理论最多是这些结果变量的一个贡献源，仍存在其他的多个决定性因素。这
一观点出现在奥斯汀顿（2003）综述的题目中："必要非充分"，这一结论在二阶心
理理论中也会看到。

结　论

用一个问题来总结这一章，这个问题在第八章也还会讨论。这个问题是：在所有
心理理论研究中，什么是新的？心理理论作为一个独特的论题，仅可以回溯到 20 世
纪 80 年代中期，但是心理研究者，包括儿童心理研究者，更早以前就已经研究关于
心理世界的信念。当代研究中最突出的前辈皮亚杰最初的研究从 20 世纪 20 年代就开
始了（Piaget，1926，1929）。确实，皮亚杰派的自我中心主义（egocentrism）或者自己和
他人观点的分离困难，现在都属于心理理论的范围，所以现在还有很多是皮亚杰早期
探索的问题，如"思考是什么意思""你在思考时用什么""梦从哪里来"。

皮亚杰的研究并不是相关研究的唯一来源。任何学过社会心理课程的人都会
熟悉很多主题，这些主题都与对人类、他人和自己的信念有关，如元认知、社会
认知、人物知觉、归因。进一步说，所有这些主题在儿童和成人水平都有丰富的
研究成果。

所以心理理论一点也不新。对于"什么是新的"这一问题的回答包括三个方
面。第一，聚焦在年幼儿童——最初是学前儿童，而现在更多研究关注婴儿和学
步儿童。当然皮亚杰也研究学前儿童，但是主要证明的是他们做不到。事实上，
这是对皮亚杰派的一个长期存在的批评：学前期的消极图景（这个"前"是前运算
时期）。本章中列举的大部分其他标题下的研究（如元认知）都没有低于 5 岁，如果
被试低于 5 岁，那主要是证明此时儿童缺乏理解。相反，对心理理论的研究指出，
很多重要认知成就都在 5 岁时出现，当然，这些成就并不是突然的；心理理论研
究最让我们兴奋的是，就像在皮亚杰的研究中，那些儿童还不能理解的东西让我
们很意外。不过，很多理解的基本形式确实在早期就已经出现。

心理理论研究的第二个独到之处是创造出新的实验任务来证明儿童对心理的想法。这个领域在过去的这些年充斥着成千的守恒和其他皮亚杰现象的研究，已经酝酿出一些新的任务范式。在这些范式中，错误信念范式是最著名也是最常被使用的，但它并不是唯一一个——在本章前面描述过其他一些经常使用的任务，而且还能轻易列出更多例子。当然这些新的任务范式也会带来一些新的发现——这些关于儿童思维的有趣发现在心理理论研究开始前我们都不知道。

第三个新特点是指导研究的理论。在 20 世纪 80 年代，心理理论出现之前，三大理论观点指导大部分认知发展的研究：皮亚杰、信息加工（information processing）和维果茨基的社会文化理论（Vygotsky sociocultural approach）。这些学派对当前心理理论的研究还有一些影响。正如很多评论家指出的，如果没有皮亚杰，这个主题可能就不会存在——皮亚杰改变了我们对儿童研究的认识，而他对心理理论的研究方法和结果都有很明显的影响。信息加工理论的影响体现在强调执行功能对心理理论的贡献。最后，随着社会经验在心理理论能力发展中扮演重要角色这一观点越来越被认可，维果茨基的观点在心理理论理论化中仍然存在一些影响（Carpendale & Lewis，2004；Fernyhough，2008；Hutto，2008；Nelson，2007），这些年维果茨基观点的影响也越来越突出。

然而构建当前大多数研究的主要理论并不是这些老旧的理论，而是有一些新的、关于心理理论这一主题的理论已经发展起来。有三个突出的理论：模拟论（simulation theory）、模块论（modularity）和理论论（theory theory approach）。

在这三个理论中，模拟论在某种意义上是最古老的，因为它的基础是很多世纪前的哲学。模拟论的基本观点是我们能够轻松了解自己的心理内容，如我们自己当前的想法、感受、知觉等。理解他人的能力依赖于我们通过想象模拟过程来将自己与他人换位的能力，如我们可以通过想象自己会如何做，来预测他人会如何回应一种能唤起情绪的刺激。实现这种模拟的困难会随着不同的心理状态而变化，并且很多"默认设置"也必须被调整，这也是为什么一些发展（如信念的推理）会慢于另一些（对愿望的推理）。保罗·哈里斯充分发展了这一理论（Harris，1991，1992）。

模块论并没有否认模拟的一些作用，但是它强调心理理论是基于生理基础的。当然任何理论都认为一定存在一些生理基础——特别是人脑中——使任何发展都有可能出现。但是模块论特别强调的是，心理理论推理的获得来源于大脑先天具有的专门负责心理理论任务的脑区（"封闭的"，与其他脑区和认知功能相分离的脑区）。发展性变化主要由生物成熟带来，而这可以让更多高级模块激活，尽管某些环境"激发器"可能对改变的发生也是必要的。

也有人从其他视角解释了模块论，其中最有影响的模型是由艾伦·莱斯利

(Leslie，1994；Scholl & leslie，1999)和西蒙·贝伦科汉(1994，1995)提出的。

这一部分的主要目标仅是概括出心理理论主要理论的基本元素，而不是综述这些理论的相关证据。但是要指出的是，对自闭症的研究可能提供了支持模块论的最引人瞩目的证据。两个观点对模块论理论化很关键：心理理论具有较强的生物基础，并且心理理论在很大程度上与其他认知能力相独立，这两点都在自闭症的研究中得到了支持。

第三种观点被称为理论论。引用詹姆斯·罗素(James Russell，1992，p. 485)书中的总结，这个名字不是因为这个理论"太好了，让他们命名了两次"，而是这个名字总结了这种观点的中心原则：儿童对心理的知识具有一种朴素理论的形式。可以确定的是，儿童的理论没有科学理论的所有特征；它们不能用正式语言表达，也不能承受科学的考验。但是它们确实有一些类似理论的特点，它们应用于特殊领域，可以在这个领域中识别特殊的存在——在这里是指心理世界和各种心理存在。为了解释人类的行为，它们为所关注的事物间建立了特殊的因果关系。当经验表明已存在的理论并不让人满意时，它们就会改变。这种观点认为，发展性变化就是理论的改变：早期的理论由更新、更让人满意的理论替换。

和模块论一样，不同学者对理论论提出了不同的视角。可能发展最充分、最有影响的是约瑟夫·佩尔纳(Perner，1991，1995)和亨利·韦尔曼以及艾莉森·高普尼克(Gopnik & Wellman，1992；Wellman，1990)的观点。凯伦·巴奇(Karen Bartsch，2002)的一篇文章对理论论及其相关证据做出了有帮助的总结。

正如对这些理论的讨论所显示的，心理理论这个名词有两个不同的意义。一个是作为发展的实体：儿童所要发展的是一种心理理论。这个意义局限于那些理论论观点的学者(如佩尔纳、韦尔曼和高普尼克)。这一短语的第二个意义是作为一个普遍接受的理论上的中性标签，它涵盖了这一领域的研究内容。这一意义出现在教科书和其他二阶资源中，也是在本书中所使用的。但要补充说明的是，有人认为这个看起来是中性的名字包含了一种特定的理论取向。因此，在一些作品中，还有其他的标签[如心灵感应(mind reading)、常识心理学(commonsense psychology)]来代替心理理论。

理论论和模块论的影响并不局限在心理理论的主题上，它们都应用到了儿童认知发展的其他方面。理论论的倡导者提出存在早期的朴素物理理论(theory of physics)[前面讨论的拜爱宗(1994)和史培基(Spelke & Kinzler，2007)提出的和生物理论(theory of biology；Gopnik & Wellman，1994)]。模块论的解释在知觉和语言领域早就存在。

前面是对这些理论的一个简要综述。当然更充分的介绍可以在第一章引用的一些书(Doherty，2009；是一个很好的参考)和其他一些资源(Carruthers &

Smith，1996)中了解。本书还会再介绍这些理论的几个后期观点，但只会是简要的介绍，并且这个讨论主要是关于未来需要的方向，而不完全是理论观点。对心理理论高级形式的研究往往是非理论化的、更多经验主义取向的，并且局限于尝试将解释一阶心理理论结果的理论观点整合到后期的发展中。

用一个说明和一个相关资源来为本章作结。这个说明即不是所有研究儿童社会和心理理解的研究者都用心理理论观点描述贯穿本书的问题(这里是用心理理论的一般意义，而不是理论论的意义，它包括本书中的所有讨论)。一本名为《反心理理论》(*Against Theory of Mind*)(Leudar & Costall，2009)的书包含了对心理理论这一标题下的研究假设、方法、结论的广泛批评。很明显，如果这些批评都是决定性的，那么本书就是无意义的了，然而对任何心理理论的学生来说，这种批评都是值得注意的(Leudar，Costall，& Francis，2004)。

第三章

二阶错误信念

本章主要介绍二阶心理理论中最常见的任务：二阶错误信念任务。过去的 20 年中有许多关于二阶错误信念的研究，因此，我们了解了大量有关其发展及相关领域发展的资料。同时，我们也看到，很多二阶心理理论的研究中也涉及一阶心理理论的经典内容（如对二阶心理理论测量方法的修订、二阶心理理论经验的形成、二阶心理理论与言语和执行功能的关系）。因此，还有大量的研究问题等待我们去探索、学习。

引 言

第一章中提到，二阶错误信念任务源于 1985 年佩尔纳和韦默发表的文章。然而，这并不是第一个关注儿童思考他人想法的研究。他们在文章中也首先回顾并评论了以往的研究方法。

以往对此问题有很多形式的研究方法。一些研究者会关注儿童在谈论人际关系时（无论是被问到或是他们描述自己的朋友）（Barenboim，1978）或回应一些社交困境时（Selman，1980），是否显露出了循环的思维。例如，儿童能否意识到他们会关心朋友对自己观点的看法，或者他们能否意识到成功的合作也许取决于每一个儿童能够在多大程度上意识到他人认为自己在想什么？

另一些研究者设计了一些竞争性游戏，成功依赖于是否知道对手在想什么，包括对手对于他自己想法的想法。例如，在一个研究中，儿童所玩的游戏包含两个杯子，其中一个杯子里面有一个五分硬币，另一个杯子里面有两个五分硬币。告诉儿童，一会儿将会有人来这个房间并且在这两个杯子中选一个，随后他便可以得到这个杯子里面的硬币（弗拉维尔在 1985 年的注解中解释，在开展该研究的年代，两个五分硬币仍有一些价值）。儿童的任务是尝试欺骗这个人，拿走他们认为这个人会选的那个杯子里的硬币（Flavell, Botkin, Fry, Wright, & Jarvis, 1968）。在此情境中，可能会出现不同复杂程度的策略：也许他会认为我会选择两个硬币的杯子；那么我就应该拿只有一个硬币的杯子；但是他也许会想到我会这么想，所以我应该选择有两个硬币的杯子；但是，他也许会想到我已经想到他会这样想，所以我应该……

最终，米勒、凯瑟尔（Kessel）和弗拉维尔（1970）设计了思想泡泡的范式（thought-bubbles approach）。它看起来与连环画类似，一个人物的想法被画在他头上的泡泡里，儿童的任务是指出这个人物正在想什么。泡泡里面的泡泡可以用来表达关于信念的信念这种循环思维。图 3-1 画出了两个例子。在第一个例子中，这位男孩在想象自己正在思考。在第二个例子中，这位男孩在想象这位女孩在想象爸爸正在想妈妈。需要指出的是，继首次使用之后（Eliot, Lovell, Dayton, & McGrady,

1979)，二阶心理理论的文献中再未出现过思想泡泡的方法。然而，也许它特别适合一阶错误信念的研究(Custer，1996；Wellman，Hollander，& Schult，1996)。

从之前介绍的范式中可以得到的基本结论是循环的，有关信念的信念这种推理形式发展得较晚，通常直到小学后期或青春期早期才出现。舒尔茨和克劳格汉森(Shultz & Cloghesy，1981)的研究结论却与此不同，他们发现虽然5岁儿童在竞争游戏中没有7岁或9岁的儿童表现得好，但是他们中有一些人能够顺利完成竞争游戏。

单次循环(第14项)　　　二次循环(第15项)

图 3-1　利用思想泡泡的方法来研究循环思维

来源：Miller, P. H., Kessel, F., & Flavell, J. H., *Child Development*, 41, 1970, p. 616.
Copyright 1970 by John Wiley & Sons. Reprinted with permission.

二 阶 任 务

佩尔纳和韦默的研究方法(1985)与前人的有两处不同，它们均反映出一阶错误信念任务是二阶错误信念范式的基础。其中一个不同是，他们不仅仅关注二阶推理，还具体聚焦于二阶错误信念，对于这一概念，以往的研究有所提及，但并没有仔细地考察。第二处不同是方法上的改变：使用与一阶错误信念任务相似的故事范式。这与之前研究者使用多种不同方式来推测循环思维的方法有所不同。

佩尔纳和韦默(1985)的二阶错误信念的理论原理也是基于一阶心理理论文献提出的(Perner，1988)。一阶错误信念能力使儿童理解了信念的概念，二阶错误信念能力则是在之前认知基础上的又一重大进步，它不仅仅涉及对二阶错误信念的理解，而且包含了循环思维推理上的进步。此外，一阶错误信念能力开启了社会认知和社会行为的新形式，二阶错误信念能力则是出现更为复杂的社会行为的前提，通常这类社会行为在童年早期很少见到。本章后续还会对此进行论述。

　　佩尔纳和韦默(1985)研究的被试为5～10岁的儿童。他们的报告包含6个研究，每一个研究都是在两个测试情境基础上变化而来。表3-1列出了其中最为人熟知的情境：冰淇淋车的故事。另一个情境与此相似，内容是关于工人将游戏场由一个地点转移到另一地点。

表3-1　佩尔纳和韦默研究(1985)中用来测试儿童对二阶错误信念理解的情境示例

　　约翰和玛丽住在村庄里。这天早上约翰和玛丽一起在公园里玩儿。公园里有一个人开着小货车在卖冰淇淋。

　　玛丽想买一个冰淇淋，但是她把钱忘在家里了，所以她很难过。

　　"别难过。"卖冰淇淋的人说，"你可以回去拿钱，然后再来买冰淇淋。我整个下午都会在公园里的。""哦，好。"玛丽说，"我下午再过来买冰淇淋。我保证那时我不会再忘带钱了。"

　　所以玛丽回家了……她住在这个房子里，她走进房子。现在约翰一个人在公园里了。让他惊讶的是，他看到那个卖冰淇淋的人开着他的小货车正要离开公园。"你要去哪里？"约翰问。卖冰淇淋的人说："我要开车去教堂，公园里没有人买冰淇淋了，所以说不定我可以在教堂门口卖出一些。"

　　卖冰淇淋的人开车到教堂，在路上他经过了玛丽的家。玛丽看着窗外，看到了卖冰淇淋的小货车。"你要去哪里？"她问。"我要去教堂，我在那里会卖得更多。"那个人答道。"我看见你真是太好了。"玛丽说。

　　现在约翰不知道玛丽碰到过卖冰淇淋的人。他不知道他们的对话！

　　现在约翰必须得回家了。午饭后，他在做作业。有一道题他不会做。

　　所以他去玛丽家请她帮忙。玛丽的妈妈开了门。"玛丽在吗？"约翰问。"哦"玛丽的妈妈说，"她出去了。她说她要去买一个冰淇淋。"

　　测试问题：约翰跑去找玛丽，他认为玛丽去哪里了呢？

　　解释问题：为什么他认为玛丽去了_____？

来源：Perner, J., & Wimmer, H., *Journal of Experimental Child Psychology*, 39, 1985, p. 441. Copyright 1985 by Elsevier. Reprinted with permission.

　　佩尔纳和韦默(1985)发现6个研究的测试结果有所不同。尤其是对于有帮助提示的情境，儿童的表现会有所提高，然而，最小的儿童在各种程序中都较少成功。在有帮助提示的情境中，一些6岁儿童和大部分的7～9岁儿童能够成功完成二阶错误信念任务。因此，研究表明，与一阶错误信念能力相比，二阶推理能力的确发展较晚。但是，与以往的循环思维研究相比，这一推理能力出现得更早。

　　在后续研究中我们将会看到，研究者得出的二阶推理能力发展的时间可能比佩尔纳和韦默(1985)报告的时间更早。然而，他们的基本结论依然正确，二阶错误信念能力从幼儿园后才开始发展，并需要一些更加复杂的能力。

　　我在此会简单地说明一下二阶推理能力在哪些方面高于一阶推理能力，并且在回顾完相关证据之后我会再次讨论这一问题。

　　一阶心理理论是儿童思考自己和他人心理状态的能力，即思考某人在思考某事，感觉如何、想要得到某物或其他相关心理状态。用符号化的语言来说，儿童所面临的一阶心理理论任务便是判断某人 A 与某事物 X 之间的心理联系：A 思考 X，A 想要 X，A 对 X 有企图等。做到这点至少需要理解两个基本问题。其一是，心理世界和客观世界是不同的，并且并不总是一一对应的。它们可能会被刻意地分离，如假装；或者被无意地分离，如错误信念。所以 A 可能会想到 X，然而实际上想的却是 Y。第二个问题是，这两个世界虽然不同但却是相联系的。一般情况下，当我们想到 X 时，X 可能就是事实——这也是为什么个体会有关于自身行动的信念。因此，客观世界中的事物会影响到个体的心理状态——想到的、感知到的、想要的等。并且心理状态会影响个体在客观世界中采取的行动，特别是，信念会决定行为。

二阶推理在一些方面超越了一阶推理。首先，在推理链中有另一个行为者，与 A 相似的 B。并且还有另外一种心理状态，即 B 的心理状态，而且 B 的心理状态是 A 的信念对象。因此推理链是 A 认为 B 认为（或想要、企图等）X。除了通过增加一个行为者来简单地提高复杂度以外，需要判断的信念在本质上也发生了改变。现在儿童必须意识到，信念是可以关于信念的，并不仅以客观世界中的事物为对象，并且和关于客观世界的信念一样，关于信念的信念有时也可能是错误的。最后，由于它们命题式的形式，信念可以形成任意长度的循环链，如 A 认为 B 认为 C 认为……将一个命题嵌入另一个命题的能力是儿童认知能力复杂性和范围上的重大拓展。

一阶任务与二阶任务在内容和方法上都存在差异。二阶任务的情境比一阶任务长，包含的信息更多，对工作记忆的要求也更高，并且测试问题的语言表达更加复杂。

简而言之，学者们公认二阶任务在概念和操作上都比一阶任务复杂。学者们的分歧在于，这一复杂性仅仅是任务的差异造成的，还是二阶信念任务要求思维系统有一个质的改变造成的？这点在一阶心理理论文献中被称作概念改变（conceptual change）。本章无法对这个问题给出明确回答，因为目前的研究还未达成确切的共识。但是在回顾完相关的证据后，我们可以再斟酌双方的论证。

发展研究

这一部分将会介绍二阶错误信念发展的基本状况。儿童最早在什么年龄能够成功完成二阶任务？有哪些因素会影响儿童的表现？我将会从四个方面展开问题的答案：测评方法、成功的标准、儿童在一阶与二阶任务中表现的比较、A—B 链中最终心理状态的内容。（详尽的论述请见 Miller，2009）

测评方法

后续所有的二阶错误信念研究都采用了佩尔纳和韦默（1985）的故事情境法，

并且很多研究直接使用了他们的研究情境，或者进行了一定的修改。另一个最常用的情境来自沙利文、扎特车克和塔格－弗拉斯伯格（Sullivan，Zaitchik，＆ Tager-Flusberg，1994）的研究。表 3-2 展示了沙利文等人采用的故事情境。对比表 3-1 和表 3-2，沙利文等人研究的目的是提出一个比佩尔纳和韦默更为简单并适宜于儿童的评定方法。因此，他们使用的故事更简短，包含的人物和场景更少，并且更频繁地出现提示和探测问题。他们还纳入了欺骗，以往的研究显示（Wellman et al.，2001），当将欺骗纳入到一阶错误信念的测评中时，它起到了一定的辅助作用。

事实证明，这一新方法的确更容易。佩尔纳和韦默（1985）报告 6 岁以下的儿童很少能够成功完成任务，到了 7 岁或 8 岁，儿童的表现仍不够完美。沙利文等人（1994）发现，有些 4 岁儿童就能成功完成任务，并且到 5 岁时，他们的表现已经非常好了。

表 3-2　沙利文、扎特车克和塔格－弗拉斯伯格（1994）
研究中用来测试儿童二阶错误信念的情境示例

情　境	问　题
今晚是皮特的生日，妈妈想送他一只小狗作为生日礼物，她把小狗藏在了地下室。皮特说："妈妈，我真的希望你送我一只小狗作为生日礼物。"要记住哦，妈妈想用这只小狗给皮特一个惊喜。所以，妈妈并没有告诉皮特她为他准备了一只小狗。妈妈说："对不起皮特，我并没有准备小狗作为你的生日礼物。相反，我给你买了一个特别棒的玩具。"	探测问题 1：妈妈真的买了一个玩具作为皮特的生日礼物吗？ 探测问题 2：妈妈告诉皮特她要送他一只小狗作为生日礼物吗？ 探测问题 3：为什么妈妈要告诉皮特她给他的生日礼物是一个玩具？
现在，皮特对妈妈说："我要出去玩儿了。"在出去之前，皮特到地下室去拿他的溜冰鞋。在地下室，皮特发现了生日礼物，即那只小狗！皮特对自己说："哇，妈妈并没有给我买玩具，她真的带回来一只小狗作为我的生日礼物。"妈妈并没有看到皮特去到地下室并发现了生日礼物小狗。	非言语的控制问题：皮特是否知道妈妈为他的生日准备了一只小狗？ 言语控制问题：妈妈知道皮特在地下室里看到了生日礼物小狗吗？
现在电话响了，皮特的奶奶打电话来问生日派对是什么时候。奶奶在电话上问妈妈："皮特知道你为他的生日准备了什么吗？" 然后，奶奶对妈妈说："皮特认为你为他准备了什么生日礼物？"	二阶未知问题：妈妈会对奶奶说什么？ 记忆辅助：现在请记住，妈妈并不知道皮特看见了她给他的生日礼物。 二阶错误信念问题：妈妈会对奶奶说什么？ 解释问题：为什么妈妈这么说？

来源：Sullivan，K.，Zaitchik，D.，＆ Tager-Flusberg，H.，*Developmental Psychology*，30，1994.

　　在沙利文等人(1994)的研究之后，更多研究证实了他们的故事情境更为简单，同时在细节上也进行了一些调整。后来使用佩尔纳和韦默(1985)的故事情境法或其变式的研究报告，表明儿童顺利完成二阶错误信念任务的年龄都比原文献的年龄更小，然而使用沙利文等人(1994)的方法或其变式的研究报告的儿童顺利完成二阶错误信念任务的年龄都比原文献的年龄更大(有趣的是，目前还没有研究能够获得与沙利文等人研究同样的结果)。这两个研究报告儿童出现二阶错误信念年龄大概相差一年，沙利文等人的研究认为大部分儿童能够在5岁时掌握二阶信念，而佩尔纳和韦默的研究则认为儿童在此一年后才能出现这一能力。

　　后面我们将会对可能造成这些差异的原因进行讨论。首先出现一个更为基本的问题：当使用不同的方法来测量某个对象时，如测量二阶信念，如何对方法进行评估并确定哪一个是最适用的？

　　我们最容易想到的标准可能是是否能够激发儿童的最佳表现，儿童在最佳状态时能够表现得如何？如果一个方法能够激发儿童的最佳表现，那么就能够最完美地阐释出所研究的概念。儿童第一次展示出某些认知能力是什么时候？如掌握客体永久性、守恒、错误信念、理解表象/真实等。这是认知发展研究中的一个基本问题，这一问题对于理论和实践都有很重要的意义。正因为其重要性，"第一次出现"成了一阶心理理论研究和皮亚杰研究关注的重点。第二章回顾了对一阶错误信念的最初探索。如果我们将激发最佳表现作为标准，那么应该选择何种方法便很明显了：沙利文等人(1994)的方法比佩尔纳和韦默(1985)的方法更适合。

　　既然这一标准已经确立，为什么仍有研究不采用沙利文等人(1994)的方法呢？对这一问题大致的回答是，认知发展研究并不是仅关注"第一次出现"。儿童在简单测试中的表现并不能告诉我们，他们运用某种能力的程度，也不能告诉我们，他们典型的(typical)反应是什么。例如，现实生活中的二阶推理情境不太可能在儿童做出最终判断前给他们提供三次提醒。当然，这也并不意味着佩尔纳和韦默(1985)的研究更贴近真实生活。然而，总体来说，不论测评对象是什么，多样化的测评方法要比单一的测评方法好得多。如果我们仅使用一种测评方法，就会有一个风险，即我们可能会得出一些仅针对这一方法的结论，在实验设计的讨论中(Shadish，Cook，& Campbell，2002)，这将会威胁实验的效度，即出现单一操作偏差(mono-operation bias)。此外，相较于单一的方法，使用多种方法还可以为表现的决定因素提供更多的线索，这点对于二阶心理理论研究来说尤为准确，因为在这个任务上的表现常常因为方法不同而有所变化。

　　那么，佩尔纳和韦默(1985)的研究方法与沙利文等人(1994)的研究方法相比，说明了哪些决定二阶任务表现的因素呢？如表3-3中所示，这两种方法至少有四个潜在的重要差异。

表 3-3　佩尔纳和韦默(1985)与沙利文等人(1994)测评方法的差异

复杂性	欺　骗	关于未知的问题	问题的措辞
佩尔纳和韦默的研究更复杂	沙利文等人：有 佩尔纳和韦默：无	沙利文等人：有 佩尔纳和韦默：无	沙利文等人："认为" 佩尔纳和韦默："看"

最显著、同时也是最重要的差异便是复杂性。沙利文等人(1994)的研究目的是设计一个比佩尔纳和韦默(1985)研究更简单的测评方法。因此，他们的故事情节更简短，所包含的信息较少，对记忆的要求较低，并且在故事的不同阶段提供了很有帮助的提示。

有两个方面的证据说明这些差异还是有影响的。首先，对测评步骤的划分并不只有两种，而是多种的。随后的研究者对佩尔纳和韦默(1985)及沙利文等人(1994)的故事都做了修改，基本都是想将情境更简化。沙利文等人(1994)的研究还包括一个简化版的冰淇淋车故事，并且报告了比佩尔纳和韦默(1985)更好的结果。其他研究者(Coull, Leekam, & Bennett, 2006；Hayashi, 2007b)对沙利文等人的故事情境进行了进一步简化。但不管是这些或是其他研究都没有得出比沙利文等人(1994)更好的结果。然而，研究显示一般情况下操作的简化会引起表现的提高。

另外，从二阶心理理论表现与执行功能的关系可以看出复杂性的影响。第二章清楚地论述了执行功能和一阶心理理论表现的相关。同时，执行功能与二阶心理理论的表现也有相关。

需要注意的是，复杂性影响的两个方面证据是同时作用的。任务简化效果的研究显示，当任务需要的信息加工减少时，儿童的表现就会提高。执行功能的研究显示，当儿童的信息加工资源增多时，他们的表现也会提高。

第二个难度差异的可能来源是沙利文等人(1994)研究中所呈现的欺骗。第二章提到，维尔曼等人(2001)的元分析发现欺骗会促进一阶错误信念的掌握(需要补充的是：事实也并不总是这样，促进作用并不是特别强烈，这还是一个有争议的问题——参见 Chandler, Fritz, & Hala, 1989；Sodian, Taylor, Harris, & Perner, 1991)。那么，很有可能是妈妈欺骗皮特的意图帮助儿童掌握了二阶错误信念。沙利文等人(1994)在文章的讨论中也提到了这点。但需要注意，在这里欺骗与二阶错误信念的联结并不像与一阶错误信念那样直接。在一阶错误信念任务中，被欺骗的人的信念是任务对象，因此，如果儿童能理解欺骗，这将会帮助他们意识到主人公持有错误信念。在二阶错误信念任务中，被欺骗的人的信念并不是任务对象，而那个在最初企图欺骗并且成功但最终却失败的那个人(如表 3-2 故事中的妈妈)的信念才是任务对象。对于儿童来说，比欺骗更有帮助的是妈妈信念是否突出。毕竟，儿童知道妈妈想要使皮特形成一个特定的信念，那么可能更容易意识到这个信念是她想要皮特持有的信念。

到目前为止，仅有一个研究试图在排除其他影响因素的条件下考察欺骗对二阶推理的影响，这就是我近期的研究(Miller, 2011)。在描述这一研究时，我将会用到之前提到的术语。因此，A 代表一位主人公，被试需要判断他的信念(在沙利文等人的研究中，A 是妈妈)；B 代表另一位主人公，他的信念是 A 判断的对象(沙利文等人研究中的皮特)。我的研究有三种条件：不包含欺骗的标准二阶错误信念任务；A 欺骗 B 的二阶错误信念任务(与沙利文等人的操作类似)；B 欺骗 A 的二阶错误信念任务(与一阶错误信念任务中的欺骗操作类似)。虽然只有 A 欺骗 B 的任务与标准任务有显著差异，但结果显示两种欺骗都对儿童理解二阶错误信念有所帮助。目前，这一结果(当然，未来还需重复测试)的理论基础并不明确。一个可能的解释是欺骗在两种情况下的影响路径不同：在 B 欺骗 A 的情况中，对象的信念是直接关注点，在 A 欺骗 B 的情况中，关注点在于 A 想要使 B 形成某一信念的信念。或者也可能任何形式的欺骗都是有帮助的，因为这使儿童对某人的信念可能是错的这种信念更为敏感。

结果差异的第三个来源是沙利文等人(1994)的研究中加入了一些额外问题。他们的研究中，在呈现错误信念问题之前，他们问该对象是否知晓某一信念(如问题"皮特知道你真正给他准备的生日礼物是什么了吗?")。加入的这样一类问题也得到了一些研究的关注。首先，知识问题比错误信念问题要简单。哈格瑞夫等人(Hogrefe et al., 1986)首先考察了这一问题，并且他们发现这两种能力的出现时间相差两年，其他研究报告的差异通常略小。这一结果与一阶信念理解的研究结果是一致的，相较于判断错误信念，通常请儿童判断某人不知道某事会较为简单(Wellman & Liu, 2004)。

为什么判断"知不知道"会比判断错误信念简单呢？大家广为接受的解释最初是由哈格瑞夫等人(1986)提出的。对于错误信念，儿童必须持有对同一事实的两种不相容的表征(如约翰认为玛丽认为 X，但儿童知道玛丽认为 Y)，但在"知不知道"的问题中，需要表征的只是约翰不知道某些关键的信息。按照这种观点，相比"知不知道"问题，错误信念问题需要更多的复杂概念，也正是如此，错误信念问题才更为困难(另一种解释目前仅应用于阐述一阶心理理论任务，见 Perner, 2000)。

进一步研究发现，在任务中纳入"知不知道"问题是很有帮助的：当在信念问题之前先问"知不知道"问题时，被试在二阶信念问题上的表现会更好(Coull et al., 2006; Hogrefe et al., 1986)。很可能是这一不同的操作导致沙利文等人

(1994)与佩尔纳和韦默(1985)的研究结果不同。然而，另一些研究发现"知不知道"问题的促进作用在两种研究范式中都有效，并且即便两个研究范式都使用"知不知道"问题，佩尔纳和韦默(1985)的研究仍是更困难的。因此，加入"知不知道"问题并不能完全解释它们难度上的差异。

为什么"知不知道"问题是有帮助的？推测起来，儿童思考并用言语表述 A 并不知道 B 知不知道这一事实，能够降低儿童认为 A 持有真实信念的概率，并且剩下的唯一选择便是错误信念。这样明确强调 A 不知道事实并非必要（因为即便没有使用"知不知道"问题，儿童也能够成功）也非充分（因为许多儿童通过了"知不知道"问题，但仍然无法正确回答信念问题）。但"知不知道"问题确实是有帮助的。

最后，结果的差异还可能来源于测试问题的措辞。这两种范式在两个方面有差异。其一是对对象信念问题的关注，或者说是 A—B 链中的 A。例如，佩尔纳和韦默(1985)问约翰如何"想"；沙利文等人(1994)问妈妈"说"了什么。第二个差异涉及 A 的信念对象，或者说 A—B 链中的 B。例如，佩尔纳和韦默(1985)问玛丽"去了"哪里；沙利文等人(1994)问皮特"认为"什么。

这些差异会有影响吗？来自一阶心理理论研究的相关数据提示可能不是这样。虽然大多是跨研究，而非同一研究内，但对比"认为"和"看"（"去了"的一种变式）的研究是很多的。并且维尔曼(2001)的元分析已经得出了一个结论，即这一变化对一阶错误信念任务的表现并无影响。

在二阶心理理论研究中，对措辞问题的系统考察却得出了不同的结论。卡玛沃(Kamawar)、佩尔蒂埃(Pelletier)和奥斯汀顿(1998)的研究关注了 A—B 链中的 B，并对比了"A 认为 B 会说……"和"A 认为 B 会看……"。后者的措辞得到了更好的结果。罗素(Russell，1987)关于不同动词对心理状态表达的分析也能够预测这一差异。表示交流的动词"说"的效果介于"认为"（最大限度的外显）和"看"（纯动作的，非心理的）这两个词之间。"说"比"看"更难，因为"用语言表达一个信念，儿童必须对它有一个外显的表征……但基于信念的动作便没有这一要求"(Kamawar et al.，p. 1)。

关于卡玛沃等人(1998)的分析，我想指出两点。首先，他们的研究很好地证明了，有时候细小的实验步骤差异可能会造成结果差异，并且所得的结果可能会揭示更多有关儿童思维的有趣发现。但是他们的发现没有解释为什么沙利文等人的实验任务更容易，沙利文等人(1994)对于 B 的测试问题（"认为"）比佩尔纳和韦默(1985)的问题（"看"）更加偏心理状态，是更难的。但结果显示，即便使用了这样的措辞，沙利文等人的方法仍更容易。

那么为什么这两个研究范式在难度上有差异？我自己的答案是：复杂性毫无疑问会造成差异，欺骗也可能会带来不同。关于欺骗的可能性，还需要更多的研究证明。

目前，我主要关注那些使用这两种主要范式变式的研究。正如我们在第二章所看到的，一阶错误信念的研究很快便超越了基本的范式，并开始探索许多可能的促进因素（如措辞的变化、使用要求较低的反应方式、提及欺骗），而二阶错误信念研究还没有探索这些促进因素。在沙利文等人（1994）的研究中的确提到了欺骗及其变式，但并没有分离出它们的影响。正如前面所提到的，唯一有关此问题的研究（Miller，2011）显示，欺骗在二阶错误信念任务中也是有帮助的，然而，显然还需要更多的研究。

另外有一系列研究对比了一阶错误信念的实验程序（Miller，2011）。正如第二章中所提到的，一些一阶错误信念的研究发现，不能成功完成预测问题的儿童却能够在观察了主人公的相关行为后解释错误信念。我的研究在二阶错误信念领域内考察了这个效应，要求儿童在一半实验中回答有关主人公信念的标准测试问题，然而，在另一半的实验中，我们已经说明了错误信念，儿童的任务是解释这一错误信念。这一研究结果并没有支持解释优势，甚至出现预测问题的表现好于解释问题表现的结果。正如欺骗，确定这一结论的普适性还需要更多研究（的确，鉴于目前研究结果不一致的情况，还需要更多有关一阶错误信念的研究）。然而，凭直觉推测，将最初的知识转化为外显的判断对于年幼儿童来说可能更为困难。因此，简化反应要求可能会影响 3 岁儿童的表现，但可能并不会影响 5 岁或 6 岁儿童的表现。

下面将简单介绍一下对于标准研究方法的改进。我们看到一阶错误信念任务中包含了自己和他人的错误信念。荷马（Homer）和奥斯汀顿（1995，2001）设计了二阶错误信念任务中的自我问题（"在我们打开这个盒子之前，你认为你知道盒子里面是什么吗？"）。儿童在自我和他人问题上的表现有显著相关，并且两个问题的难度没有差异。在一位脑损伤病人的个案研究中，艾比利和同事（Apperly，Samson，Carroll，Hussain，& Humphreys，2006）设计了二阶错误信念任务的非言语版（并不是全部都是非言语，但是有关刺激的呈现和测试阶段的回答都是非言语的）。这一实验步骤在这一个案研究之外也有应用。最后，弗勒泽、格林外特和伊顿（Froese，Glenwright，& Eaton，2011）报告了二阶错误信念任务的网络版，这一任务得出的结果与标准的实验室任务相似。正如他们提到的，如果这一结论是有效的，那么研究范式的适用人群将会大大扩展。

成功的标准

到目前为止，前文所讨论的二阶错误信念任务都没有强调一个基本的逻辑前提问题：这些任务上的成功意味着什么？

　　这个问题有两种可能性。一种可能是能够正确判断测试问题。很明显，当我们说这名儿童已经掌握了这一任务时，已经在一定程度上包含了这个意思。问题是，正确判断能否说明儿童已经掌握二阶错误信念或者说他们能否为自己的判断提供足够的原因解释。在皮亚杰的研究中，长期以来，把仅能判断作为成功标准还是把判断并解释作为标准一直存在争议。这个争议没有得以解决，可能是因为它并没有正确答案，两种观点都有一些有力的论证。一方面，儿童尤其是年幼儿童，可能基本理解某一概念，但却不能用言语把理解这个概念的推理过程表达出来，要求儿童提供解释可能造成对其真实能力的低估。另一方面，当任务只有两个选项时，有时儿童会给出正确的答案，但这并不代表他们真正理解了任务（守恒和错误信念任务都是这样的）。判断后的解释能够保证儿童确实理解了这个任务。因此，我们需要权衡，到底是避免由严格标准造成的错误否定，还是避免由宽松标准造成的虚报。

　　之前已经提到心理理论研究与皮亚杰的研究有许多共同之处。然而，在成功的标准上却存在差异。在基础的错误信念研究中很少出现仅把判断作为标准还是把判断加解释作为标准的争论。除了一些例外（Clements，Rustin，& McCallum，2000；Ruffman，Slade，Rowlandson，Rumsey，& Garnham，2003；Wimmer & Weichbold，1994），绝大多数一阶错误信念任务都仅采用了判断作为标准。

　　二阶错误信念与此有相似之处也有不同之处。相似之处在于并没有关于成功标准的讨论，更不用说争论了；不同之处在于它们采用了两种问题。大部分二阶错误信念研究都在判断之外使用了解释问题。至于为什么要同时使用判断和解释问题仍不清楚，很可能只是因为历史的延续性。佩尔纳和韦默（1985）及沙利文等人（1994）的任务中都使用了解释问题。当然也可能因为研究者认为对于5～8岁的儿童来说，把解释问题作为标准是更为合理的，而3～4岁的儿童可能很难回答这一问题。无论如何，研究者在二阶错误信念任务中使用的解释问题，提供了一阶错误信念研究无法得到的信息，据此有了以下发现。

　　第一个发现是，在二阶错误信念任务中做出正确判断的儿童，其中大部分都能够为他们的判断提供充分的证据。虽然各个研究中能够提供解释的儿童比例有所不同，但始终是很高的，有些研究中比例甚至达到100%。

　　第二个发现是，采用这样的成功标准并没有影响二阶错误信念任务的基本结论。当然，这一标准的确会影响到不同表现水平的结论：相较于做判断并提供解释，儿童在仅需做判断时表现得更好，同时年龄较小的儿童也能够顺利通过。然而，对于其他问题（如任务间的比较、与其他发展的关系），不论采用哪一种标准，得出的基本结论都是相同的。

　　第三个发现与儿童提供的解释类型有关。佩尔纳和韦默（1985）区分了三种不同类型的解释：信念—信念型（belief-belief），该类型解释中，一个信念嵌套于另一个信念中（如"他并不知道她知道"）；信念—信息型（belief-information），该类型解释中，一种信息嵌套于一个信念中（如"他并不知道她和卖冰淇淋的人讲过话"）；最初地点型（initial location），即指出那个受欢迎物品的最初位置（如"因为这就是她当时看到冰淇淋车的地方"）。沙利文等人（1994）增加了另一种解释类型，即欺骗，这种类型的解释包括儿童提到的故事中的欺骗成分（如"因为妈妈想要用小狗给皮特一个惊喜"）。虽然这些解释类型的名称可能不同，但后续所有研究者都采用了与此类似的分类。

无论具体的名称以及它们之间有何不同，对错误信念的解释可大致划分为两类：其一，明显提及心理状态（前两类）（Perner& Wimmer，1985）；其二，则将他们的判断归结于具体情况（最初地点和提及欺骗的回答）。虽然任意一种解释都能说明儿童做出了正确判断，但是我们更关注和心理状态有关的解释，原因有两点：首先，这类解释明确说明儿童对心理状态做了循环推理；其次，它体现出儿童不仅能够进行循环推理，还能够反思并用言语表达出自己的思维。

此类解释的比例在各个研究中有所不同。在佩尔纳和韦默（1985）最初的研究中，有80%～90%的解释提到了心理状态；而另一些研究中（Hayashi，2007b；Parker，MacDonald，& Miller，2007）这一比例则是30%左右。目前，造成这一变化的原因还不清楚。一部分原因可能是被试群体的差异，而这可能在很大程度上是研究方法的差异造成的，即如何提及解释问题并记录。很明显，儿童没有给出有关心理状态的解释并不意味着儿童无法完成，尤其是当情境较为简单时。学前儿童有时（通常并不频繁）会在一阶错误信念任务做出判断解释时提到心理状态（Clements et al.，2000）。的确，在简单情境下，即便是3岁的儿童也能够为行为提供有关心理状态的解释（Colonnesi，Koops，& Terwogt，2008；Youngstrom & Goodman，2001）。

同一儿童一阶与二阶任务的比较

基于以往多数跨研究比较，我们得出了一阶错误信念和二阶错误信念相对难度的结论是：大部分一阶错误信念研究发现儿童在4岁时掌握一阶错误信念，而目前的二阶错误信念研究发现儿童在5岁或6岁时才能掌握二阶错误信念。我们需要考虑同一儿童对一阶错误信念和二阶错误信念任务的反应差异。

不幸的是，许多此类的研究都存在操作方法和分析的局限。一些研究中，只有儿童通过了一阶错误信念任务才能接受二阶错误信念任务，这样便不能全面考察二者的相对难度（Astington，Pelletier，& Homer，2002；Hughes et al.，2000）。另一些研究中，一阶错误信念和二阶错误信念任务的得分被合成为一个单独的心理理论得分，并没有对两类任务得分进行单独分析（Hughes et al.，2005；Pellica-no，Murray，Durkin，& Maley，2006）。

有个别研究的确比较了同一组被试在一阶错误信念和二阶错误信念任务中的表现（Hayashi，2007b；Parker et al.，2007；Pellicano，2007）。毋庸置疑，这些研究证实了被试间比较得出的结论。所有情况下，一阶错误信念任务都比二阶错误信念任务容易。不同研究间，一阶错误信念任务的成功率大概为75%，而二阶错误信念任务的成功率为50%左右。

除了平均成功率外，比较同一儿童在两个任务上表现的研究还提供了被试间研究无法获得的信息，即个体的表现模式。我们想问的是，一阶错误信念和二阶错误信念是否按不变的顺序发展：所有儿童是否都先掌握一阶错误信念，才掌握二阶错误信念？当然，可能会有这样的争论，从定义上看，这并不是一个实证问题，因为一阶错误信念（如玛丽认为冰淇淋车在公园）是嵌套于二阶错误信念问题中的（如约翰认为玛丽是怎么想的？）。然而，成功完成二阶错误信念任务并不能保证儿童能准确回答标准的一阶错误信念任务。但到目前为止，大部分研究证明他们是能够做到这点的（Hayashi，2007b；Lecce & Hughes，2010；Parker et al.，2007）。不同的研究中，只有少数儿童在没有完成一阶错误信念任务的情况下完成了二阶错误信念任务，这一结果最可能是源于测量失误。

需要补充的是，哈雅士（Hayashi，2007b）的研究很好地揭示了一阶错误信念任务与二阶错误信念任务的差异。这一研究的目标之一便是尽可能地匹配一阶错误信念与二阶错误信念的任务。表3-4展示了他所使用的故事情境，可以看出，除了二阶错误信念任务比一阶错误信念任务多19个字，并且测试问题有4个词不同之外（这些数字是基于故事的英文翻译），两个故事的情境是相同。尽管如此相似，儿童仍觉得一阶错误信念任务比二阶错误信念任务容易。

表3-4　哈雅士（2007b）研究中一阶和二阶错误信念任务所使用的故事情境

阶段	一阶错误信念任务	二阶错误信念任务
1	这里有一个男孩和一个女孩。这个女孩把巧克力放在了冰箱里，然后走出了房间	与一阶错误信念任务相同
2	当女孩离开时，男孩将巧克力从冰箱里拿出来，并吃了一些	与一阶错误信念任务相同
3	然后，男孩把巧克力放进了篮子里。那个女孩透过窗户看到了男孩的行为，但这个男孩并没有意识到	
4	这个女孩回到房间，想要吃那个巧克力	与一阶错误信念任务相同

续表

阶段	一阶错误信念任务	二阶错误信念任务
现实问题	巧克力现在在哪里？	女孩会到哪里去找巧克力？
记忆问题	这个女孩最初把巧克力放在哪里了？	与一阶错误信念任务相同
测试问题	女孩认为巧克力在哪里？	这个男孩认为女孩将会到哪里去找巧克力？

来源：Hayashi，H.，*Psychologia*，50，2007，p. 19. Copyright 2007 by the Psychologia Society. Reprinted with permission.

信念的内容

到目前为止，我们看到的研究中关注的 A 和 B 的心理状态都是信念，即 A 认为 B 认为……信念并不是唯一能够循环并产生二阶思维形式的心理状态。在 A—B 推理链的两端都可能有其他的心理状态。

在推理链的 A 端，我们可以把二阶错误信念划分为两类。一些情况下，A 的目标是判断 B 的心理状态，而儿童的任务是指出 A 可能做出的判断。当然，这是到目前为止我们看到的研究中使用的方法。另一些情况下，A 的目标是操纵 B 的心理状态，也就是说，向 B 灌输一个特定的信念，儿童的任务是判断 A 这么做的意图和效果。那么，二者的区别在于 A 认为 B……和 A 企图 B……请注意我在本书开始时所提到的例子是属于第二类的：埃古并不仅是想要判断奥赛罗的信念，相反，他的目的是使奥赛罗形成某种特定的信念；同样，大灰狼并不是简单地希望小红帽碰巧相信那些能让她掉进它手掌心的信念，相反，它在非常努力地使她形成这样的信念。

有关意图的研究证明了二阶推理的功能性，也就是，一个人为何会操控另一个人的信念。由于这个原因，也因为这一主题包括了许多研究，我将在第六章"二阶推理的结果"中来讨论这一问题。

推理链的 B 端又如何呢？实际上任何心理状态都有可能是 A 对于 B 进行判断的对象。事实上到目前为止，除了信念，文献中仅提到了两种可能的判断对象：意图和情绪。

表 3-5 是史维瑞克和莫瑞(2007)用来测试 5～10 岁儿童理解二阶意图的情境。除了故事中的关键点外，故事情境的其他方面均相同。例如，在一些情境下，这个小女孩的意图是积极的(如表 3-5 中例子)，而在另一些情况下，她的意图是消极的(将兔子带回家)；在一些情境中，教师知道小女孩的意图(正如例子中)，而在另一些情境中，她并不知道。儿童的任务是判断教师怎样判断小女孩的意图，

教师对小女孩的行为会做出怎样的道德评价("好"或者不"好")。随着年龄的增长，儿童开始意识到教师的信念取决于她是否知晓小女孩的意图，而非仅仅取决于行为本身。所有年龄段的儿童都逐渐意识到教师对小女孩的道德评价将取决于她对女孩意图的信念，令人印象深刻的是，即便儿童持有自己的信念和评价，他们还是能够准确地判断教师的信念和她对小女孩的评价。因此，这一研究说明，儿童在小学的前几年就能够完成二阶错误信念任务：能够使用可得的信息准确地判断某人对他人的意图，意识到不同的观察者可能会持有不同的信念，意识到这些信念可能会是错误的。

表 3-5　研究儿童的二阶意图理解的故事情境示例

教师带了一只小兔子来学校，她告诉学生不要让兔子跑出笼子。一个小女孩说她想帮忙照看这只兔子。教师听到了小女孩的话，把兔子放回笼子里并带学生到操场上去玩。意外地，笼子的门闩并没有锁上，那只兔子跑出了笼子。刚才那个小女孩是最后一个离开教室的，她看见兔子跑出来，就在后面追它。教师回来了，看见兔子跑出了笼子不见了，而小女孩在追兔子。

来源：Shiverick, S. M., & Moore, C. F., *Journal of Experimental Child Psychology*, 97, 2007, p. 59. Copyright 2007 by Elsevier. Reprinted with permission.

皮洛和韦德早期的一些研究（Pillow，1991；Pillow & Weed，1995）也得到了许多相同结果。在这些研究中，被试会听到一些故事情节，故事中一个儿童在观察另一个儿童的行为，然后，被试需要判断第一个儿童怎样判断第二个儿童的意图，具体来说就是这个儿童认为这一行为是故意的还是意外？在一些情境中，告知被试第一个儿童喜欢第二个儿童，而在另一些情境中，告知被试第一个儿童不喜欢第二个儿童。研究的问题是，喜欢或不喜欢的信息是否会影响被试对第一个儿童关于第二个儿童意图的信念的判断。结果显示，学前儿童并没有这一能力，幼儿园儿童成功的比例也很低。然而，二年级的儿童基本都能够利用这一倾向性信息，在喜欢的情境下，他们会判断其持有积极的信念（相信该行为只是偶然的，而非消极行为，如故意把玩具摔在地上）；而在不喜欢的情境下，他们会判断其持有消极的信念。这些研究与史维瑞克和莫瑞（2007）的研究得出了相似的结果（不同观察者对于意图可能会持有不同的信念；有关意图的信念有可能是错误的），同时在此基础上还得出了新结论：对意图的理解还有可能受到先前经验及对判断对象看法的影响。

对意图的错误信念的判断和对信念的错误信念判断有什么不同？刚才的研究提示我们，二者的发展几乎是同步的。然而，这一系列研究并没有采用常用的二阶任务来激发理解错误信念，同时也没有使用标准二阶信念任务。判断意图的错误信念不可能比判断信念的错误信念更难，然而，这二者是否相同还需要更多研究来证实。

现在我要来谈谈情绪。这一部分内容涉及定义及相关的理论问题。如果将二阶推理定义为一个人对另一个人心理状态的想法，那么对情绪的信念也可以算作二阶推理。如果将二阶推理定义为对心理状态的循环思维，那么对情绪的信念就不能算作二阶推理了。循环推理要求推理链上的元素都是命题形式——在英语中，通常通过 that 从句来表达。很明显，信念和意图满足这一标准，即 A 认为 B 认为……，A 企图让 B 认为……，A 认为 B 企图……。表达意愿的词语（想要，希望）也可以成为命题链。佩尔纳（1988）指出，涉及情绪的一个关键问题是，B 悲伤是因为某事应该悲伤（that）或 B 悲伤是因为某事（because）：前者是二阶顺序；而后者并不是。佩尔纳也承认通过实证研究来区分这一差异是极其困难的，的确，也没有人尝试设计这种实验。

研究说明了什么？虽然这一问题存在许多不一致的意见和不确定性，但我们仍有一个相对明确的结论，即判断某人关于另一人情绪的信念并不一定是二阶任务。关于这点，最有力的证据是戴维斯（2001）的研究。在研究中，3～4 岁的儿童听到一些故事，在故事中一位主人公有某种情绪（如感到悲伤），但他想要通过一个令人误解的表情（如露出笑脸）来掩盖这一情绪，这些故事都配有一些展示表情的图片。问题是：另一个不知道其真实情绪且仅能依靠表情的主人公会认为他是什么情绪。在程序上，这一方法与意外内容任务相似：一个令人误解的外表掩盖了一个非常不同的隐含事实，被试知道这一点，但任务的对象并不知道；研究的结果也与意外内容任务相似。一些 3 岁儿童能够成功判断对情绪的信念，大部分 4 岁儿童都能完成这一任务，并且这项新研究与标准的意外内容任务在难度上并没有差异。

另一些有关情绪的研究并没有得到明确结果。在心理理论成为一个独立的研究领域之前，兰德里和莱昂斯－鲁斯（Landry & Lyons-Ruth，1980）设计了一种研究方法，随后景新、季良和文新（Jingxin, Jiliang, & Wenxin，2006）采用这一方法进行了研究。这一方法中，情绪的定义并不像大多数人认为的那样，如怕猫，而是一种预先存在的、带有意向性的心理状态。被试明确知道这一情绪，问题是那些不知道这一事实的人（如一个刚刚将猫作为礼物的叔叔）是否会对对象的情绪反应持有错误信念。在这两个研究中，只有 6 岁儿童表现出了这一意识。虽然并没有直接与标准的一阶和二阶任务比较，但这一能力的出现年龄较晚，与掌握二阶任务的时间相一致。还有另一些研究与此结果一致，这些研究并没有使用任何外在线索，要求儿童仅从故事事实中推测其对于情绪的信念（Gross & Harris，1988）。然而，戴维斯（2001）的研究显示，当提供有帮助的线索时，即便是学前儿童也能顺利完成这一任务。

我和同事的研究与二阶情绪任务和标准二阶信念任务（Miller，2011；Parker et al.，2007）十分匹配。在这些研究中，儿童会听到一些故事，故事中的人物 B 原本是开心或悲伤的，但后来他得知了一些消息，因此 B 的情绪改变了；然而，人物 A 并不知道 B 得知了一些消息。问题是 A 认为 B 会有什么样的情绪。要回答这一问题，儿童必须首先推测出 A 对于 B 的信念（如仍然认为事情是好的）或 B 所知晓的信息（如还并未得知消息）持有何种信念，然后据此推测出相应的情绪（如仍然开心）。大家可能还记得，在一阶任务中，增加情绪推测会增加基本信念任务的难度。在二阶任务中，我们并没有发现相似的效应。米勒的研究发现平均难度差异和差异方向与一阶任务相同，但尚未达到显著；帕克（Parker）等人的研究发现，情绪任务比标准的信念任务简单。

正如前面所说，目前对情绪的研究还没有一个清晰的、一致的结论。戴维斯（2001）指出推测情绪的错误信念在本质上并不是一个二阶任务。其他研究也表明，在多数情况下，学前儿童并不擅长判断对情绪的信念。的确，正如我们在第二章看到的，许多通过了标准错误信念任务的儿童并不能完成对情绪的一阶判断任务（如意识到 A 是开心的，因为他还不知道一些令人悲伤的事情）。情绪作为最不可能观测的心理现象，可能会给儿童的理解带来特殊的挑战。然而，在大多数情况下，这种理解可能并不需要循环思维。当然，可能存在两个例外。其一是在那些推测二阶信念时必须要推测情绪的情境中。其二是佩尔纳（1988）提到的，将情绪理解为一种命题——并不是"悲伤是因为……"而是"悲伤（that）……"，要区分这二者还需要进一步的研究。

二阶理解的先决条件

第二章强调了关于一阶理解的两个基本问题：哪些先决条件促进了对一阶错误信念的理解，以及理解了一阶错误信念后可以得出哪些结果？同样，二阶信念的发展中也涉及这两个问题。这一部分，我们将讨论先决条件这个问题。这类研究结果很多，的确，大部分的二阶错误信念研究都得出了至少一部分假定的结果。因此，这个主题成了单独一节内容。

第二章区分了两种先决条件：儿童获得新知识的相关经验和获得更多知识的先决技能。

社会经验

有关社会经验的研究并不多。但可以推想，对理解一阶信念有帮助的社会互动在理解二阶信念中也有同样重要的影响。正如我们在第六章中将会看到的，相关研究已经发现了理解二阶信念的能力与儿童的不同社会行为间呈正相关。然而，相关关系并不能指出因果方向，在这一研究中通常的假设是，理解二阶信念促进了社会行为的发展，二者关系并不是相反的。

近期，我自己的一些研究（Miller，2011）首次关注了某一方面社会经验的影响：个体兄弟姐妹的数量与二阶信念理解发展的相关关系。我使用了两个二阶错误信念任务，考察了个体兄弟姐妹数量与任务表现的相关。在两个研究中均未发现相关。值得注意的是，兄弟姐妹效应在一阶错误信念理解任务中并不稳定，虽然大多数研究报告了它们之间的相关，但并非所有研究都如此（Cole & Mitchell，2000；Cutting & Dunn，1999；Peterson & Slaughter，2003）。无论如何，兄弟姐妹效应在二阶错误信念理解中仍需要更多的研究。

执行功能与语言

之前我提到，有许多研究同时考察了一阶和二阶错误信念任务，但仅报告了心理理论的合成分数，未对两个任务进行单独的分析。当然，在这些研究中，他们更关注心理理论的总分。但是，这还是不利于我们对二阶推理本身的研究。

对于执行功能和语言的研究也是如此。一些研究考察了心理理论得分与执行功能之间的关系（Hughes，1998；Jahromi & Stifter，2008；McGlamery，Ball，Henley，& Besozzi，2007；Pellicano，2007，2010）。另一些研究也采用同样的方式考察了心理理论与语言的关系（Lockl & Schneider，2007；Pellicano，2007）。这两类研究都证实心理理论得分与执行功能和语言存在正相关。但是它们并没有分析二阶错误信念任务得分与这二者的单独关系。

一些研究提供了这样的证据：语言与心理理论的关系要比其与执行功能的关系清楚许多。一阶错误信念研究证明，语言的许多方面都与其任务表现相关，如词汇（Filippova & Astington，2008；Hasselhorn，Mahler，& Grube，2005）、语法（Hasselhorn et al.）和整体的言语能力（Astington et al.，2002；Astington，Pelletier，& Jenkins，1998）。在控制了年龄和执行功能之后，这一结论仍然成立。奥斯汀顿等人的纵向研究（1998）为语言的因果角色提供了证据：5 岁时的语言能力能够预测 6 岁时错误信念任务上的表现；然而，早期的错误信念表现并不能预测后来的语言能力。之后将会谈到的自闭症研究将进一步证明语言能力的重要性。

到目前为止，对于执行功能和二阶推理能力关系最全面的考察是佩尔纳及其同事的研究（Perner，Kain，& Barchfeld，2002）。执行功能的测量工具来自一个大的测评库，被称为 NEPSY。NEPSY 测评库可以测量执行功能的多个方面，包括抑制、计划、自我调节和工作记忆。这个测评库中大部分分测验的结果都与二阶错误信念显著相关，并且当控制了年龄和 IQ 后，这些相关关系仍很显著。

令人惊奇的是，只有三个其他的研究证明了执行功能和二阶错误信念任务之间的关系，并且这些研究都是以正常儿童为被试的。塞典和胡斯肯（Sodian & Hulsken，2005）的研究发现二阶错误信念得分与儿童在卢丽雅（Luria）手掌游戏（这一测试在该领域的文献中并不常用）中的表现并无关系。哈瑟何瑞等人（Hasselhorn et al.，2005）报告了二阶错误信念得分和工作记忆之间的关系，当控制了年龄后，这一相关仍存在，但在控制了语言能力后，这一相关就不存在了。最后，弗林（Flynn，2010）报告了二阶信念任务得分和计划及自我调节之间的正相关。

正如语言能力一样，自闭症的研究为执行功能的作用提供了进一步证据。我们将会在讨论自闭症的那一部分再谈执行功能。

一阶任务的表现

之前我们讨论了一些对比同一批被试在一阶任务和二阶任务上表现的研究。其中三个是纵向研究，儿童的首次测试年龄是学龄前，后续测试时间是之后一年（Hughes，1998）、一年半（Astington，2005）或之后一年和之后两年（Lockl & Schneider，2007）。这些研究探讨了一个问题：较快地掌握一阶错误信念能否预测儿童也能够较快地掌握二阶错误信念？横断研究的数据无法回答这一问题，假设前者是后者的基础，结果应该符合我们的预期。

事实上，结果确实符合我们的预期，虽然它们的相关并不是十分强。休斯（1998）和洛克尔与施耐德（Lockl & Schneider，2007）采用了不同方法来考察一阶与二阶错误信念能力的相关，结果分别为 0.20 和 0.30。此外，休斯的研究中，当控制了年龄和语言能力后，许多相关都不存在了。奥斯汀顿（2005）报告的相关更大：一阶与二阶错误信念能力之间的相关为 0.57。当控制了语言能力和 IQ 后，一阶错误信念任务上的表现能够解释二阶错误信念任务表现变异的 8%。因此，二者之间还是存在一些相关的，但它们的相关并不强。毕竟，相对出色的儿童始终会较为出色。即使一阶错误信念能力和二阶错误信念能力并不相关，我们还是会期望我们测得的两个变量之间存在相关。关于一阶错误信念发展与二阶错误信念发展为什么存在相关以及它们如何相关这一问题，很明显还需要更多的研究。

自 闭 症

自从贝伦科汉和他的同事（1985）首次关注自闭症的心理理论发展，近 25 年来对它的关注就从未消减。正如第二章提到的，其研究结果存在不同。贝伦科汉等人(1985)研究的自闭症群体在一阶错误信念任务上表现出明显不足，其表现远落后于正常儿童及发展迟滞儿童，这一结果支持了贝伦科汉等的假设。另一方面，并不是所有自闭症儿童都在此任务上存在不足，有20%的自闭症儿童成功地完成了一阶错误信念任务。因此，这一结果显示，自闭症儿童可能在心理理论发展方面滞后，但并不是完全缺失。当然，对于整个自闭症群体来说，心理理论的发展究竟是迟滞还是缺失仍不清楚，然而至少有20%的被试能够完成这一任务。

佩尔纳和韦默(1985)所设计的二阶错误信念任务为进一步考察迟滞或缺失的问题提供可能。即便自闭症儿童最终获得了一阶错误信念能力，他们可能永远也无法发展出二阶错误信念理解能力。贝伦科汉(1989)是第一个考察这一可能性的研究者。与他之前的研究相似，他比较了三个群体：自闭症儿童、唐氏综合征儿童及正常儿童。然而，在这一研究中，所有自闭症儿童都成功完成了一阶错误信念任务。采用的二阶错误信念任务则是改编了佩尔纳和韦默的冰淇淋车故事(有趣的是，他们将约翰和玛丽的角色进行了互换)。10位正常儿童中的9位及10位唐氏综合征儿童中的6位成功完成了二阶错误信念任务，与此同时，10位自闭症儿童无一通过二阶错误信念任务。

贝伦科汉(1989)研究中的自闭症群体的平均年龄是15.3岁，远远超过了掌握二阶错误信念的正常年龄。但是，这一结果仍不能排除迟滞的可能性，也许我们选取更年长的被试，或取样更广泛一些，一些自闭症个体就可能成功完成这一任务。贝伦科汉之后的一些研究(Bowler, 1992; Ozonoff, Pennington, & Rogers, 1991; Ozonoff, Rogers, & Pennington, 1991)证明了这一假设。这些研究的被试年龄从8岁到成人早期，样本中包括了确诊的高功能自闭症和阿斯伯格综合征被试。并不是所有自闭症患者都能成功完成二阶错误信念任务，不同研究中，大概只有一半的自闭症被试成功完成了二阶错误信念任务。当然，已经有一半被试能够成功完成二阶错误信念任务了。

因此，自闭症个体并不是完全缺失二阶错误信念能力。然而，证据显示了他们在这方面的发展要相对晚于正常儿童，并且这种发展仅局限于特定的自闭症群体，即高功能自闭症或阿斯伯格综合征，有许多自闭症个体永远都无法掌握二阶错误信念能力。与一阶错误信念研究的结论相似，只有那些认知和语言能力都能胜任这一任务的自闭症个体才能成功完成二阶心理理论任务。因此，即便并不是确诊的"高功能"自闭症，那些参与此研究的个体也都是自闭症中症状较轻的。

有关自闭症的研究对于我们理解心理理论有什么样的启示呢？这些研究为心理理论的来源提供了两个方面的证据。首先，它们证明心理理论一定有某些领域特殊的生物基础。因为许多理论都可对此进行解释，所以这些结果并没有促使我们认同较激进的模块理论。然而，它的确对一些理论提出了挑战。

自闭症的研究同时也说明了语言能力和执行功能对心理理论的作用。在二阶错误信念任务上获得成功的自闭症个体仅限于那些高功能自闭症者和阿斯伯格综合征患者。另外，在这一群体内，语言能力和心理理论任务的表现存在持续的相关：语言能力越好，在二阶错误信念任务上的表现越好（Heppé，1995a；Tager-Flusberg & Joseph，2005）。

自闭症的研究也显示出执行功能的重要作用。首先，这两个领域有相通之处。与心理理论一样，自闭症患者在执行功能上也存在缺陷（Hill，2004）。除了这一相似点外，这两个领域在个人层面上也是相联系的：在自闭症群体中，其二阶心理理论的表现与执行功能是一致的（Harris et al.，2008；Ozonoff，Pennington，et al.，1991；Pellicano，2007，2010）。正如在正常群体中那样，抑制优势反应并转换回答的能力是非常重要的。

第四章将会介绍继二阶错误信念任务之后，研究者设计的高级推理任务。正如我们将看到的，许多研究最初是为自闭症研究设计的，是为了进一步检验心理理论的发展是滞后还是缺失的问题。下一章我们将会继续讨论自闭症的问题。

老 化

在某些情况下（当然也会有许多例外），随着年龄增长，认知功能会出现退化。对此的研究主要集中在 IQ 测试的结果和不同形式的记忆两个方面。虽然有很多老年人在这两个方面都没有表现出任何退化，但仍然有不少人还是会有不同程度的退化，这一现象对于理解老化的本质以及智慧或记忆的本质都有帮助。

因此，老化研究也将有可能加深我们对二阶推理的本质及其决定因素的理解。目前已经有一些关于心理理论和老化的研究，而且其中的很多研究都考察了高级形式的心理理论。然而，这些研究中的大部分都使用了佩尔纳和韦默（1985）任务的变式来测量二阶错误信念，这将成为第四章的主题。一些研究纳入了二阶错误信念任务，但是大部分都未将其从高级心理理论的任务中分离出来进行单独分析。当然，也有两个例外。格雷戈里等人（Gregoryetal et al.，2002）报告了健康的老年人在佩尔纳和韦默任务上的完美表现（该研究关注的是多种临床条件的影响）。这一群体的平均年龄是 57 岁，刚好是老年早期。麦金农和莫斯科维奇（McKinnon & Moscovitch，2007）采用自编的一阶和二阶错误信念任务进行测查，发现老年人（平均年龄 78 岁）和年轻人（平均年龄 20 岁）在一阶错误信念任务上的表现相当；但是他们在二阶错误信念任务上的表现却远落后于年轻人。第四章将会进一步讨论个体认知随年龄增长发生的改变。

结 论

在本章的最后，我们要强调两个基本问题：关于二阶错误信念任务，我们现在知道些什么；我们还需要学些什么。目前这两个问题的答案都是片面的，在后面的章节中我们将进一步讨论。

我们了解了儿童二阶错误信念的发展时间。大部分儿童在 5 岁或 6 岁时都能掌握，其中一些儿童可能掌握得更晚一些，而另一些（可能只是一小部分）则掌握得更早。具体的时间会随采用的两种主要测量方法而不同，也会受确立的掌握标准的影响（仅判断或判断加解释）。不论采用何种测量方法，直到小学早期，儿童才能获得二阶错误信念能力。而且无论采用哪种测量方法，二阶错误信念任务都比一阶错误信念任务更难。

刚才的这段总结有两个局限。首先，除了一些日本的研究和一个印度的研究（Patnaik，2006），对二阶错误信念的研究多局限于西方工业社会。一阶错误信念发展的研究最初也出现在西方，但现在已经出现大量亚洲国家的研究（Liu，Wellman，Tardif，& Sabbagh，2008），同时也包括一些传统的非工业社会的研究（Avis & Harris，1991；Vinden，2002），一些不同的民族和社会经济地位的群体中也出现了此类研究（Holmes，Black，& Miller，1996；Shatz，Diesendruck，Martinez-Beck，& Akar，2003）。对二阶错误信念的研究也应该在未来有如此的拓展。

第二个局限是研究范式。一阶错误信念研究，有很多研究范式和变式，我在第二章中介绍了一些（当然那并不是全部）。这些方法大部分还没有改编为二阶错误信念任务。某些因素可能会掩盖二阶错误信念的潜在能力（最明显的就是有限的语言能力），但它们的影响会随着发展而减弱，因此可以采用更为复杂的实验范式。然而，我们还是要知道，我们现在所了解的二阶错误信念的出现时间，是基于高语言要求的实验范式得出的，在这种范式中，我们人为地激发了儿童的知识。

关于此点，一阶和二阶错误信念研究还有一个不同之处。虽然大部分一阶错误信念的研究都是通过实验来激发所要研究的能力，但是一阶错误信念研究并不都是实验室范式的；相反，自然情境中的反应会拓展或补充实验成果。我们在第二章中讨论到的巴奇和韦尔曼（1995）对自发演讲的分析就是一个很明显的例子。正如我们在第六章中将会看到的，二阶错误信念研究也关注了一些在儿童现实生活中正常社交所需的二阶理解能力（这些研究大多是实验室的类比研究而非自然实验研究）。然而，目前还没有研究尝试考察儿童在自然情境下表现出的二阶推理行为。

　　一阶错误信念研究的核心问题之一是心理理论与执行功能、语言能力为何存在相关，以及它们是如何联系的，这在二阶错误信念能力发展中也是核心问题。令人惊讶的是，在二阶错误信念研究中，很少有人关注这一问题（一些与此相关的研究由于使用了心理理论的合成分数，而无法提供有效的信息）。但的确有证据证明二阶错误信念任务与一阶错误信念任务相似：执行功能和语言能力都与二阶错误信念的表现呈正相关。在第四章中我们将会看到，这一结论也适用于那些继佩尔纳和韦默信念任务后的高级测试任务。

　　当然，存在相关并不能指出相关出现的原因。较好的执行功能和语言能力是否能够促进心理理论？或较好的心理理论是否能够促进执行功能和语言能力？此外，若执行功能和语言能力是这个关系中的原因，它们的作用是影响心理理论能力的出现，还是使这一已存在的能力在测试任务中表现出来？一阶错误信念研究并还没有解决这个问题，在二阶错误信念研究中就更没有明确的答案了。然而，二阶错误信念能力与二者的关系，我将会提出一些假设。

　　首先，这一因果关系是从执行功能或语言能力到心理理论的，而非相反方向。这一假设一方面是基于理论分析，另一方面是基于现有的证据。先来看现有的证据。除了简单地揭示几个概念之间的相关关系外，一阶错误信念研究中还包含了一些证明因果关系方向的证据。这些证据包括对纵向研究的跨时间分析，在实验中引入某一能力，并观察其关系，通过临床案例来分离不同的能力的关系（其中的逻辑是即便结果没有出现，原因也可以存在）。通过阅读研究成果，它们（目前为止，有关语言和心理理论关系的证据更多）都暗示了双向的因果链，但其中主要的因果关系是从执行功能或语言到心理理论。

　　对于一阶错误信念能力来说，这一结论是有效的，但对于二阶错误信念能力，却并不一定是这样。在二阶错误信念研究中，的确有一些研究利用临床案例来分离这些能力的关系，尽管没有一个研究能得出明确的结论（Pellicano，2007；Perner，Kain，et al.，2002）。但其中两个纵向研究（Astington et al.，1998；Lockl & Schneider，2007），说明了在语言能力和心理理论的关系中，语言能力是原因。未来还可以进一步进行一些干预研究。

　　至少对于我来说，这一假设的因果链更像是从理论角度提出的。在一阶心理理论研究中，心理理论的进步能够在某种程度上促进一些基本执行功能的出现，这一观点看起来是合理的，甚至佩尔纳还曾经对此进行多次论证（Perner，Kain，et al.，2002；Perner & Lang，2000）。但是在二阶心理理论研究中，我们似乎很难看到循环思维对工作记忆、抑制某种优势反应或某些语言能力的促进作用。与此相反，记忆、抑制和语言能力对二阶心理理论的重要性是显而易见的。

　　第二个假设是，执行功能和语言能力影响了二阶错误信念能力的表达，而非能力本身。这一假设一方面来源于实证，另一方面来源于理论。实证方面，洛克尔和施耐德（2007）的研究考察了语言能力和二阶心理理论能力如何联系，并得出了这样的结论。在他们的纵向研究中，基于跨时间的相关模式，他们认为语言能力影响一阶心理理论能力的发展，而影响二阶心理理论能力的表达。对心理理论和老化的研究（将在第四章中介绍）也得出了相同的结论。在第四章中，我们将看到一些老年人在执行功能和高级心理理论任务的表现上都存在不足。这两种能力不可能在此发展阶段仍影响彼此的出现，同时老年人也不太可能完全失去基本的心理理论能力。因此，现在的问题基本上不是能力问题，而是表现问题，即由于必要的执行功能退化，而无法成功地表现心理理论能力。

虽然没有研究明确揭示语言能力和执行功能对二阶心理理论的作用，但在理论上，这二者都会促进二阶心理理论能力的出现。它们对心理理论表达的促进作用更为明确。即便是最简单的二阶心理理论任务都要求有较高的语言能力，理解语言是做出成功反应的必要条件。为了成功地判断错误信念，还要求儿童能够在工作记忆中保持大量信息并抑制优势反应（基于现实和他们的真实信念做出的反应）。因此，较好的执行功能对成功的表现也是非常必要的。

有一个问题对语言能力和执行功能作用的结论也非常重要，即从一阶心理理论能力向二阶心理理论能力的转变是否包含概念上的转变。如果在语言和执行功能等领域一般性能力上的进步能够解释在二阶错误信念任务上由失败到成功的转变，那么便不存在概念的转变。这也是沙利文等人（1994）的研究结论，他们的研究简化了测量方式，并发现更小的儿童也能够通过此任务。"这些结果支持了一个观点，即一旦儿童理解了心理状态表征的本质（他们大概在 3 岁或 4 岁时能够理解），他们就不需要掌握更多概念来理解循环嵌套的心理状态"（p. 401）。关于言语能力的影响，洛克尔和施耐德（2007）也得出了相似的结论："我们认为，一旦儿童获得了表征语言的能力，能够帮助他们表征他人的表征，他们在二阶错误信念任务上的表现就可能在很大程度上取决于对复杂故事的理解和该任务所采用的测试问题"（p. 151）。

这一仅考虑复杂性的观点是否合理？目前来说，这一观点可能是对的，但还不是确定无疑的。语言能力和执行功能对二阶错误信念任务的表现有很大的影响，当对这些因素的需求降低时，二阶错误信念任务的表现就会提高。另一方面，只有沙利文等人的研究（1994）证明了 4 岁儿童普遍能够通过此任务，而且研究内对比也揭示了一阶和二阶错误信念能力之间的明显差异。哈雅士（2007）的研究在这方面特别有说服力，他尽可能地将一阶和二阶错误信念的情境匹配起来。此外，第四章将会讨论继一阶错误信念任务的成功之后，二阶错误信念能力的发展。

　　当然，两种能力发展之间一致的年龄差异说明这可能涉及概念改变，但这并不是充分条件。还有哪些条件是必要的呢？在一阶错误信念研究中对此讨论最全面的是韦尔曼等人（2001）的元分析以及研究综述（Wellman & Cross, 2001）。

　　首先，一个任务要能够考察对一个目标概念的理解，并且随着年龄增长，儿童在此任务上的正确率必须能从概率水平变为高于概率水平。为了区分较好的表现和糟糕的表现，还需要使用控制任务和控制问题来确认儿童是否记住了关键信息并理解了任务的目的……概念改变的理论同样属于多种测量结构效度的方法之一：多种任务在概念上都是相似的，但是在具体的任务上却不同，这将会引起相似的发展变化。

　　本章所介绍的研究都说明二阶心理理论任务是满足前两个要求的。在第四章中，我们将看到在概念上相似的多种高级心理理论的获得时间都差不多。因此，也有人说二阶心理理论能力的发展也满足了第三个标准。然而，这些实证标准并不足以说明具体的概念转变。还需要增加一个概念标准：明确地解释这一概念转变（conceptual change）是什么。一阶心理理论是满足这一标准的；对此的确有不同的理论，如理论论、模拟论、模块论等。同时，皮亚杰学派的研究也满足这一标准。不论对皮亚杰的具体操作（concrete operation）模型的准确性有多少质疑，毋庸置疑的事实是，这一理论的确符合发展理论的要求，即详细地描述了儿童中期的思维与学前儿童的思维有何不同。

　　在二阶心理理论水平上，对概念转变进行最全面讨论的仍是佩尔纳（1988）。

　　对二阶心理状态的理解需要儿童理解心理状态可以循环这一本质（在命题中反复嵌套）。很可能在发展的某个点上，儿童便理解了这一循环，并且一旦理解，他们就会把它广泛地应用在不同的社会情境中。

　　这段话是理论解释的开始，但还有很多地方需要证明。为什么会发生这种改变？在这种转变中，语言能力和执行功能扮演着什么样的角色？儿童是如何判断哪一种心理状态在循环链上，哪一种不在？对循环的心理状态的理解与对其他循环形式的理解有什么联系？最明显的例子就是语言，因为循环是语言最核心且典型的特征。有许多研究者（Corballis, 2011）讨论了语言和心理理论对循环的共同依赖，但是，具体来说，这两个领域并没有直接的联系。在能够完成二阶心理理论任务前，儿童就掌握了多种语言循环的方式。另外，二阶心理状态能力的出现也并没有促进语言循环能力（至少从目前的研究来看）。

　　更加复杂的是，在一些研究中，循环并不仅仅存在于语法中。许多交流互动都依赖于双方对对方心理状态的知晓，包括他人认为我如何认为。

　　两个人之间的共识或共同关注来源于他们中的每一个人都看到、知道或注意到一些事情，并且他们知道对方也看到、知道或注意到这些事，并且他们还知道对

方也知道自己知道这一切，这样就可以无限循环了。（Tomasello，2008，pp. 94—95）

托马塞罗认为大多数的交流其实并不需要特别长的循环链，相反，许多经验和约定俗成的规则已足够。然而，有时还是需要循环思维的，如修复交流中的障碍。正如语法中的循环一样，循环互动的能力与二阶推理的关系还有待未来的研究探索。

因此对复杂性及概念改变的争论，目前的二阶错误信念研究还不能给出明确的答案。双方都有一些证据，也都需要更多的研究。在之后讨论更高级的心理理论时，我们还会谈到这一问题。

其他高阶发展　第 1 部分

虽然二阶错误信念任务已经得到非常充分的研究，但它并不是研究高阶心理理论的唯一方法。在接下来的两章我增加了一些从其他高阶任务中获得的研究结果：本章回顾了心理理论中二阶错误信念的研究工作；第五章增加了许多其他视角下的研究工作，有些可以明确地归为心理理论，有些则不是。这两章都关注了学龄前后期儿童对心理现象的理解。

在第二章我们看到，一阶错误信念任务的发明和应用到自闭症的研究之间只有几年时间。在第三章我们看到，二阶错误信念任务也很快被扩展到自闭症样本上。而现在要考虑的方法中除了几个例外，其他方法的顺序都正好相反：这些任务是为了研究自闭症而开发的，只是后来被扩展到了正常发展样本中。

方 法 概 述

陌生故事

陌生故事测验(Strange Stories test)是由弗朗西斯卡·哈普(Francesca Happé，1994)首先发明的。哈普发明陌生故事测验有两个目的。第一个目的源于我们曾看到的对自闭症样本错误信念的最初研究结果(Baron-Cohen et al.，1985；Bowler，1992)：在一阶错误信念和二阶错误信念的测试中，许多自闭症儿童很明显没有掌握所讨论的能力，而当他们能够掌握时已经滞后了好几年，但他们最终还是掌握了这种能力。所以对这些自闭症儿童来说，心理理论能力不是缺乏，而只是滞后。这一滞后而非缺乏的结论对于我们理解自闭症和心理理论是很重要的。然而，这一结论只对那些通常在 5 岁或者 6 岁之前出现的能力适用。如果我们去关注心理理论更高级的形式，可能将会发现自闭症人群不能达到的发展水平，由此首次表明自闭症者存在缺陷，而不仅仅是发展上的滞后。陌生故事测验的一个目的就是探究自闭症群体对更高阶形式的理解。

陌生故事测验的第二个目的源自我在第二章曾简短提到的要谨慎对待的观点。虽然一些自闭症人群在错误信念任务上确实取得了成功，但是他们得出答案的方式可能与正常发展人群的方式不同。许多证据表明，自闭症人群可能会通过"开辟"(hacking through)的策略来完成这样的任务，他们依靠的是一般逻辑推理能力，而非正常人群回答背后所支撑的社会认知能力(Frith, Morton, & Leslie，1991)。陌生故事测验旨在提供一个更自然也更富挑战性的情境来推断心理状态。用哈普的话来说(1994，pp. 130—131)就是："目的……是把包含心理理论的任务范围扩展到一种情境更加嵌套和更加真实的形式，预期这种形式甚至可能会难倒那些成功通过前面简单任务的被试。"

　　表4-1列出了陌生故事测验方法的一些例子。可以看出，这一方法关注的是各种陈述的非字面意义——对这些陈述正确的解释需要超越语言表面的意思推断说话者内心的动机和意图。从这个方面来看，测验需要二阶推理：被试必须认识到说话者试图向聆听者灌输某一特定的信念——因此A想让B这么认为……除了表4-1中的例子，其他讲话的形式包括善意的谎言、误解、外表—实际、嘲笑、遗忘、对立情绪、说服和双重恐吓。同时还有几个需要物理推理而非社会认知推理的故事作为控制变量。这些故事的目的是表明被试有能力对故事所需要的信息进行加工和推理，因此在心理测试项目上的任何失败均代表对心理状态的思考存在某个具体问题。不过，哈普最初的故事过于简单而不能达到这一目的，所以后来的研究者将它修订为更复杂的控制故事（White，Hill，Happé，& Frith，2009）

表 4-1　陌生故事测验的情境示例

故事类型	情　境	问　题
假装	凯蒂和艾玛在房间里玩。艾玛从水果盘里拿起一根香蕉，把它放在耳朵边，她对凯蒂说："看！这根香蕉是一部电话！"	艾玛说的是真的吗？为什么艾玛这么说呢？
开玩笑	今天，詹姆斯第一次去克莱尔家。他要去她家喝下午茶，并盼望见到克莱尔一直谈论的那条狗。詹姆斯非常喜欢狗。当詹姆斯到达克莱尔家时，克莱尔跑过来开门，她的狗跳起来欢迎詹姆斯。克莱尔的狗体型巨大，几乎和詹姆斯那么大！当詹姆斯看到克莱尔的大狗时说："克莱尔，你根本就没有狗，你有一头大象！"	詹姆斯说的是真的吗？为什么詹姆斯这么说呢？
撒谎	一天，安娜在房间里玩，不小心摔了一跤，打碎了妈妈心爱的水晶花瓶。噢，天哪，妈妈发现后一定会生气的！安娜的妈妈回家后看到了打碎的花瓶，她问安娜怎么回事，安娜说："是狗把它打翻的，不是我的错！"	安娜告诉妈妈的话是真的吗？为什么安娜这么说呢？
理解所说的话	艾玛咳嗽了，午饭时她一直不停地咳嗽。爸爸说："可怜的艾玛，你的喉咙里一定有一只青蛙！"	爸爸对艾玛说的是真的吗？为什么爸爸这么说呢？
讽刺	安妮的妈妈花了很长时间做好了安妮喜欢吃的饭菜：鱼和薯片。但是当妈妈把饭菜端到安妮面前时，安妮正在看电视，她甚至都没有看一眼饭菜，也没有说声谢谢。安妮的妈妈生气地说："这很好，对吧？这就是所谓的礼貌！"	安妮的妈妈说的是真的吗？为什么安妮的妈妈这么说呢？

来源：Happé，F.，*Journal of Autism and Developmental Disorders*，24，147—151，1994. Copyright 1994 by Plenum Publishing Corporation. With kind permission from Springer Science & Business Media.

对陌生故事计分的问题是"为什么"问题，看被试对"为什么"问题的回答是否表明他理解了讲话者话语背后的意图。例如，撒谎故事中，被试回答安娜没有打碎花瓶（事实上的错误）或者她在开玩笑（错误的心理状态）都记为错误。值得注意的是，就后面的例子而言，仅提到心理状态是不充分的，必须要提到正确的心理状态。相反，安娜试图欺骗妈妈的回答将很清楚地被的计分为正确。这种对相关心理状态的提及是两种正确的解释之一。在某些情况下，对相关物理状态的提及也可能是正确的，如用一个儿童可能以香蕉和电话之间的相似性来解释假装情境，或者用狗像大象那么大来解释开玩笑。然而，正如我们期待的那样，对心理状态的提及与该方法的计分有特别的关联。

日常生活故事

日常生活故事测验（the Stories from Everyday Life Measure）（Kaland et al.，2002）是模仿陌生故事测验发明的。与陌生故事测验一样，该方法包含一系列小故事，每个故事的结尾都有一个陈述，对该陈述的解释需要超越字面意思，考虑讲话者的心理状态和实际想要表达的意思。这些心理状态和相应的讲话形式也与陌生故事法是相似的，包含了在陌生故事方法中测查的大部分类型（如讽刺、撒谎）和其他一些类型（如误解、社交尴尬）。二者的不同之处在于，日常生活故事比陌生故事更复杂，最终推断想要表达的意思更困难。因此这种方法继续沿用了在自闭症文献中随时间推移评估工具更富挑战性的传统。

表 4-2 给出了一个例子，以让我们清楚地看到这种更为复杂的情况。可以看出这些故事比陌生故事更长，包含了更多的信息单元。在故事后面也有更多的问题——相对于陌生故事中每个故事后面的 2 个问题，在这个例子中是 12 个问题。实际上大部分问题都是控制题目，设计它们的目的是确认被试记住了故事的细节。有两个测验问题为该方法的计分提供根据。其中一个问题部分地贯穿在故事中，测查了从故事提供的信息中进行物理状态推断的能力。在本例中，该问题是"为什么她几乎每天都清洗厨房地板？"另一个问题出现在最后，测查了对相关心理状态的理解。在本例中，该问题是指询问为什么艾米的妈妈说了那些话。当然，后面的问题与测验关联更大。

表 4-2　日常生活故事测验的一个情境示例

故事情境

　　汉森一家，也就是艾尔莎夫人、她的丈夫葛瑞德和孩子艾玛、丹，养了一条温和的大型猎犬，它的名字叫费杜。艾玛和丹都非常喜欢费杜。每天当艾玛和丹放学回家时，费杜都坐在门口翘首盼着他们，当它看见他俩时，就摇摇尾巴。

续表

　　艾玛和丹的妈妈年轻时曾被一条狗咬过。从那以后她就再也没有喜欢过狗，她也不是特别喜欢费杜。她会埋怨费杜常常在附近的泥地里追逐小鸟。

　　当这条狗不在外面活动时，它通常就待在厨房里。艾尔莎几乎每天都要清洗厨房地板。尽管她知道丈夫和孩子们都喜欢这条狗，但她有几次对丈夫说她想把费杜处理掉。她的丈夫反对这个主意，尤其是因为孩子们都非常喜欢费杜。

　　艾玛患有哮喘病，有时候会哮喘发作，通常都是她在学校的时候。一天，她的哮喘发作，几乎不能呼吸。幸运的是，在她的书包里有哮喘药，所以很快她就康复了。当她的妈妈听到这件事后对丈夫说："我很确定艾玛的哮喘发作是由于对狗过敏引起的，这都是费杜的错。所以现在是该处理这条狗的时候了，以免它以后毁了艾玛的健康！"

问题

　　汉森家的狗叫什么名字？

　　艾玛和丹怎么看待费杜？

　　为什么费杜坐在门口等着艾玛和丹放学回家？

　　艾玛和丹的妈妈怎么看待狗？

　　为什么妈妈几乎每天都要清洗厨房地板？（身体推理）

　　妈妈想要对费杜做什么？

　　她的丈夫和孩子们如何看待这件事？

　　艾玛患有什么疾病？

　　听说艾玛在学校哮喘发作后，艾玛的妈妈对丈夫说什么？

　　艾玛通常哮喘发作时是在哪里？

　　当艾玛哮喘发作时费杜通常在场吗？

　　为什么艾玛的妈妈说费杜是艾玛哮喘病发作的原因，即使艾玛哮喘发作时这条狗并不在场？（心理推理）

来源：Kaland，N.，Moller-Nielsen，A.，Callsen，K.，Mortensen，E.，L.，Gottlieb，D.，& Smith，L.，*Journal of Child Psychology and Psychiatry*，43，2002，pp. 527 - 528. Copyright 2002 by John Wiley & Sons. Adapted with permission.

失礼故事

　　从某种程度上讲，接下来的方法比陌生故事测验和日常生活故事测验的范围更狭窄。失礼故事测验（Faux Pas Measure）（Baron-Cohen，O'Riordan，Stone，Jones，& Plaisted，1999）正如名字所暗示的那样，提供了一系列阐释各种失礼的情境。

　　失礼的操作定义可以是：讲话者说的话没有考虑听者是否想听或者想知道，而这些话一般会产生讲话者从没想到的负面后果。这类话很适合纳入高级心理理论测试，因为要甄别出失礼既需要理解讲话者和听者之间知识状态的不同，也需要理解这句话对听者产生的情绪影响。（p. 408）

　　表4-3列举了3个例子(选自失礼故事测验曾使用的10个情境故事)。每个故事后面的前2个问题测查被试是否认识到失礼的发生,第3个问题确认被试理解了重要的故事信息,最后,第4个问题测查被试是否意识到失礼源自讲话者的错误信念,而不是(如)源自一些恶意的意图。被试必须对这4个问题全部回答正确,才算通过了这一测试项目。

表4-3　失礼故事测验中情境示例

情　　境	失礼甄别问题	鉴别问题	理解问题	错误信念问题
当叔叔来家里做客时,吉姆帮妈妈为叔叔准备了一个苹果派。吉姆把苹果派从厨房里拿出来。吉姆对叔叔说:"这是我特意为您制作的。"汤姆叔叔回答说:"嗯,看上去很可爱。我喜欢吃派,当然,除了苹果派。"	在这个故事中有人说了什么他们本不应该说的话吗?	他们说了什么他们本不应该说的话?	吉姆制作了什么派?	汤姆叔叔知道这个派是苹果派吗?
詹姆斯为理查德买了一个玩具飞机作为生日礼物。几个月后,他们在一起玩这个飞机,詹姆斯不小心弄坏了它。理查德说:"不用担心,我从来就没有喜欢过这个飞机。有人把它作为生日礼物送给我的。"	在这个故事中有人说了什么他们本不应该说的话吗?	他们说了什么他们本不应该说的话?	詹姆斯送给理查德什么东西作为他的生日礼物?	理查德记得詹姆斯曾经送给他玩具飞机作为他的生日礼物吗?
萨利有一头金黄色的短发。她在她姨妈卡罗的家里。门铃响了,是邻居玛丽。玛丽说:"你好。"然后她看着萨利说:"哦,我觉得我以前没有见过这个小男孩。你叫什么名字?"卡罗姨妈说:"谁想要一杯茶?"	在这个故事中有人说了什么他们本不应该说的话吗?	他们说了什么他们本不应该说的话?	萨利在谁的家里?	玛丽知道萨利是一个小女孩吗?

　　来源:Baron-Cohen, S., O'Riordan, M., Stone, V., Jones, R., & Plaisted, K., *Journal of Autism and Developmental Disorders*, 29, 1999, p. 416. Copyright 1999 by Plenum Publishing. Adapted with kind permission from Springer Science & Business Media.

解读眼测试

　　上面讨论的所有方法无论在输入信息还是最后输出的信息上都是借助于语言

的。因此，要判断的情境是通过语言来传达的，被试的回答也是通过语言来进行的。不过，可能并不是所有现实生活中对心理状态的理解都依赖于语言，那么什么可能作为非语言线索来帮我们明白别人的想法、感受或愿望呢？

解读眼测试(Eye Test)——由西蒙·贝伦科汉及其同事(Baron-Cohen, Jolliffe, Mortimore, & Robinson, 1997; Baron-Cohen, Wheelright, Hill, Raste, & Plumb, 2001)开发的另一种方法——利用了面部表情。具体来讲，就像该测验的名称所提示的那样，该方法聚焦于脸部的眼睛区域。该方法向被试呈现一系列不同的成人脸部眼睛的照片，并要求他们判断每张照片上的人物正在体验的心理状态。形式是必选题：呈现一个正确答案和三个其他答案。总共要评估36种心理状态，如好玩、伤心、担心、后悔、怀疑、友好、自信和紧张等。值得注意的是，这里的心理状态并不是大部分人认为很容易判断的所谓基本情绪(如快乐和悲伤)，而是更加精细的情况，要识别出来可能需要对目标对象的信念或者意图进行推断。图4-1是两个图示例子。第一幅图的选项是严肃、羞愧、警觉和困惑。第二幅图的选项是沉思、惊骇、恼怒和烦躁。你可以自己试着做一下这些题目我马上会给出正确答案。

图 4-1 解读眼测试题目举例

来源：Baron-Cohen, S., Wheelwright, S., Hill, J., Raste., Y., & Plumb, I., *Journal of Child Psychology and Psychiatry*, 42, 2001, p. 242. Copyright 2001 by the Association for Child and Adolescent Mental Health. Reprinted with permission from John Wiley & Sons.

解读眼测试有许多形式，图 4-1 中呈现的例子来自该方法的第二次修订版（Baron-Cohen，Wheelright，Hill，et al.，2001）。还有一个儿童版本（Baron-Cohen，Wheelright，Spong，Scahill，& Lawson，2001），儿童版本与成人版本类似，只不过项目较少，使用的语言较简单。最后，一些研究者（Back，Ropar，& Mitchell，2007）已提供了该测试的动态版本，在这一版本中静态的图片被鲜活的面孔替代。

解读眼测试的一个基本问题——实际上对这一部分探讨的所有方法而言——是测验效度问题。我们如何能下结论说该测验真的在测试它想要测量的内容——在本例中，它在测试通过面部表情传达的对心理状态的理解吗？你对图 4-1 中例子的回答——假设你的回答正确，在第一种情况下选择严肃，在第二种情况下选择沉思——是一个证据来源。如果眼睛真的能够传达关于心理状态的有用信息，那么正常成年人应该在对这些题目的回答上表现出相当的准确性和一致性，事实的确如此。贝伦科汉及其同事（Baron-Cohen et al.，2007）提供的另一个证据来自与陌生故事测验的比较：他们报告说，解读眼测试所产生的群体差异和相似性与陌生故事测验中发现的相同。不过令人奇怪的是，他们并没有报告这两种方法之间存在相关性，其他研究只是有时会（Botting & Conti-Ramsden，2008）报告它们之间有显著相关，但并非全部（Brent，Rios，Hoppé，& Charman，2004）。最后，贝伦科汉及其同事（1997）表明，正如预期的那样，对该测验的回答在很大程度上独立于面部编码的其他两种测试方法：性别认知和情绪认知。（对解读眼测试的关键评估，请参见 Johnson，Miles，& McKinlay，2008）

前青春期的心理理论

尽管到目前为止，描述的这些方法已经应用到正常发展的人群中，但它们最初都是为了研究自闭症而开发的。最后的这两个例子来自基础的心理理论文献。

表 4-4 列出了一个测验前青春期心理理论的方法的题目（Bosacki，2000；Bosacki & Astington，1999）。这种方法采取的一般形式大家都应该很熟悉了：呈现社会生活的一个场景，接着用一系列问题来评估被试在表层和深层水平上的理解。不过，在该测验中描述的行为并没有什么"新奇的"，也没有任何非语言的表达要去解释（的确，根本没有表达），也没有唯一的正确答案作为理解的标准。相反，研究的兴趣点在于当被试努力去搞清楚一个熟悉但同时难以判断的社会情境时所表现出来的推理水平。正如表 4-4 所示的那样，该测验对推理的四个方面进行打分。

理解多种视角的能力（概念上的角色采择），识别和理解情绪状态的能力（同理的敏感度），理解一个人在心理层面上具有稳定的人格特质的能力（个人感知）……

想象多种视角并选择的能力。(Bosacki & Astington，1999，p. 240)

表 4-4 前青春期心理理论测验方法的示例

场景

南希和玛吉正在看着在操场上玩耍的孩子们。南希用肘轻轻推了一下玛吉，并望向操场另一端那个正在荡秋千的新来的女孩，然后南希看着玛吉笑了笑。玛吉点了点头，然后她俩向那个秋千上的女孩走过去。新来的女孩看到这两个陌生的女孩正在走向她，她刚才也看到她俩用肘轻推和互相微笑。尽管她们俩和她在同一个班级，但是她以前从来没有和她说过话。新来的女孩在想，她们想要做什么呢。

理解问题

1. 新来的女孩看见南希和玛吉用肘轻推并互相微笑了吗？ 是 否

2. 新来的女孩以前跟南希和玛吉说过话吗？ 是 否

   A. 概念上的角色采择(Conceptual Role-Taking)

      1. 为什么南希向玛吉微笑？

      2. 为什么玛吉点了点头？

      3a. 为什么南希和玛吉一起向新来的女孩走去？

      3b. 你为什么这样认为或者你怎么知道这一点的？

      4. 新来的女孩知道为什么南希和玛吉走向她吗？ 是 否

   B. 同理的敏感度(Empathic Sensitivity)

      5a. 你认为这个新来的女孩的感受是什么？

      5b. 为什么？她还有其他感受吗？为什么？

   C. 个人感知(Person Perception)

      6. 选择故事中的一个人物并描述她。你认为可以用什么样的词汇来描述她？你认为她是什么样的人？

   D. 其他解释(Alternative Explanation)

      7. 对这个故事你还有其他想法吗？ 有 没有 如果有，是什么？

来源：Bosacki, S. L., & Astington, J. W., *Social Development*, 8, 1999, p. 255. Copyright 1999 by John Wiley & Sons. Reprinted with permission.

由于前青春期的心理理论测验方法的形式开放，所涉及范围广泛，因此这一方法比本书所回顾的其他方法在打分上更富挑战性。编码系统的重点——作者们报告该编码系统具有良好效度——在于被试回答的认知复杂性。考虑一下"为什么南希和玛吉一起向新来的女孩走去？"这个问题。如果回答"我不知道"或者不相关的回答都应该计为 0 分，而与行为或者情境因素相关的回答(如"去玩秋千")都计为 1 分，而最大分值 3 分将被赋予那些能识别并整合两种或多种相关心理状态的回答(如"因为我看到操场上的孩子看上去很孤单，你不想让他们感到难过，所以你就会努力去成为他们的朋友，因为你知道这样做是对的")。

我在后面将会提到，前青春期的心理理论测验方法的一个理论基础是迈克尔·钱德勒及其同事在学龄儿童心理理论发展方面所做的工作（Chandler，1987）。在第五章我将再次阐述这一内容。

三阶和四阶推理

虽然到目前为止，考虑的所有方法的起点都是二阶信念任务，但是每一种方法都以不同的方式偏离了佩尔纳和韦默（1985）的方法论。从某种意义上讲，这是一种进步：去探索其他方法，通常是更自然和更富挑战性的方法，并从中推测对高阶心理状态的理解。现在要考虑的研究使我们返回到佩尔纳和韦默的场景。差异在于这些场景更为复杂，因此所需的推理水平也更复杂。我们现在的递归链条不仅是单一的递归链条（A认为B是这样认为的），而且可以潜在地无限延长。

我们已经看到了一个例子：在图3-1的右半部分所描绘的多种心理状态。米勒、凯瑟尔和弗拉维尔（1970）将这种"认为……认为……认为……"的结构称为双环型递归（two-loop recursion）。结果证明破解这种结构对他们的被试来说有些困难：低年级的儿童很少能够做对，甚至11岁儿童的正确率在当时也只有30%左右。

表4-5呈现了以故事片段法为基础的另外一个例子。该例取自一个复杂的研究，在研究中被试的推理水平需要在不同场景中不断变化。表4-5的例子包含了一个一阶问题和一个四阶问题。这项研究的其他场景测验的是对二阶和三阶的理解。形式是选择题：在正确答案和非正确答案之间进行选择。

表4-5 从利德尔和奈特（Liddle & Nettle，2006）关于高阶推理
研究中选取的一个场景示例

场景

有一个名叫安娜的小女孩脑子里正想着一个大问题。第二天就是妈妈的生日了，安娜想送给妈妈一件生日礼物，但是她不知道买什么好。她想啊想，明天很快要到了！安娜记得她的哥哥本已经问过妈妈她最想要的生日礼物。本骑自行车出去了，因此安娜决定去本房间里转一转，看看她能否发现哥哥要送给妈妈的礼物。

安娜走进哥哥的房间，发现了一大束美丽的鲜花，里面插着一张小卡片，上面写着："祝妈妈生日快乐，爱你的本。"安娜自言自语说："妈妈过生日一定是想要鲜花！"就在安娜要离开房间时，本走上了楼梯，但是他没有看到安娜正离开他的房间。安娜不想让本知道她偷偷地到过他的房间，因此她对本说："本，你给妈妈买生日礼物了吗？"本想了一下，他不想让安娜模仿他，给妈妈买同样的生日礼物，于是他说："是的，安娜，我已经给妈妈买了一些香水。你给她买什么了？"安娜回答说："嗯，我还没买呢，本。"然后她就离开了。

续表

记忆问题

    A. 明天是安娜的妈妈的生日。

    B. 下周是安娜的妈妈的生日。

心理理论一阶问题

    A. 安娜认为本已经给妈妈买了一些香水。

    B. 安娜知道本已经给妈妈买了一些鲜花。

记忆问题

    A. 本是安娜的朋友。

    B. 本是安娜的哥哥。

心理理论四阶问题

    A. 本认为安娜相信他知道妈妈想要香水作为生日礼物。

    B. 本认为安娜知道他知道妈妈想要鲜花作为生日礼物。

来源：Liddle，B.，&. Nettle，D.，*Journal of Cultural and Evolutionary Psychology*，4，2006，pp. 240−241. Copyright 2006 by Akadémiai Kiadó. Reprinted with permission.

我在前一部分的目标是总结方法论，在本章的剩余部分将讨论研究成果。不过在当前这一主题下我要破例（讨论研究成果），这不仅是因为没有多少研究可以讨论（到目前为止只有一项针对儿童的研究），还因为研究结果不容易整合到从其他方法得出的结论中。

有少数研究（Kinderman，Dunbar，&. Bentall，1998；Rutherford，2004；Stiller &. Dunbar，2007）探讨了成人被试递归推理的高阶形式。成人在最多有四项的链条上表现良好，但在更复杂的层次上成绩严重下滑。

表 4-5 中的例子来自对儿童实施的这样一个研究（Liddle &. Nettle，2006）。被试的年龄是 10 岁和 11 岁，他们在一阶和二阶问题上的回答几乎完全正确，鉴于之前的研究文献，这一研究结果当然是在预料之中的。儿童对更复杂问题的回答则没那么好：在三阶问题上的表现略高于随机水平（59％的正确率）；在四阶问题上的表现处于随机水平。正如我们预期的那样，儿童在更高阶递归推理上的能力低于成人。

在评估这项研究时遇到明显的生态效度（ecological validity）问题。我们能有多少机会碰到四项或者五项链条的递归思考呢？另一方面，不难想象三项链条的场景在生活中较多，因此最好能有更多的研究来检验儿童处理这些问题的能力。当完成任务出现困难时，问题不仅仅在于描述这种现象，而且还在于这些困难的根源是什么。一旦能够理解任何层次的递归推理，就没有明显理由认为更高的层次能造成新的概念性困难，相反，高层次形式的困难很可能来源于必须被理解和记住的层次的长度和复杂的场景。如果是这样的话，在这种任务上的表现就应该与相关的语言测验和执行功能有关。它们之间的关系在后面会有所阐释。

其他方法

上面讨论的这些方法并没有穷尽"其他高阶层次"题目下的所有方法。贝伦科汉团队继续开发新的工具：修订版的通过语音解读心理（The Reading the Mind in the Voice-Revised）发表于 2007 年（Golan, Baron-Cohen, Hill, & Rutherford, 2007）、通过电影解读心理任务（the Reading the Mind in the Films task）出现在 2008 年（Golan, Baron-Cohen, & Golan, 2008），接着在 2009 年出现了道德两难电影任务（the Moral Dilemmas Film task）（Barnes, Lombardo, Wheelwright, & Baron-Cohen, 2009），最近几年出现了 ATOMIC（儿童的模拟心理理论库；Animated Theory of Mind Lnventory for Children；Beaumont & Sofronoff, 2008）和用于社会认知评价的电影 MASC（Movie for the Assessment of Social Cognition；Dziobek et al., 2006）。就本章的撰写而言，这些方法的用处有限，因此在这里我只是简单地引用这些资料的来源。

发展心理学的研究成果

使用如上方法的大部分研究都是以自闭症群体为样本，其余研究大部分是针对其他病理性症状的，关注正常发展人群的研究非常少。另一方面，解释病理性案例的研究结果都需要参考正常发展人群的状况，因此几乎所有临床研究都包括一个正常发展的控制组。虽然并非所有这类研究都提供了关于正常发展人群的描述，但我们还是能找到许多信息。表 4-6 简单回顾了现有的基本研究成果。

表 4-6　对非病理性儿童群体高阶心理理论的测量——研究的样本、方法和结果

研　　究	样　　本	方　　法	研究结果
Adrian et al. (2007)	4～7 岁	陌生故事（简化版）	总分值的 59%
Banerjee(2000)	6 岁、8 岁和 10 岁	失礼故事（简化版）	6 岁是总分值的 38%，8 岁是 93%，10 岁是 93%
Banerjee et al. (2011)	6 岁和 11 岁	失礼故事（简化版）	6 岁是总分值的 28%，11 岁是 75%

续表

研　究	样　本	方　法	研究结果
Barlow et al. (2010)	8～10 岁	失礼故事	可能分值的 69%
Baron-Cohen et al. (1999)	7 岁、9 岁和 11 岁	失礼故事	7 岁是总分值的 34%，9 岁是 59%，11 岁是 82%
Baron-Cohen，Wheelright，Spong，et al. (2001)	7 岁、9 岁和 11 岁	解读眼测试	7 岁是总分的 48%，9 岁是 64%，11 岁是 74%
Bosacki & Astington (1999)	11 岁	前青春期的心理理论	总分的 67%
Botting & Conti-Ramsden(2008)	15 岁和 16 岁	解读眼测试，陌生故事（简化版）	解读眼测试中总分值的 71%，陌生故事中总分值的 88%
Brent et al. (2004)	5～13 岁（平均 8 岁）	解读眼测试，陌生故事（简化版）	解读眼测试中可能分值的 63%，陌生故事中可能分值的 72%
Charman et al. (2001)	8～10 岁	陌生故事	总分的 93%
Colvert et al. (2008)	11 岁	陌生故事	总分的 62%
Dorris et al. (2004)	7～17 岁（平均 11 岁）	解读眼测试	总分的 72%
Dyck et al. (2001)	9～16 岁（平均 12 岁）	陌生故事	总分的 87%
Dyck et al. (2006)	12 岁	陌生故事	总分的 86%
Filippova & Astington(2008)	5 岁、7 岁和 9 岁	陌生故事，失礼故事	陌生故事中 5 岁是总分的 29%，7 岁是 71%，9 岁是 77%；失礼故事中 5 岁是总分的 44%，7 岁是 82%，9 岁是 85%
Gillot et al. (2004)	8～12 岁	陌生故事	总分的 67%
Gini(2006)	8～11 岁	陌生故事（修订版）	总分的 69%
Happé(1994)	8 岁	陌生故事	总分的 88%

续表

研　究	样　本	方　法	研究结果
Hayward(2011)	8 岁、10 岁和 12 岁	陌生故事，失礼故事，解读眼测试	陌生故事中 8 岁是总分的 76%，10 岁 79%，12 岁 83%；失礼故事中 8 岁是总分的 63%，10 岁 68%，12 岁 64%；解读眼测试中 8 岁 68%，10 岁 70%，12 岁 72%
Henderson et al. (2009)	8～16 岁（平均 13 岁）	陌生故事，解读眼测试	陌生故事中总分的 89%，解读眼测试中 73%
Kaland et al. (2008)	9～20 岁（平均 15 岁）	解读眼测试（修订版），陌生故事，日常生活故事	解读眼测试中总分的 83%，陌生故事中 94%，日常生活故事中 95%
Loth et al. (2010)	8～16 岁（平均 11 岁）	陌生故事	总分的 78%
Meins et al. (2006)	7～9 岁	陌生故事（简化版）	总分的 39%
Meristo et al. (2007)	6～15 岁（平均 10 岁）	失礼故事（简化版）	总分的 69%
O'Hare et al. (2009)	5～12 岁	陌生故事（修订分数）	5 岁总分的 19%，12 岁 79%
Qualter et al. (2011)	8～10 岁	失礼故事（简化版）	总分的 69%
Shaked et al. (2006)	4 岁	陌生故事（简化版）	总分的 26%
Sobel et al. (2005)	10 岁	陌生故事（修订版）	总分的 81%
Sutton et al. (2000)	12 岁	解读眼测试	总分的 64%
Turkstra et al. (2008)	13～21 岁（平均 18 岁）	陌生故事，失礼故事	陌生故事中总分的 73%，失礼故事中 86%

随年龄的变化

第一个研究发现是，与标准的一阶任务所涉及的能力相比，这些方法确实需要更高级的能力。实际上，甚至很少有研究把任何一种高阶心理理论方法运用于7 岁之前的儿童（少数例外使用了这些任务的简化版）。正如表 4-6 所示，青少年样本有时在某些方法中，尤其是在陌生故事中，出现了天花板效应。然而，儿童期的表现则没有达到这个水平。

第二个研究发现是，和预期一样，在这种任务上的表现呈现出随年龄增长表现提高的趋势。不过得出这一结论并非想象得那么简单，因为许多研究，甚至那些覆盖年龄段较大的研究，都无法得出以年龄作为突破点的结论。不过那些能得出这种结论的研究一般都发现（Hayward，2011，是一个例外），随着儿童年龄的增长，表现会越来越好。

我要补充在表 4-6 中表现不明显的一点，即在进入成年期后成绩通常会继续变好。本章所描述的前四种方法都利用了由成人被试参加的临床研究——大部分是自闭症，但也包括其他并发症。大部分这类研究都包含一个正常成年人的比较组，这组的表现通常很好，超过了儿童或者青少年的成绩。不过有趣的是，即使在成年人的样本群体中成绩也未必出现天花板效应。这一结论在解读眼测试中可能最为明显，也许正因为如此，这一方法也最经常应用到成人研究中。

任务之间的比较

如表 4-6 所示，只有少数研究运用了多种较新的高阶测量方法。当运用多种方法时，通常关注的是它们对临床情况（如对自闭症）单独或者联合的预测，而并不关注任务之间的相对难度。确实，在表 4-6 总结的那些运用多种方法的研究中，没有一个研究包含能比较不同方法成绩的推理测验。仔细审视表中的均值可知，陌生故事测验比解读眼测试要更容易（在成人文献中也出现了这一结论）。不过总体而言，任务之间的相似性要大于它们之间的差异。

那么这些方法与二阶错误信念任务相比较如何呢？一般开发这些新方法的目的就是探索除了那些成功完成二阶错误信念任务所必需的，还有哪些更复杂的推理形式。因此这些任务就被设计得更困难，证据表明确实如此。通过任务的年龄差异支持这一结论，许多研究内比较也为此提供了支持。实际上，在一些研究中，二阶任务上的成功被用来作为一个筛选标准：只有那些通过该任务的儿童才能继续接受新方法的测试。

当在同一个研究中包含两个或者多个测验时，相对难度就是一个问题。另一个问题是方法之间的相关性。如果所有方法都是指向同一个一般性结构，这里所描述的任务的目标也如此，那么我们将预期对它们的回答呈正相关。

虽然不同方法之间不总是相关，但有时候会相关。一方面，有一些研究已经报告在方法之间存在显著相关，这种相关同时出现在儿童（Botting ＆ Conti-Ramsden，2008）和成人样本群体中（Speck，Scholte，＆ Van Berckelaer-Onnes，2010）。另一方面，并不是所有研究者都发现方法之间存在显著相关（Ahmed，＆ Miller，2011；Hayward ＆ Homer，2011），或者即使相关确实出现时，也往往很小。还有关于相关性基础的问题：相关性是不是反映了不同方法所测验的是同样的内容（当然，这种解释是我们感兴趣的），或者说，相关是不是方法的相似性导致的，因为大部分测验材料都是以语言形式呈现的。寻找多种证明分歧效度（divergent validity）的方法仍然是未来研究的一个任务。

二阶信念任务更容易，然而这会影响到它与新方法之间是否存在相关。两种方法要相关，必须有足够的变异去相互回应。在许多满足这一标准的研究中，研究结果是混合的。对该问题最广泛的检验（Hayward，2011；Hayward ＆ Homer，2011）发现，二阶错误信念和失礼故事之间、二阶错误信念和解读眼测试之间都没有相关，而二阶错误信念和陌生故事之间只有弱相关（r＝0.25）。相反，班纳吉（2000）报告，在二阶任务和失礼故事的简化版之间存在偏相关（控制了年龄变量）；昆特、巴罗和塞浦路斯（Qualter，Barlow，＆ Stylianou，2011）得到的数据是在这两种方法之间存在 0.25 的偏相关（控制了年龄和语言变量）；另外，法默（Farmer，2000）以及马里斯托和哲昆斯（Meristo ＆ Hjelmquist，2009）报告，在二阶信念和陌生故事以及失礼故事之间都存在非常重要的显著相关（大约 0.50）。

性别差异

在第二章关于一阶发展的讨论中没有提及性别差异，这一点是由于这方面的文献比较少。例如，在已发表的文章里引用的四本关于心理理论的书籍中（Carpendale ＆ Lewis，2006；Doherty，2009；Hughes，2011；Moore，2006），对性别差异问题的讨论总共不过五六句话。

这并不是说性别差异就不存在。确实大部分关于一阶心理理论的研究要么报告说男孩和女孩之间没有差异，要么不提及这个问题。不过，查尔曼（Charman）、瑞夫曼（Ruffman）和克莱门茨（2002）认为，在大部分这类研究中，由于样本数目相对较小，所以要检测出男女之间真正存在的微小差异非常困难。他们把来自不同研究的样本都纳入实验分析，这样就极大地增加了总样本的数量，结果发现一阶错误信念的意外地点和意外内容任务都存在女孩更优的差异。这一女孩表现优于男孩的研究结果与一些个体研究中偶尔出现的性别差异是一致的（Banerjee，

1997；Cutting & Dunn，1999）。

在做出性别差异的报告后，查尔曼及其同事（2002）接着承认这种性别差异的效应很小，远远达不到普遍水平，只是在一小段时间内发生（毕竟，男孩最终在一阶错误信念任务上会有完美表现）。用他们的话说："性别效应非常微弱，可能最好解释为一般趋势，作为常模上的例外"（p.8）。当然任何做过许多心理理论研究的人都已看到了男孩至少和女孩表现一样好的数据。

那么高阶测量方法在这个问题上如何呢？就像一阶任务的文献一样，许多报告并没有提供关于性别差异的信息。另外，样本的大小同样是问题，甚至可能比在一阶研究中更严重。大部分证据来自临床症状研究中的控制样本，这些研究的样本量往往比较小，只能达到与实验组比较的目的。

根据那些满足条件的研究的结果，可以得到一个清晰的结论，即在这一领域中有性别差异。已经在三种方法中发现了性别差异。其中一种是解读眼测试。首次使用这种方法的研究就发现了性别差异，女性表现更好（Baron-Cohen et al.，1997）。许多（但不是所有）后来的研究证实了这一结果，在儿童和成人样本中都发现了这种性别差异。

女孩更优的性别差异也出现在前青春期的心理理论测验中（Bosacki，2000；Bosacki & Astington，1999）。在这种情况下，当控制语言能力的变量后，差异仍然显著，因此女孩平均较优越的语言能力明显不是这种差异的基础。

最后一个表现出性别差异的方法是陌生故事测验。哈普（1994）最初的研究没有报告性别差异，一些后来的研究也没有报告。不过其他一些研究发现了性别差异，差异的方向与其他方法相同：女性优于男性。而且报告表明这种差异在儿童和成人身上均存在。

刚刚讨论的这一研究结果与一阶文献形成有趣的对比。就像我们前面看到的那样，至少对样本量少于几百个被试的研究来说，关于性别差异的报告在一阶文献中并不普遍。这一结果也与二阶错误信念的研究形成了对比，第三章我们没有涉及性别差异的问题，因为这种差异在那些文献中不会出现。而性别差异在本章的研究中相当频繁地出现，如果正常样本不那么小的话（或者，在一些情况下，都是男性或者都是女性），这种差异甚至可能会出现得更频繁。虽然性别差异不是必然的（有些研究甚至没有提及性别差异），并且当确实存在差异时也不明显，不过这一研究仍然组成了心理理论文献的一个方面，在这里性别差异可以被认为是一个特有的特征。

为什么性别差异在这里比在普通的心理理论研究中更可能出现呢？可能有两个因素在起作用，在研究中处理数据时它们不可能清楚地被剥离开来。一个因素是被试的年龄。性别差异，尤其是在认知领域，通常都会随着年龄的增长更可能出现，而本章讨论的这些方法大部分都用于青少年或者成人样本中。不过，只有年龄并不足以解释这种对比，有些差异甚至在儿童样本中就出现了，相反，成人样本在一阶或者二阶错误信念任务中并不会产生性别差异。这说明任务的内容也是很重要的。从定义上讲，任何心理理论任务都至少在某些程度上具有社会属性，包含某种对人的理解。不过一阶和二阶任务可以被看作是社会化程度最小的，这些任务的全部关注点都聚焦于得出正确答案所需要的认知过程，信念归因的对象是谁没有关系，只要找出他们（或任何人）在给定的情境中是怎么想的，不需要对这些对象进行工作。相反，像陌生故事或者前青春期的心理理论等方法更接近真实的社会推理和社会互动。在社交理解和行为方面的性别差异并不普遍，但是当差异真的出现时，通常是女孩表现更好。在高阶心理理论上出现的这种性别差异可能为女孩更有优势这种说法提供了另一个支持。

前面的讨论留下了一个未回答的问题：为什么女孩在社会推理上要优于男孩？查尔曼及其同事（2002）探讨了两个相关的解释。第一个解释是社交历史的差异。对家庭的研究表明，平均而言女孩要比男孩接触更多的支持性谈话和关于情绪的谈话（Kuebli, Butler, & Fivush, 1995；Leaper, Anderson, & Sanders, 1998）。在第二章我们看到，家庭成员之间的互动和谈话能促进心理理论的发展。也许女孩比男孩接收了更多这种促进发展的经验。

第二个可能的解释是生物学上的。西蒙·贝伦科汉（2003）在一本名为《本质的差异：男性与女性大脑的真相》(*The Essential Difference：The Truth About the Male and Female Brain*)（Baron-Cohen, 2010）的书中提出了这方面最好的理论。该理论用非常简洁的对照表，提出有两种生物学上先天给定的大脑类型，在每一种类型里又有变异。女性大脑相对擅长同理——为他人着想和考虑他人的感受；男性大脑相对擅长组织和分类——对物理世界进行组织和推理。虽然存在很多例外，但平均来说女性更可能具有女性大脑类型，而男性更可能具有男性大脑类型。因此，女性一般在心理理论或者关于人的心理学上表现更好，而男性在对物理世界或者人类物理学的推理上表现更好。

那么自闭症的情况如何呢？在贝伦科汉（2003）的研究中，自闭症反映了男性大脑类型的极端，因此在物理推理和社会推理上存在的差异最大，物理推理在自闭症人群那里没有遭到损坏，而社会推理则遭到了很大损坏。表4-7提供了关于不同大脑类型的一个总结。

表 4-7　贝伦科汉关于不同大脑类型的模型

大脑类型	认知情况
认知平衡的大脑	大众物理学＝大众心理学
普通的女性大脑	大众物理学＜大众心理学

续表

大脑类型	认知情况
普通的男性大脑	大众物理学＞大众心理学
阿斯伯格综合征	大众物理学＞＞大众心理学
自闭症	大众物理学＞＞＞大众心理学

来源：Baron-Cohen，S.，in Tager-Flusberg，H.（Ed.），*Neurodevelopmental disorders*，MIT Press，Cambridge，MA，1999，p. 415. © 1999 Massachusetts Institute of Technology，by permission of The MIT Press.

该理论隐含的一个内容是，自闭症患者中男性应该多于女性。事实确实如此：在诊断出的自闭症中，男性的人数大约是女性的四倍；而阿斯伯格征的男女比例是 9：1（Baron-Cohen，1999）。

特殊群体

我们讨论的大部分方法都是为研究自闭症而开发的，大部分都应用在自闭症群体中。前面简短地探讨了关于自闭症的研究工作，这部分将探讨从另外三个群体中得来的研究结果，这些结果提供了有趣的信息。施普龙（2010）全面回顾了这些方法和其他心理理论方法在很多临床症状中的运用。

一个群体是自闭症人群的亲属。虽然关于自闭症的病因学仍有待进一步研究，但对于自闭症存在很强的基因基础这一观点很少有异议（Brown，2010；Curran & Bolton，2009）。如果基因对于自闭症很重要，那么我们可以预期在与自闭症者有大量共同基因的人身上能看到相似性，尤其是直系亲属之间（父母和孩子、兄弟姐妹）。进一步而言，如果自闭症代表着一个连续分布特质的一极——就像该领域大部分研究者所相信的那样——那么自闭症亲属中的相似性将不一定会呈现一般自闭症诊断所表现的形式。相反，直系亲属可能会表现出自闭症的"较少变异"，也就是说，即使缺乏充分的临床症状，他们身上也存在一些类似自闭症的特质。

心理理论文献（当然，这只是研究该问题的一种方法）为这一预测提供了各种支持。第一个对该问题的研究，关注的是阿斯伯格症儿童的父母（Baron-Cohen & Hammer，1997）。与相匹配的控制组相比较，这些父母在解读眼测试中表现更差，而在图形镶嵌测验中表现更好（一种测量概念加工速度的方法），这正是被预测的类似自闭症的模式。

最近的心理理论研究大部分关注的是自闭症儿童的兄弟姐妹。大部分研究都考察了自闭症儿童兄弟姐妹在婴儿期的表现。在有些研究中，婴儿时期的兄弟姐妹已经表现出与控制组不同的、类似自闭症的模式。例如，在社会互动中他们较少对他人的吩咐做出回应（Goldberg et al.，2005），他们相互注意力的发展滞后（Presmanes，Walden，Stone，& Yoder，2007）。罗杰斯（2009）对这方面的工作进行了回顾。

那么这些群体中更高级形式的心理理论发展得如何呢？只有两个研究探讨了本章讨论的高阶任务，并且它们的研究结果互相矛盾。多里斯及其同事（Dorris，Espie，Knott，& Salt，2004）的研究报告表明，自闭症儿童的兄弟姐妹在儿童版的解读眼测试中比匹配的控制组表现更差。相反，谢克德及其同事（Shaked，Gamliel，& Yirmiya，2006）研究发现，自闭症儿童的兄弟姐妹和控制样本在陌生故事测验中的表现没有差异，不过这些儿童的年龄较小（平均 4.5 岁），表现都很差，也许在后来的发展中会出现差异。总之，很明显需要更多研究来判断这种"缺乏变异性"的模式对于较大的儿童和心理理论的更高级形式是否成立。

第二个群体是从罗马尼亚孤儿院收养的儿童。这些儿童提供了"自然实验"的机会：研究者有机会去研究遭到严重早期剥夺的后果，从人道主义上来讲这在需要严格控制的实验研究中是不可能的。一个由迈克尔·路特带领的研究团队在英国对从罗马尼亚收养的孤儿样本进行了长达十几年的纵向研究（Colvert et al.，2008；Rutter et al.，2010）。在该项目早期发现的明显问题之一是在一部分儿童中鉴别出"准自闭症"模式，正如文献中所提到的，这些儿童表现出来的行为虽然达不到自闭症的诊断标准，但确实反映了该症状的某些方面，如行为刻板、交流困难、与他人建立关系困难。

这种准自闭症的模式会影响儿童心理理论的表现吗？在这些儿童 11 岁时研究者用哈普陌生故事法对他们进行了测验，并将他们的表现与在整个研究中使用的其他两个控制样本：出生在英国被收养的样本群和在自己家里长大的罗马尼亚儿童进行比较。三个群体之间的差异虽然不大，但确实显著：罗马尼亚孤儿比其他两个样本都要差。这些结果表明，已为人熟知的由于早期剥夺导致的认知缺陷（最明显的是智商较低）会延伸到心理理论领域。

有趣的是，创伤经历对心理理论产生的严重影响并不局限于儿童。施密特和扎哈里埃（Schmidt & Zachariae，2009）对成年的波黑战争俘虏样本进行了解读眼测试，这些俘虏的得分远远低于控制样本，也远远低于普通成年被试表现的水平。

相比前面两个群体而言，对第三个群体感兴趣的大众比较少，不过该研究仍然很有吸引力，值得在这里简短提及。迪兹贝克及其同事（Dziobek et al.，2005）想知道专业心理学家是否比普通人的读心术要高。因此他们对一个心理学家样本与一个匹配的控制组用两种方法进行了比较，这两种方法分别是解读眼测试与人际反应指针量表（Interpersonal Reactivity Lndex）（用于测量共情能力）。结果是混合的，在解读眼测试中两个群体没有差异；不过在同理心的测试上心理学家确实要更优越。

不管心理学家的例子证明了什么，在高阶心理理论上存在个体差异的根源仍值得更多关注。第二章和第三章讨论了已经出现的各种先行因素，它们产生了这些正在探讨的结果。许多与本章探讨的发展相关的因素还有待研究，只有两个例外。一个例子是汉弗瑞斯及其同事的研究，他们检验了各种养育因素对陌生故事任务表现的影响（Humfress, O'Connor, Slaughter, Target, & Fonagy, 2002）。与父母的依恋质量与测验中的表现呈正相关，这与一阶文献中的研究结果是一致的。但是，心理理论与实验中使用的养育行为的测验结果并不相关。

第二个例子与执行功能和语言的影响有关，现在我们来看看这方面的研究。

执行功能与语言

回头看看本章的前五个表格就足以解释为什么在这一文献中执行功能和语言可能是非常有用的。大部分方法都要求被试理解一定长度的语言情境，然后对一系列问题用语言做出回答。即便使用语言参与较少的方法，如解读眼测试，也假定被试理解相关的心理状态词汇。另外，要理解相关信息似乎也需要某种程度的工作记忆，而要抑制优势反应（如口头语言的字面解释）也需要抑制控制，从而理解真正的意思。

执行功能与语言确实非常重要，在语言方面的证据要更多些。也许由于临床的关注点，大部分研究都包含某种对被试整体语言能力的测试，典型的有接受性词汇或智商测验的语言分测验。除了少数例外，这些测验的结果都与本章回顾的心理理论高阶任务表现呈正相关：语言能力越好，心理理论上的表现就越好。由于语言评估是对语言能力的全面评价，因此这些研究并没有告诉我们（如果有的话）语言的哪个方面更重要。另外，在大部分这样的研究中语言都是作为控制变量，它本身并没有成为研究的兴趣点，因此关于这种相关背后的基础很少有理论支持。不过，至少语言能够在诸如陌生故事和失礼故事这样的测验中具有表达性作用，被试的语言能力越好，理解要判断的材料就越快速、越准确；被试的语言能力越好，就越能更好地把他或她自己内在的逻辑推理转换为回答测验问题必需的语言。

正如一阶和二阶错误信念任务那样，语言重要性的进一步证据来自对特殊群体的研究。具有特殊语言缺陷（SLI）的儿童在陌生故事和解读眼测试中要比匹配的控制组表现更差（Botting & Conti-Ramsden, 2008; Gillot, Furniss, & Walter,

2004)。在对耳聋群体的研究中，接触手势语言的年龄与在心理理论测验(陌生故事和失礼故事)中的表现明显相关(Meristo et al.，2007；Meristo & Hjelmquist，2009)。最后，关于自闭症样本的研究为语言的重要性提供了同样的证据，这在前面的章节中已经讨论过：在这类研究中甚至只有具备充分语言能力的人才能参加测验，且参加测验的样本中语言能力和表现水平之间呈正相关。

与语言相比，执行功能方面的证据比较有限，而且结论也不一致。不过，有几个研究发现虽然只检验了执行功能的一部分，但在陌生故事和失礼故事中执行功能与心理理论存在正相关(Charman, Carroll, & Sturge, 2001；Filippova & Astington, 2008；Meristo & Hjelmquist, 2009)，工作记忆和抑制功能都与心理理论表现相关。

自 闭 症

迄今已有几十个研究考察了自闭症人群在本章所描述方法中的表现。在这里我做一个简短总结。

第一个研究结果是，自闭症样本的心理理论任务表现受损。虽然偶尔也有例外(Back et al.，2007)，不过，在绝大部分研究中，都发现自闭症人群的表现落后于比较样本或者研究所包含的其他样本。在本章所描述的前四种方法中自闭症样本都呈现出了这种滞后；在"其他方法"部分所引用的新测验中也出现了滞后。进一步而言，在有些情况下，这一缺陷只出现在心理理论方面，在未包含社会推理的任务中没有出现群体差异，或者差异减少。

关于一阶或二阶错误信念的研究都产生了现在的结论，或者没有得到结论。因此如果将"拥有"(心理理论)定义为在这些任务上的成功的话，那么谈论自闭症人群是否"拥有"或者"没有"心理理论是可能的。不过，现在考虑的这些方法提供了范围较大的得分而不是通过/没有通过的结论。由于解读眼测试是多选形式，可以得到表现是否高于随机水平的结论，所以解读眼测试是例外，有些自闭症人群在该测试中的成绩低于随机水平，这一结果在比较样本中是从没出现过的。不过，许多自闭症者的回答都高于随机水平。因此这种差异不是存在/缺乏的差异，而是程度上的差异——有些人成功了，只是不像那些正常发展样本表现出来得那么成功而已。同样的结论对于陌生故事、日常生活故事和失礼故事都适用。

很明显，对于自闭症人群是否拥有心理理论这个问题的答案必须是"视情况而定"的。首先它取决于样本群体，正如我前面提到的，许多自闭症甚至不能参加心理理论测验。对那些能参加的人来说，答案取决于被测试的是心理理论的哪个方面。有些自闭症不能通过一阶任务，因此没有表现出具有心理理论能力的证据；有些则通过了一阶错误信念任务，但不能通过二阶任务；最后，有些自闭症能通过二阶任务，但在本章探讨的这些更困难、更自然的测验中仍然存在困难——因此呈现出（引用西蒙·贝伦科汉最近的各种总结）"微妙的心理理论缺陷""较温和的表现形式"和"残余困难"。

正如一阶和二阶错误信念一样，当任务真的成功时，就需要知道为什么能成功——也就是说，自闭症人群得出答案的方式与正常发展人群是否相同。各种证据表明，至少在有些情况下是不同的。神经成像的研究表明，自闭症人群在心理理论解决问题时所激活的脑区在某种程度上与正常发展的人是不同的（Frith & Frith，2003）。即使自闭症人群能解决标准的任务，相比正常人来说，他们也较少在内隐水平上表现出理解，如根据一个角色的错误信念进行的预期眼动（Senju，Southgate，White，& Frith，2009）。最后，自闭症人群回答心理理论问题花费的时间要比控制样本更长，这一结果在解读眼测试、日常生活故事和二阶错误信念中都有所表现（Bowler，1997；Kaland，Calleson，Moller-Nielsen，Mortensen，& Smith，2008；Kaland，Smith，& Mortensen，2007）。在有些情况下（虽然不总是这样），对心理内容上的反应时要比物理内容上更大。所有这些研究发现都表明，自闭症人群实际上可能采取一种不同的、非自发的路径来解决心理理论任务，这一路径更多地是基于普通推理能力，而不是社会认知理解。

有些能力较强的自闭症儿童发展出一种语言作为中介的心理理论，这使得他们有能力正确地在社会领域进行推理，但是他们的心理理论理解与常人的基础不同，并不是建立在领域特殊的心理理论机制之上。（Tager-Flusberg，2007，p. 313）

我再补充最后一个证据，反应时间测量法并不局限于自闭症样本。这种方法在对老年人的研究中也很常见，包括最近对心理理论和老年人的研究。这种方法在对成年人心理理论的研究中也发挥着重要的作用（Apperly，Back，Samson，& France，2008）。同时这种方法正开始出现在基础的儿童文献中（Atance，Bernstein，& Meltzoff，2010；Kikuno，Mitchell，Ziegler，2007）。

老　化

第一个关于心理理论与老年人研究的标题是"智慧的增长：老年人的心理理论"（Happé，Winner，& Brownell，1998）。正如这一标题所指出的那样，心理理论的成绩（在这一研究中用的是陌生故事法）并没有在年龄增大时下降，事实正好相反——年长的成人（平均年龄＝73岁）比年轻的成人表现更好。在讨论中，作者把这一结果与一种观点联系起来，这种观点有一些（虽然有限）实证研究支持，即有时候在年老时智慧会增长。社会敏感性是智慧包含的许多概念的一个核心成分，很明显对陌生故事的反应包含社会敏感性。

后来的研究没有再出现哈普等人（1998）的研究结果。有两个研究报告了老年人被试和年轻人被试的表现相当，一个是在陌生故事测验中（Slessor，Phillips，& Bull，2007），一个是在失礼故事测验中（MacPherson，Phillips，& Sala，2002）。不过，在大部分研究中，年龄效应是负面的。在陌生故事测验（Castelli et al.，2010；Charlton，Barrick，Markus，& Morris，2009）、解读眼测试（Pardini & Nichelli，2009）以及为特定研究开发的其他类似的心理理论测量方法（McKinnon & Moscovitch，2007）中都显示随年龄增长成绩明显下降。许多这类研究都发现，在不需要社会推理的控制方法上成绩没有下降，这表明，这一缺陷可能是心理理论特有的。

为什么不同研究之间的结果会不同呢？最可能的解释似乎是样本的差异。哈普等人（1998）研究的老年被试也许能力非常强，事实上哈普和他的同事也提到了这个可能性。这一推测提出了这一主题的文献中两个重要观点，第一个观点是，在生命范围内的任一点上都有显著的个体差异，包括老年人，任何成绩下降的平均模式都不适用于所有老年人。第二个观点是，迄今为止所有研究都是横断研究，所以研究表明的是年代效应，而不一定是年龄变化。在老年人和心理理论的研究者中还没有人做过稳定的纵向研究，或者在长时间内对同一人群的变化进行研究。

我前面提到，老年被试表现出的困难可能在社会推理任务上尤其明显，但这并不意味着一般推理过程不在其中发挥作用。各种证据表明，执行功能对年轻人与老年人之间的差异有影响。心理理论和执行功能存在一个平行的发展过程，年老时两个方面均表现出明显的下降（German & Hehman，2007）。这种一般模式反映在被试内的关系上，除了少数例外，老年群体的执行功能测验都与心理理论的成绩呈相关关系（Charlton et al.，2009；Maylor，Moulson，Muncer，& Taylor，2002）。正如儿童一样，工作记忆和抑制功能对老年人都很重要。最后一个证据来自对任务的控制。如果任务提高了对执行功能的要求（如增加了对工作记忆的要求），就会对心理理论的成绩产生负面影响，这对老年被试的影响要大于对年轻被试的影响（German & Hehman，2007；McKinnon & Moscovitch，2007）。

第三章的结论部分讨论了执行功能在心理理论中是否发挥着重要的作用或者表达的作用这一问题。那么正如前面提到的，执行功能在对老年人的影响上几乎可以肯定地归入表达作用的类别中。在没有疾病或者病理变化的情况下，如果说老年人真的丧失了他们基本的心理理论知识，这种说法是值得怀疑的，也许他们缺乏的是表达这种知识所必需的执行功能。

结　论

在第三章我提到，关于二阶错误信念的大部分研究都具有非理论化的性质。而这一结论对于本章涉及研究更为适用。不过有一个例外，植根于迈克尔·钱德勒理论的前青春期的心理理论方法（Bosacki，2000；Bosacki & Astington，1999），表明在理论上有多个因素（概念上的角色采择、同理的敏感度、个人感知、其他思考）可以促进心理理论的发展。不过，迄今为止，这一方法还没有被迁移，也没有人试图把这一方法延伸到对诸如陌生故事等方法的理论分析上。

这里讨论的大部分方法都为了临床/实用而经过了修订——具体来说，是为了对自闭症认知功能进行更高级的考察。新方法提高了我们对自闭症的理解——而且确实增加了我们对这些方法考察的大约十几种其他症状的理解。但是这些方法的贡献不仅仅局限于实用领域，它们也增进了我们对正常发展人群的理解，因为它们显示了心理理论在学前和小学低年级以后的更高级形式。

那么提高的究竟是什么呢？具体来说，为什么这些方法比二阶错误信念任务更困难呢？可能有几个因素在起作用。一个因素是，除了要掌握一种特殊的知识形式（如二阶错误信念）之外，这些方法还需要在一个特定的社会情境内获取和应用这种知识。就像一般的认知评估那样，第三章阐述的情境方法可能是一种最优评估方法——如果相关知识存在的话，就揭示出来。因此这些情境被分解成基础的信息单元，其中，信息是用尽可能清晰和有益的方式来呈现的，儿童需要根据这些信息单位形成一个判断。但大部分真实生活中的情境很难如此简单地判断。进一步而言，如陌生故事或失礼故事等方法需要儿童不仅推断出相关的信念，而且能推断出信念的某些后果——尴尬、欺骗或者其他。这一点我们将会在第六章关于高阶理解的后果中予以讨论。这就再次得出结论，即要将心理理论应用到真实世界，对二阶错误信念的理解通常是必要而非充分的。

第二个可能的因素是这些评估方法的多重性质。二阶错误信念任务需要判断单一对象拥有的单一的心理状态，而在本章所考虑的方法通常都需要被试同时考虑两个或者三个对象。进一步而言，对情境的全面理解可能不仅需要推断信念，而且需要推断其他心理状态——尤其是行为背后的意图和行为带来的情绪。简而言之，有更多的事情需要去做。

就这一点而言，解读眼测试算是一个例外。解读眼测试需要判断单一对象的单一心理状态。就自身而言，这是一个一阶任务，判断 X 在想什么或者感觉怎么样。那么为什么这个任务如此困难呢？有两个因素可能很重要。一个因素是必须要判断的心理状态的性质。如前面提到的，解读眼测试关注的是复杂的心理状态

（如怀疑的、入神的、试探的），在发展上对这些心理状态的掌握可能依赖于理解产生这些状态的信念和情绪。另外一个因素是关于为推断这些状态而提供的证据，即仅静态地观看一张不熟悉的面孔的一部分。即使该任务是一个一阶任务，在基于如此有限证据基础上做出这种微妙的推断的能力可能也需要依赖经验作为后盾，而这种经验在儿童中期或稍大点时是不具备的。

对这一点的讨论并不意味着要完成这里提到的这些任务就需要二阶递归思想发生质变或者结构性变化。情况并不总是这样。例如，可能在某些情况下三阶推理（她认为他们认为她认为）会产生最成熟的反应。不过，大部分情况下，如陌生故事和失礼故事等任务所展示的高级性更多地表现在数量上而不是质量上：同时进行几种而非一种心理状态推断的能力；在多种情境下，包括自然情境下的心理状态推断能力；在多种证据下的心理状态推断能力，包括有限的和不明显的证据。语言和执行功能的进步对于这种发展是必要的促进因素，它们可能促进了心理理论的出现和表达，不过，也许主要的促进因素——和发展的主要障碍——仅仅是需要广泛的社会经验，这些经验能让人了解人们如何思考对方。

第五章

其他高阶发展 第 2 部分

如题所示，本章继续讨论高阶任务，这些任务测查的能力超过学龄前水平。本章要讨论的方法与第四章中回顾的方法有些实质性的区别。第四章中提到的所有研究都是在心理理论标题下展开的，大部分研究普遍以二阶错误信念任务为起点，而且大部分研究都有比较务实的目标——描述自闭症的表现。本章要回顾的内容则反映了起始点和理论取向的多样性，并且本章所讨论的研究都更加集中于基础科学层面，而非应用层面。不过，这两章都是为了帮助我们了解心理理论发展过程中的后期阶段。

据我所知，尽管没有人集中探讨过本书要讨论的内容，但是目前已经有一些综述关注了该主题的某些部分，如钱德勒和伯奇（2010），基南（2003），库恩和富兰克林（2006），以及皮洛（2008）等。

解释的多样性

钱德勒的研究成果

本书的一个主要观点是，大多数心理理论的专家学者较少关注 5 岁之后发生了什么，但是这并不包含心理理论领域的开创性人物——迈克尔·钱德勒（Chandler，1982；Chandler & Sokol，1999）。钱德勒一直反对将心理理论的发展定义为 4 岁或 5 岁时对错误信念的掌握，他并不认同发展是"一个奇迹"这一观点。他认为很多重要能力的发展既可能早于也可能晚于成功通过标准错误信念任务的年龄。本章将集中讨论后者。

那么，哪些能力发展是在掌握错误信念任务之后才得以发展的呢？如前所述，答案多种多样——钱德勒并不是用"两个奇迹"论来代替他所反对的"一个奇迹"论。不过，他的著作和研究仍然强调了儿童在学龄后（post preschool）的发展中需要掌握的一种重要能力：解释的多样性。解释的多样性（interpretive diversity）是指"理解不同人对同一件事可能给出不同的解释"（Carpendale & Chandler，1996，p.1703）。这种能力是基于一种更一般的认识：心理是主动的、建设性地和外界世界进行交互作用，而不是仅仅被动接收外界的各种信息。显然，在任何人的理论中，这种认识都一定是心理理论发展的一个核心成分。

尽管我们都同意对解释的多样性的理解很重要，但并不是所有人都将其看作一种相对较晚的发展成果。事实上，很多学者认为儿童掌握了错误信念就证明他们能理解解释的多样性。那些掌握了错误信念的儿童能意识到麦克斯关于巧克力位置的想法与他妈妈关于巧克力位置的想法是不同的——同一事实可能有不同意义。但是，在这个错误信念例子中，两个思考者并不是在处理"同一件事"，实际上，妈妈拥有麦克斯没有的信息。所以，错误信念仅能证明儿童对解释的多样性有重要但有限的理解：他们能理解不同的信息能够导致不同的信念。但错误信念任务还不能证明儿童能够理解相同的信息也有可能导致不同的信念。

钱德勒和索科尔（Chandler & Sokol, 1999）用下面的例子说明了这种区别。

想象一下，韦默夫妇和佩尔纳夫妇，都去看一场电影。在电影进行到关键时刻，韦默夫妇中的一个出去买爆米花，之后他们对电影的内容有分歧。相反，佩尔纳夫妇整场电影都在座位上，一起从头看到尾，但是他们对于所看到的内容也有尖锐的分歧。韦默夫妇与麦克斯和他妈妈境况相同，他们得到的信息量不同，产生分歧是由于一个人在错误的时间去买爆米花而导致了错误信念。相反，佩尔纳夫妇虽然得到了相同的"事实"信息，但他们对共同经历的解释仍存在分歧，而这种分歧是基于对相同内容的不同认识——他们对事实的观点（而非个人偏好）存在分歧。因此像佩尔纳夫妇这样的情况更接近于我们要寻找的理想测试案例。（p. 222；reproduced with permission of Taylor & Francis, LLC, a division of Infoma plc.）

该案例提示了一种方法学，而这种方法学是在学习钱德勒及其他人所强调的解释的多样性时所必需的。那就是要求儿童要么能够预测，要么能解释对于同一刺激或事件的不同反应。钱德勒等人通过两种方法来实现这一目的。

一种方法利用了模糊刺激（ambiguous stimuli），这种刺激能使他们至少产生两种平等的有效解释。视觉领域中的双歧图形（reversible figure）符合这一标准。图 5-1 呈现的是两个经常用于研究的例子。仔细观察图片你会发现第一幅图片是一只兔子和一只鸭子，第二幅是一个老鼠和一个老人。不过，当你还是三四岁的儿童时不一定能做到，这是因为获得双歧图形中的所有解释的能力是需要发展的。大部分学前儿童都不能完成这一任务（Gopnik & Rosati, 2001）。现在要探讨的研究仅限于那些能看出此类图片有两种解释的儿童。

听觉领域也有一些模糊刺激样例，如同音词（pair-pear；ring 的不同意思）。模糊句子是另一个例子：当被试看到两块相同大小的方块，要求其选择大的方块。这些"可能是（哪个）"的交流无疑是现实生活中最重要的歧义形式。我们很少花费时间去思考双歧图形，但是会经常处理一些能让我们产生多种解释的信息。

图 5-2 是钱德勒等人使用的第二种方法（Lalonde & Chandler, 2002）。这幅图是"无意义图片"（Droodles）的一个例子，"无意义图片"是罗杰·普赖斯（Roger Price）在 20 世纪 50 年代推广的一种动画形式。正如我们所看到的，这些图片没有明确形式，不会使我们产生唯一的、确定的解释［罗夏墨迹（Rorschach ink blots）是另外一个例子］。此外，一旦给出一种解释——每一个无意义图片都有一则解

图 5-1　模糊刺激的例子

释性的标题——就很难不去注意这种特定的解释。图 5-2 中第一个无意义图片的标题是"来迟的船未能救起溺水的女巫",第二个是"正在倒立的蜘蛛"。

　　模糊刺激以及无意义图片可以以两种方式出现在研究中。在一些例子中,儿童被试首先获得一些关于这些刺激的没有歧义的信息。例如,在无意义图片任务中,儿童看到一张完整涂鸦图片,该图片是一个全景,更容易被解释。图 5-3 是溺水女巫例子中所用的图片。问题是儿童能否预知目标人物的反应,目标人物并没有该儿童所获得的信息。例如,目标人物只看到了原始的图画。从程序上来说,这种方法与错误信念任务很相似。两种情境线索使自己和他人之间产生了信息差异,儿童只有领会这种差异才能准确判断。基于这种相似性,就不难推知成功完成这种模糊任务的时间与拥有错误信念的时间相同,都在 4 岁左右(Perner & Davies,1991;Ruffman,Olson,& Astington,1991)。

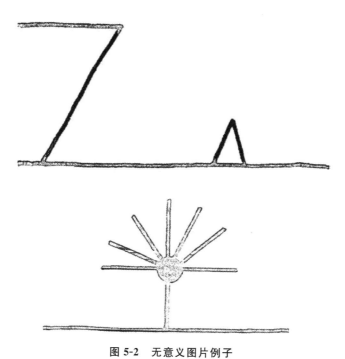

图 5-2　无意义图片例子

来源：Droodles：*the Classic Collection*，by Roger Price，pp. 8，38. Copyright 2000 by Tallfellow Press. Used by permission. All rights reserved.

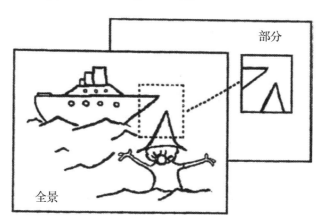

图 5-3　消除歧义的无意义图片

来源：Lalonde，C. E.，& Chandler，M. J.，*New Ideas in Psychology*，20，2002，p. 169. Copyright 2002 by Elsevier. Reprinted with permission.

研究模糊刺激(信息)的另一种方法则与钱德勒对于多样性概念的解释相关。在这种研究中,两个目标(以木偶为代表)获得相同但不充分的刺激信息——他们会看到同样的涂鸦或者同样的模糊图片。问题是儿童能否意识到两人在拥有同样信息的情况下可能会形成不同的信念。这种意识要难于另外一种意识:两人基于不同的信息会形成不同的信念。直到七八岁时,儿童才能完成那些需要他们预测或者解释对相同刺激有不同反应的任务(Carpendale & Chandler,1996;Lalonde & Chandler,2002)。该结论普遍适用于视觉歧义、词汇歧义(如同音不同义的词)、有歧义的信息等。尽管这些研究中的大部分儿童能够完成错误信念的资格测试,也能理解两个人可能有不同的喜好,但他们难以理解(基于相同信息产生的)不同信念。

需要注意的是,模糊图和涂鸦都是不常见的刺激,玩偶也不是现实生活中个体会关注的对象。如果关于解释的多样性的结论仅限于此类情境,那么其影响也有限。但是,罗斯及其同事的研究(Ross,Rechia,& Carpendale,2005)说明事实并非如此。在他们的研究中,要求被试(4岁到9岁儿童)理解兄妹之间的冲突,研究者通过设置一些场景提供了每个人物的观点,被试的任务是去解释这些观点间的分歧。对此类冲突任务的反应的发展模式与最初解释的多样性的研究结果相同:年幼儿童很少意识到可以存在两种站得住脚的解释,而年长儿童在识别和判断不同观点方面表现得更好。此外,儿童对冲突的推理与其对多样性的推理相关。

拉加图塔及其同事近期的一项研究对钱德勒的研究做了有趣的补充(Lagattuta,Sayfan,& Blattman,2010)。在他们的研究中,两个主人公首先获得关于一个客体身份的不同但无关紧要的信息,然后获得使该客体身份明朗的完整观点。尽管最初信息无关紧要,很多六七岁的儿童还是认为这两个主人公对这个客体形成的信念不同。所以他们将其新发现的多样性知识过分广泛应用,即使在无差异的时候也会用多样性来预测差异。用作者的话说,这些儿童表现出一种心理理论过度解释(overinterpretive theory of mind)现象。

拉加图塔等人(2010)的研究证明了直到7岁儿童才能完全掌握解释的多样性。事实上,钱德勒早已慎重地提出理解其研究中所证明的多样性是一个早期的、简单的形式。儿童还需要学很多东西,如信念来源于何处,不同人的信念如何不同,为什么不同。本章接下来的内容将阐述哪些发展是更进一步的发展。即使如此,钱德勒的研究确实发现了一项重要的、超越了学前能力的早期成就:认识到心理不仅仅是对现实的复制,相反,不同的心理会对事物的相同面产生不同的理解。

多样性的来源

尽管钱德勒的研究很有意义，但仍遗留了一个关于解释的多样性的基本问题，即对同一个任务，两个思考者的想法到底有什么不同。对信念差异的认识是钱德勒等人所关注的儿童发展的能力，这种能力是指尝试推断这种差异可能是什么的必要条件，但这并不是充分条件，而且典型的模糊研究并没有使儿童把特定的信念与特定的目标人物联系起来。

儿童何时才能预测不同人物对相同情境的(不同)解释呢？普遍的答案是当儿童获得至少一个目标人物的先验信息时。有两种方法可以呈现此类信息。在一些例子中(Barquero，Robinson，& Thomas，2003；Pillow & Henrichon，1996)，儿童知道目标人物对问题中刺激的先前体验。例如，儿童看到一个玩偶获得了关于物体的部分信息，这些信息提供了关于客体身份的双歧但错误的解释(儿童知道这一点)，问题是儿童能否利用这些信息来预测木偶的反应。不同研究得到的答案不同，提出这种解释性问题的不同方式也会导致答案不同。但对于大部分研究来说，只有到了 6 岁或 7 岁，儿童才能利用目标人物的先验信息来预测个体对模糊刺激的特定反应。

第二种方法在第三章中关于布拉德·皮洛的研究讨论中提过。这类例子关注的是儿童利用目标人物的一般特征来预测该目标人物对歧义刺激或事件如何反应的能力。在皮洛的研究中(Pillow，1991；Pillow & Weed，1995)，儿童会听到以下描述：人物 A 喜欢人物 C，但是人物 B 不喜欢 C；然后 C 表现出一些破坏性的行为，这些行为在一些例子中是偶然的，在另一些例子中 C 具有模糊不清的动机。儿童的任务是预期 A 和 B 对 C 行为的解释。表 5-1 呈现了研究中所用到两个场景。

表 5-1　皮洛在理解偏见解释的研究中所用的场景

场景

　　安不喜欢琳达。安认为琳达卑鄙，经常打架，常惹麻烦。玛丽喜欢琳达。玛丽和琳达是好朋友。一天琳达正把一个球投向外面。当琳达投出球后，球越过其他女孩儿，穿过窗户，玻璃被砸成碎片。

　　凯西喜欢萨拉。凯西认为萨拉人很好，乐于助人，经常做好事。琼不喜欢萨拉。琼认为萨拉卑鄙，经常惹麻烦，经常做坏事。圣诞节的时候，教师告诉学生，那些贫穷的孩子在圣诞节的时候没有玩具。教师让班上的同学送一些玩具给那些贫穷的孩子，然后教师把一个大箱子放在教室后面，用来装他们给贫穷孩子的玩具。有些学生把玩具带到学校并把他们放到箱子里。一天早上上课前，凯西和琼看到萨拉正在箱子前拿着一个玩具，箱子是打开的，底部朝上。

来源：Pillow, B. H., *Developmental Psychology*，27，1991，p. 551.

正如第三章中提到的，3～4 岁的儿童几乎不能利用目标人物的信息来预测其反应，而 5 岁后的儿童也只是稍微好点。但是到二年级时，不管偏见是积极的还是消极的，不管被预测的反应是评估目标人物的行为还是判断行为背后的意图，大部分儿童都能有效利用这些有关偏见的信息（Mills & Grant，2009；Mills & Keil，2005，2008）。

皮洛（Pillow，1991；Pillow & Weed，1995）以三种方式扩展了钱德勒的研究。第一种扩展在前面已经提过。钱德勒的研究证明了儿童能够认识到存在不同的观点，而皮洛的研究证明了儿童还能利用相关的证据判断这些不同的观点是什么。

第二种扩展关注的是儿童能将其新发现的知识用于何种情境。如前所述，大部分研究关注的是对有限的、人为刺激的解释，如对局部图片的解释。罗斯等人（2005）的研究却不是这样。同样，皮洛的研究也是一个例外，这是由于他关注的是儿童对于对其他儿童社会行为的理解，这在现实生活中显然是很重要的（Wainryb，Shaw，Langley，Cottam，& Lewis，2004）。

第三种扩展涉及儿童用哪类证据理解信念或者行为的差异。此处将引用希金斯（Higgins，1981）在讨论观点采择文献中所提出的差异。正如他提出的，观点采择面临两个挑战。在一些例子中，自我和他人之间的差异来源于情境。例如，一个儿童尝试向其同伴描述一个指示物，而同伴与他的视角不同。在其他例子中，自我与他人之间的差异反映了跨越各种情境的一般身份差异，希金斯将其命名为个人维度（individual dimension）差异。例如，一个年长儿童向一个年幼儿童解释游戏规则。

大部分关于模糊的研究都是关注情境维度。一般来讲，大部分心理理论研究关注儿童利用情境信息的能力（Miller，2000）。例如，经典的错误信念任务以及其他在学前水平中经常使用的测量方法（如外表—实际、信息来源）。皮洛的研究加入了一些相对少见的信息，用来说明儿童使用个体维度的能力——确切地说是用来说明积极或消极偏见对儿童评价同伴的影响。在后面还会再讨论这种情境—个体差异。

与其他发展的关系

任何一种高阶任务都涉及的问题是该任务是否与其他高阶任务相关。当然，我们从未期待会有一个完美的关系，之所以存在不同的任务就是因为他们评估的能力至少有些不同。然而，如果存在一个潜在的共同核心，那么儿童对不同高阶任务的反应应该是有关联的。

目前关于解释的多样性的证据比较有限且混乱。有两个研究提供了相应的数据。海沃德和荷马（Hayward & Homer，2011）评估了儿童对多样性的理解，所用方法是一个模糊图形任务和一个涂鸦任务。对涂鸦任务的反应与二阶错误信念显著相关；但模糊图形任务和涂鸦任务、陌生故事测验、失礼故事测验、解读眼测试都不相关。考虑到这部分是对多样性测量的总结，要说明的是，不相关是普遍存在的，在各种高阶测量中，15 种相关中只有 2 个是显著的。

科迈和奥斯汀顿（Comay，2011；Comay & Astington，2011）报告了很多积极的结果。他们对多样性的评估也是基于模糊图形和涂鸦；同时，实验中也评估了一阶和二阶错误信念。多样性的合成分数与信念的合成分数的相关系数是 0.49；当排除了年龄和语言的影响时，相关为 0.31，依然显著。在科迈和奥斯汀顿的分析中，联结二阶信念和多样性的共同核心是都需要理解关于相同事实的两种相异的观点：约翰认为那幅图是一只老鼠，而玛丽认为那是一个老人。

指 代 不 明

指代不明（opacity）这个概念通过例子引入最容易。想象一下你听到了下面两句话（Kamawar & Olson，2009）。

珍妮知道她的猫在她最喜欢的树上。

她最喜欢的树是镇上最古老的树。

然后要求你判断下面这两句话是否正确。

猫在镇上最古老的树上。

珍妮知道她的猫在镇上最古老的树上。

第一句话是正确的。"最喜欢的树"和"最古老的树"是两个指代相同的术语，也就是说，它们涉及事实的同一个方面。（如果）一条陈述是正确的能推出另一条也是正确的，那么这种语境是明确的。相反，第二句话就不一定正确了，因为我们并没有被告知珍妮是否知道她最喜欢的树也是最古老的树，这种语境就是指代不明的。

卡玛沃和奥尔森（2009，p.286）对指代不明的定义如下："指代不明的语境是一种语言环境，在这种语境中个体不能仅通过一种描述就看到指代物本身……更正式地说，这个隐喻性的名称'指代不明'情境是指那些既包含一个命题又包含对该命题的心理态度的情境。"正是因为引入了心理态度（如知道、认为、希望）才可以将指代不明放到心理理论领域中。儿童必须认识到这些表达的真正价值并不依赖于事实是否正确，而是说话者对事实描述的态度。

关于指代不明的研究与之前解释的多样性标题下讨论的内容有重叠。在两个例子中，核心理解是认识到相同的客体或事件可以通过不同的方式表征，而这种理解是在儿童早期没有出现，需要发展获得的。但是，在指代不明的一些例子中，不同的表征并不是因思考者不同而不同，而是对事实的表征与对事实的心理态度的表征之间的区别。

根据本章内容可以猜测出，年幼儿童不容易理解指代不明这个概念。詹姆斯·罗素(1987)首次证明了这一点。在罗素的研究中，儿童听到一个故事，故事里一个叫乔治的男人攒钱买了一块漂亮的手表，不料，在他睡觉的时候，一个红头发的小偷偷走了他的手表。最初的问题证明了儿童能够意识到乔治不知道小偷是红头发的。接下来的问题是："我们能不能说乔治正在想'我一定要找到那个偷我手表的人'？""我们能不能说乔治正在想'我一定要找到那个偷我手表的红头发的人'？"5岁到7岁儿童不难对第一个问题做出正确回答："能"，但是他们对第二个问题的回答也是"能"，尽管之前他们已经同意乔治不知道小偷头发的颜色。因此，他们把一个指代不明的情境看成是明确的，只关注问题中的事实而不是乔治对事实的了解。

自罗素(1987)之后的研究一般有两个目标，一个是为了证明学前儿童很难理解指代不明这一点是天生的，而不是由于研究方法(的问题)导致的。毕竟，儿童的错误回答是令人惊讶的——儿童刚刚陈述了乔治不知道小偷长什么样，几秒之后又相信乔治知道小偷的长相。如果场景更短、更简单些，或者测试问题不是这么复杂，儿童的表现可能会好一些。艾比利和罗宾逊(1998)；休姆(Hulme)、米切尔和伍德(Wood, 2003)；卡玛沃和奥尔森(2009)；施普龙、佩尔纳、米切尔(2007)等不同实验室在场景简单化上做出了各种尝试。尽管有时候程序上的简单化是有效的，但效果仍然有限，5岁以前的儿童能正确回答的情况仍然较少。说明学前儿童很难理解指代不明的现象确实是天生的。

这一结论引出了第二个目标，即证明学前儿童为什么觉得指代不明任务这么困难。尤其是为什么指代不明会比错误信念更难？毕竟，这两个概念似乎依赖于相同的基本认知发展：能够认识到对事实的表征并不一定是和事实一样的东西。实际上，有人认为掌握错误信念表明对指代不明的初级理解：儿童一定认识到麦克斯对事实的信念并没有反映事实，也就是麦克斯并不清楚事实的真实状态。但是，初级水平还不是成熟的形式，全面掌握指代不明还需要错误信念以外的其他知识。

其中一种其他知识可能是语言。这也是罗素(1987)对最初的指代不明研究结果的解释，其文章的标题就反映了这种观点："我们能否说……"在罗素看来，年幼儿童面临的最主要的困难是对语言描述的掌握——具体来说，是在理解一种描述只反映真实世界的一部分而不是全部内容上存在困难。卡玛沃和奥尔森(1999, 2009)提出了一个类似的解释。在他们看来，关键的发展在于元语言意识(metalinguistic awareness)，即反思语言本质上是思想的对象——"明白这个描述不仅是通过这个描述看到了所指的对象"(Kamawar & Olson，2009，p. 287)。当然对理解指代不明，仅仅这样的元语言意识是不够的，还需理解表征等方面的发展，但元语言意识是必需的。卡玛沃和奥尔森(2009)的研究为这一假设提供了实证支持：元语言意识测量与指代不明任务表现存在正相关。该研究还报告了错误信念理解与指代不明表现之间的相关，其他研究也有类似发现(Kamawar & Olson，2011)。

其他的观点，尽管不一定否定元语言意识的作用，但更强调表征对儿童成功通过指代不明测试的促进作用。艾比利和罗宾逊(1998，2003，2001)曾提出年幼儿童面临的最主要的挑战是理解部分信息。例如，假如海因茨知道盒子里有一个球，但不知道这个球是一个礼物，当被问道："海因茨知道盒子里有一个礼物吗？"儿童要基于海因茨的部分表征做出回答，而非基于全部情境表征(箱子里有一个礼物)，部分表征里不包含礼物的信息。当然，在错误信念任务中，儿童也必须基于主角所知道的信息回答问题，而不是基于实际的情况。但是，错误信念任务中，主人公利用的是过时的信息，他所忽视的当前信息才是需要被表征的内容。表征部分信息是一种更困难的挑战。

这里应该补充一下休姆等人(2003)针对艾比利和罗宾逊(1998)论据的普遍性所提出的一些疑问。他们认为像乔治和被偷手表这样的场景不只是信息数量上的差异，乔治所获得的信息与儿童被试所获得信息之间也存在质性的差异。施普龙及其同事(2007)也建议补充对部分信息的讨论。当给儿童的刺激可以通过两种方式表征(一块小狗形状的橡皮)，他们发现了艾比利和罗宾逊所发现的现象：年幼儿童根据他们自己的信息回答问题，而不是根据主人公所获得的信息。但是，当缺失的信息与物体的属性有关，而不是与身份相关时，儿童会表现得更好。例如，儿童被试被告知海因茨希望找到一个红块，他们预期他会去那个他看见过一个红块的盒子，而不是去第二个盒子，第二个盒子里也有一个红块，但是只有儿童被试看见过它的颜色。所以儿童被试并非完全不理解部分信息，他们的困难仅限于物体有双重身份的例子。

施普龙及其同事(2007)以更一般的二阶文献为基础为儿童难以理解指代不明任务的现象给予解释。如前所示，指代不明任务中的第一个问题检验了儿童对主人公信息的理解。例如，"海因茨知道这个狗是一块橡皮吗？"判断他人的信息是一个一阶的任务，因此，4 岁儿童能很顺利地回答这个问题并不令人感到惊奇。但是，指代不明测试问题则需要儿童认识到他们自己对一个双重身份情境的理解(知道这个物体既是一只狗又是一块橡皮)与主人公对这个情境的理解(只知道这个物体是一只狗)之间的差异。根据施普龙等人的观点，这是一个二阶任务。用他们的话说(Sprung et al.，p. 238)："部分信息故事中使用了双重身份，需要儿童理解他人对双重身份产生的不同观点，而且该观点与儿童自身的不同，这是一个二阶观点问题。"由于该任务是二阶的，所以直到6～7岁儿童才能成功完成此类任务。

通过引用施普龙等人(2007)的分析，读者就可以自己判断关于二阶能力的争论是多么激烈。作者认为该争论至少还需要进一步的发展。另外，施普龙等人尝试通过将儿童在指代不明任务中的表现与二阶任务中的表现联系起来为其观点提供了证据(Perner & Howes，1992)。尽管这两项任务被证明难度水平相等，但在这两种测量上还缺乏被试内的相关。

下面将回顾这部分研究的三个结论：第一，掌握指代不明是一项重要的发展成就，反映了儿童对语言和表征理解的重要发展；第二，这种掌握并不是一项单一的发展成就，而是呈现出不同的形式，学前儿童也能达到简单的理解水平，但是，全部掌握则是学龄期的发展成就；第三，诸多研究和理论已经为该成就做出了不小的贡献，但是，到目前为止，我们仍没有形成一个令人完全满意的理论：为什么年幼儿童难以理解指代不明以及他们最终是如何克服这一困难的。

信念的来源

接下来的内容是关于心理理论的一个基本议题：儿童对于信念来源于哪里的理解。这是一个更综合的问题的一部分：任何形式的心理状态(如欲望、情绪、意向)来源于哪里。由于信念是目前为止最经常被研究的心理状态，尤其是针对学前期，所以在此节中讨论信念。

首先从一些区别开始，表5-2是一个区别的总览。

表5-2 信念来源研究中的相关维度

信息来源	信息接受者	目标特征	结 果
知觉，沟通，推理，猜测	自我或他人，成年人，儿童或婴儿	实证事实，词义，概念性规则	正确的信念，错误的信念，不知道，不确定

首先，回顾第二章简略提到的一个来源，它来自普拉特和布莱恩特(1990)的一项研究。在普拉特和布莱恩特的研究中，4岁儿童看到一个成年人往一个封闭的盒子里面看，第二个成年人仅仅将这个盒子举起。接下来问儿童谁知道盒子里面有什么，大部分儿童都能判断出第一个成年人知道而第二个成年人不知道，需要注意的是两种判断都很重要。儿童既要在合适的情况下使用知识，又要在经验不足以支持一个信念时抑制对知识的使用。普拉特和布莱恩特的研究中儿童能够做到这一点，所以证明了儿童有对经验如何导致信念的基本理解。

普拉特和布莱恩特(1990)的任务或许是最简单的经验—信念关系(experience-belief relation)的测试：知觉作为信息来源，简单的事实作为判断的目标，知道或不知道作为被判断的结果。从某种意义上说，其他属于该标题下的大部分研究——尤其是那些超过学前期发展的研究——涉及对这个基本范式的各种复杂化：信息来源不同，知觉并不是信念的唯一经验来源，沟通和推理也起作用；结果也多种多样，知道或不知道不是唯一可能的结果，一些经验会导致错误的信念，另一些经验会导致不确定；信念多样化，简单自然的实验事实，如箱子里面的东西，并不是唯一需要形成的信念，大部分现实生活中的信念要比这种最简单的案例复杂得多；最后，不仅需要考虑包含什么信念，而且还要考虑谁形成了信念，在如普拉特和布莱恩特研究的简单情境中，信息的接收者并不重要——任何看盒子的人都应该能回答这个问题，而在更复杂的情境中，接收者的特点才是决定最终结果的一个重要因素。

在研究中或者在综述中仅仅关注这些维度中的任何一个是存在困难的，因为这些维度从不会孤立出现。任何信念形成的情境必然包含一个信息来源，一个信息的接收者，信念的内容以及一个特定的结果：知道或不知道。接下来从信息来源的角度展开讨论，从知觉开始，然后是沟通和推理并同时涉及其他维度。

知 觉

正如普拉特和布莱恩特(1990)及其他研究所展现的，个体对知觉与信念之间关系的理解发展得很早。到 4 岁时，大部分儿童能基于目标人物对相关信息的知觉做出知道或不知道的合理判断。更重要的是，虽然有些儿童表现出一种倾向：认为自己的信息多于他人，但大部分儿童都能判断自我和他人知道或不知道(Miller，2000)。4 岁的儿童也能完成标准的错误信念任务，说明他们除了可以判断知道或不知道，还能理解第三种重要的知觉体验结果：令人误解的知觉信息会导致错误信念。他们不能理解(至少不是完全理解)的是第四种可能结果：面对模糊的知觉信息时的不确定性。例如，本章第一部分所提到的，需要等到学龄期早期才能达到这种水平的理解。

在普拉特和布莱恩特(1990)这样的研究中，知觉信息通过视觉呈现。儿童还明白其他感官知觉的贡献，尤其是听觉和触觉，以及由不同感官提供的不同信息。正如在第二章看到的，学前儿童最初不能完成那些需要他们区分不同感觉的任务，他们不能报告出自己刚刚获得的信息的来源(O'Neill & Chong，2001)，在选择用特定感官来寻求特定信息任务上的表现也很差(Robinson，Haigh，& Pendle，2008)。但是这些问题都是短期的，5 岁儿童在这些任务中就出现了天花板效应。

上文的要点如下：很多对于知觉—信念关系的基本形式的理解在 5 岁时发生，而对于模糊信息的理解则不是这样。那么，其他形式是否也是如此呢？

希金斯（Higgins，1981）提出的情境—个人（situational-individual）区分是其中一个。目前为止提到的任务中的相关信息都是情境性的——重点在于特定的知觉体验，而不是谁获得这些体验。值得一提的是，学前儿童似乎能理解在这种情境中的目标人物是无关紧要的，除了少数例外，他们对自我和他人，儿童和成年人，朋友和陌生人等会做出相同的判断（Miller，2000）。但在特定的目标人物起决定作用的情境中，儿童如何判断呢？

这方面的研究并不多。泰勒、卡特莱特和波顿（Taylor，Cartwright，& Bowden，1991）的一项研究提供了最明确的例子。他们首先核实了被试（4 岁到 6 岁儿童）能认识到婴儿知道一些事（如拨浪鼓和瓶子长什么样），不知道一些事（如大象和自行车长什么样）。然后在接下来的一系列试验中，一个婴儿看到问题中涉及的物体的一部分，要求被试判断这个婴儿能否知道这个物体是什么。尽管很多 4 岁儿童能够准确判断婴儿不知道的事物（非婴儿的条目），但他们还是认为婴儿能够识别出所有的物体；6 岁儿童在这些判断任务中的表现要好些，但仍不能完全正确。因此儿童能够理解知识形式的情境性基础，即恰当的感觉通道，但是不能理解个体性基础：一个能够使用信息的认知系统。在有关沟通的研究中还会再次看到该结论。

最近有些研究（Barrett，Newman，& Richert，2003；Barrett，Richert，& Driesenga，2001；Knight，2008；Makris & Pnevmatikos，2007）提供了一种新的方法，用于探讨目标人物对知觉输入的反应差异：提问上帝对这些典型的心理理论任务会如何反应。尽管这些结果并不完全一致，但数据显示出一个有趣的发展模式：3 岁到 4 岁儿童倾向于将上帝和其他目标人物看成一样的，但到 5 岁或 6 岁时，就出现了一种上帝无所不知的观点；上帝不可能形成错误的信念，或者尽管关于物体身份的信息明显不完整，上帝仍不会形成错误信念或者什么都不知道。显然，确定此类判断的准确性是一个棘手的问题，但研究说明学前儿童和学龄儿童的思考方式表现出一种发展改变。

沟　通

和知觉一样，把沟通（communication）理解为一种信息来源也是在学前期表现出来的。该结论来自一些实验室研究（Montgomery，1993），并且通过各种自然发生的行为（提问，回答问题）表现出来，这些行为在学前期很普遍。

但证据显示，儿童对沟通的最初理解并不像他们对知觉的理解那样牢靠，尤其是他们难以认识到依据不清晰或者不充分的信息不足以做出判断，他们经常高估从此类沟通中获得的信息(Sodian，1988)。此外，通过对两类情境的研究内比较，整体上(尽管不完全一致)显示出儿童在知觉任务上的表现要好于在沟通任务上的表现(Miller et al.，2003；Montgomery，1993)。

当不仅要考虑情境维度(信息是否足够)，还要考虑个体维度(谁接收这些信息)时，儿童在理解沟通上的局限更加明显。正如泰勒等人(1991)的研究显示的，当婴儿是目标人物时，这种困难尤其明显。蒙哥马利(1993)发现大部分 4 岁儿童，甚至 6 岁到 8 岁儿童虽然能够了解到婴儿并不认识信息中所包含的词语，但他们仍然相信婴儿能够从言语沟通中获得信息。米勒等人(2003)报告了类似的结果，在他们的研究中，4 岁到 8 岁儿童对婴儿获得知识的归因能力不断提高。

前面的内容是基于实验室研究的，需要说明的是，儿童对不同目标人物的判断，包括不同年龄的目标人物，在真实情境中更令人印象深刻。例如，即使 2 岁到 3 岁的儿童，对更小的儿童的讲话要比对他们妈妈的讲话更简单(Dunn & Kendrick，1982)。米勒(2000)讨论了儿童在实验室和生活中表现出差异的可能原因。

儿童能从不同的潜在信息提供者身上进行选择学习，最近的一系列相关研究也发现学前儿童能有更好的表现(Birch, Vauthier, & Bloom, 2008；Corriveau, Meints, & Harris, 2009；Robinson & Nurmsoo, 2009)。这些研究的基本范式为儿童看到两个成年人完成一些任务，一个表现很好，另一个表现很差。例如[此例是经常被研究的内容领域(content domain)]，成年人 A 给一些物体准确地贴上标签，而成年人 B 则贴错标签。随后给儿童呈现一些新奇的物体，他们不知道这些物体的标签，然后成年人 A 提供一个标签，成年人 B 提供另外一个标签，问题是谁的标签正确。二十多项研究报告的结果一致：儿童更加信任在之前表现得更为可靠的成年人 A。在词语学习以外的很多不同内容领域，以及通过不同方式建立信息提供者可靠性的研究中都发现了这一结果，而且这一发现在 2 岁儿童身上就有所体现(Birch, Akmal, & Frampton, 2010)。

刚刚总结的这些结果说明学前儿童具有基于其对他人的了解，然后以一种选择性的、适应性的方式来接受信息的某些能力表现。这些证据令人印象深刻，但同样也令人惊讶。因为在大部分情境中，学前儿童并不擅长理解他人。因此需要指出的是，在这些研究中，学习情境的设置要尽可能简单清晰并且有效：两个同时出现的成年人对一些任务做出的反应呈鲜明对比，然后立刻在非常相似的情境下测试儿童利用这些信息的能力。在现实生活的场景中，对于他人的观察和学习给儿童的帮助并没有如此之大。4 岁以上儿童的一个主要发展变化涉及一项逐渐提高的能力，这项能力就是从每天的生活琐事中抽取有关他人的信息。这一点并不是凭空猜测的，事实上，一篇有关"信息寻求"的早期文献表明从学龄期到青少年期，儿童寻求并利用信息的能力在逐渐发生变化(Bar-Tal, Raviv, Raviv, &

Brosh，1991；Nelson-Le Gall & Gumerman，1984）。但目前为止，还没有人将新近研究与这项旧研究整合到一起。

推　理

有关儿童何时能将推理（inference）理解为一种信息来源的研究结果多少有些争议。值得一提的是，争论的问题并不在于儿童自身是否能使用推理，而是他们能否认识到这种推理可以是了解他人的一种信息来源。关于这一议题的大部分实验已经证明，儿童在 6 岁以前缺乏这种认识（Miller et al.，2003；Pillow，1999；Sodian & Wimmer，1987），这是一种推理忽视现象（inference neglect）（Varouxaki，Freeman，& Peters，1999）。在米勒等人的被试内比较中，推理要比感知或交流更难。一些要求儿童必须识别出其信息来源的研究也普遍支持这一结论（Bruell & Woolley，1996；O'Neill & Gopnik，1991）。

并不是每个人都同意理解推理是一项学龄期的发展。基南、瑞夫曼和奥尔森（1994）通过简单的程序（辅助记忆、突出重要信息）进行研究发现：即使 4 岁的儿童也能成功判断推理的信息（尽管其结果存在一些争议）（Pillow，1999）。此外，推理的类型也很重要。大部分研究使用三段论推理：所有的 X 都是 Y，有一个东西属于 X，那么这个东西属于 Y。拉伊（Rai）和米切尔（2006）探索了儿童通过消除法识别推理的能力——具体来说，如果目标人物知道三个主人公中的两个人的名字，那么他或她就会认为任何一个新的名字就是第三个主人公的名字（这种假设在儿童的早期词语学习中就有所表现）。在这一点上，5 岁儿童虽然没有出现天花板效应，但是其表现已经超过了随机水平。

从前面这些内容我们可以得出一个合理结论：推理以各种形式出现在各种情境中，有些形式和情境要更加简单。当然，感知也是如此，语言更是如此。来自陌生故事测验的结果表明，儿童在掌握更字面的、直接的信息之后才会理解讽刺或暗喻这样的语言形式。

关于信念来源的更深层次的问题是跨越信息的具体来源，它聚焦于儿童在多大程度上相信自己的信念，并且在多大程度上相信不同的信息源。儿童是否对一些信息来源的信任要强于其他来源呢？

探讨该问题的一个方法是使两种来源相互竞争。假设一个儿童看到一件事，但是被告知的是其他的事。毫无疑问，在这样的例子中，3 岁的儿童就更倾向于仔细权衡知觉信息（Clement，Koenig，& Harris，2004；Mitchell，Robinson，Nye，& Isaacs，1997）。并且不管是为自己还是为他人做判断，他们都会采取这种方式。

另外一种方法就是教会儿童使用简单的量表来表达其对于一个特定结论的确定性程度。皮洛及其同事通过这种方法所做的研究揭示了这种关于确定性的感觉

（尤其是关于推理的感觉）的确切发展变化（Pillow，2002；Pillow，Hill，Boyce，&
Stein，2000；Pillow，Pearson，Hecht，& Bremer，2010）。尽管 6 岁儿童将推理看
成是一种了解他人的信息来源，但他们并不认为由此产生的信念比通过猜测获得
的信念更为准确。只有到八九岁时，儿童才能区分这两种来源。儿童在对自己知
识的确定性上的判断要好于对他人知识的判断，如果他们自己的信念是焦点，6
岁的儿童就能认识到推理出来的结果要比猜测出来的结果更准确。最终，到八九
岁时，儿童能够认识到不同类型的推理都影响结论的确定性。他们认为演绎推理
（deductive inferences）比归纳推理（inductive inferences）更具确定性，强归纳推理
（有较多支持证据的）要比弱归纳推理（有较少支持证据的）更具确定性。这样的判
断与成人的判断相似。

　　总之，在儿童对信息来源的理解上，有三个明显的发展变化是学龄前期之后
才出现的。首先，尽管学前儿童能够理解简单的感知、交流，甚至（或许）还有推
理形式，但他们所能掌握的形式随着发展而扩展。其次，儿童利用个体维度进行
信念推理的能力发展变化尤其明显。即使学前儿童能较好地理解情境基础对于形
成信念的作用，但是他们还需要学习的是，不同人是如何利用这些信息的。最
后，伴随着发展，儿童不仅能准确推理信念，他们还能考虑信念的特性——特别
是认识到一些信念要比其他信念更加确定。

　　最后一点所涉及的内容将在第七章中进行讨论。我们将看到对信念的反思，
包括信念的差异，这是认识论研究领域的核心主题。

对于心理活动的理解

　　来自弗拉维尔和格林（1995，p. 3）的这段话，总结了当前讨论中涉及的信息
种类。

　　该领域的很多研究关注儿童对心理状态的理解，如信念、信息、欲望、情绪
以及意图等。相反，很少研究关注他们对心理活动（activities）的理解，即对我们
将要去做（do）而非仅仅拥有（have）的心理。（John Wiley & Sons，1995，reprinted
with permission）

　　之前的部分已经呈现了一些关于儿童理解心理活动的研究。例如，推理是一
种心理活动，而研究表明儿童对推理的理解随着年龄发展出现了明显的变化。下
面这部分将对于心理活动这一主题进行更加全面的介绍。

弗拉维尔的研究

对很多认知发展研究主题来说，约翰·弗拉维尔及其同事所做的关于儿童理

解心理活动的研究是该领域开创性的也是最有影响力的研究。因此，本部分从介绍弗拉维尔的研究开始。

弗拉维尔的研究主要关注思维（thinking）——"对某物的心理注意"（Flavell et al.，1995，p. v）。在进一步阅读之前，想想关于思考你知道什么或相信什么，这将是一个有用的练习。一般来说，在认知发展研究中，做儿童研究要首先了解成年人的最终状态是什么——我们尝试记录、解释的是什么样的发展？

弗拉维尔等人（1995）研究中的第一个发现是，即使是学前儿童也能表现出一些对思考的理解。例如，他们能认识到只有那些有生命的生物才能思考。事实上，相对于年长儿童或者成年人，学前儿童更倾向于否认动物能思考，认为只有人类有这个能力。学前儿童也认识到思考是一个内在的行为，有些儿童也能将其定位于大脑。他们也能将思考和其他相关的外显行为区分开来，如看或触摸。尽管还不是很擅长，但他们有时候能利用一些有用的线索来推断别人什么时候在思考。最后，他们认识到思考是关于一些事物的，也就是说思考是有对象的，尽管他们还不是很擅长断定对象到底是什么。

但以上结果存在几点局限。首先，儿童只能够有"<u>一些</u>"理解但并不是完全理解，而且所提及的这些发展都会在小学阶段有所提高。其次，尽管 3 岁儿童能完成一些测试，但很多能力表现只有到 4 岁或 5 岁时才高于概率水平。最后，贯穿弗拉维尔研究的测验程序都是尽可能清晰、简单容易的（这也是弗拉维尔小组所擅长的）。通过这些测试诱发的能力比较脆弱，在儿童的日常认知水平中可能表现得并不明显。

当然，更进一步的观点认为很多理解形式在学前期儿童身上并未表现出来，而是在后期发展中才逐渐显现。此处举两个例子。

第一个例子是有关思考的一个方面，这一方面是由威廉·詹姆斯首先发现的（James，1890，p. 239）。

意识本身似乎并没有被切割成碎片。当它最初出现时，"锁链（chain）"或"火车（train）"这样的词并不能恰当描述它。它并不是连接在一起的，而是流动的。"河流（river）"或"小溪（stream）"等比喻是对其最自然的描述。此后谈到它时，让我们将其称为思想流、意识流或者个人生命流。（Holt，1890；Reprinted with permission）

这段话传达了詹姆斯著名的意识流概念——心理活动本质上是无止境的流，这是一个有意识个体的心理特征。研究显示，这是一个大部分成年人都同意的概念（Flavell，Green，& Flavell，1993）。那么儿童呢？对于学前儿童来说，答案很清楚。他们很难识别思考，即使有时候线索非常明显（如一个需要解决的问题，一个沉思的表情，相关的言语表达）。大部分儿童不愿意相信那些安静地坐着的人有什么心理活动。弗拉维尔的表述为(1995，p. 32)"4 岁儿童倾向于相信那些表面上什么也没做的人内心也没做什么"。该判断也扩展到他们自己的心理生活——学前儿童对于自己心理活动的反思并不好于其对他人心理活动的判断。

虽然 6 岁到 7 岁的儿童还不能达到成年人的水平，但他们比学前儿童更愿意相信某种持续的心理活动是正常的，而不是异常的。他们也稍微能理解一种心理活动如何导致另外一种心理活动，这是一种认知线索(cognitive cuing)现象(Gordon & Flavell，1977)。一些情况下，8 岁或 10 岁的儿童也能抑制(withhold)对思考的归因，如他们能认识到那些正在睡觉而且没做梦的人并没有在思考，或者从事其他需要意识参与的心理活动(Flavell，Green，Flavell，& Lin，1999)。最后，到了学龄期，儿童开始表现出对一些事实的理解：不同的思考者可能具有不同的思路。例如，两个人看到相同的物体，可能想到不同的东西(Eisbach，2004)。注意将最后这条结论与钱德勒关于理解解释的多样性的研究结合起来。

下面将讨论的第二种发展就与此有关。意识流的一层含义是我们对自己心理活动的控制能力有限。例如，我们不能简单地用我们的意志力使我们在一段时间内什么也不想。很多学前儿童不能认识到这一点。例如，当问他们是否有人可以在 3 分钟内什么也不想时，很多人回答可以(Flavell et al.，1993)，事实上，还有一些人认为可以做到三天都不思考(Flavell，Green，& Flavell，1988)！年长儿童的观点更倾向于与成年人一致：长时间没有任何心理内容的状态是不可能的。

儿童慢慢认识到不同的心理活动在被控制性上存在差异。表 5-3 显示了弗拉维尔等人对这个问题检测时所用的一些场景(Flavell & Green，1999)。前三个场景是用以说明难以控制的心理活动的例子(知道、害怕、渴望)，喜欢和相信也属于这一类，最后三个场景是相对容易控制的心理活动例子(思考、想象、改变一个人的想法)，注视和注意也属于这一类。每个场景之后的基本问题是：故事中的主人公改变其心理状态是难还是易。结果显示出明显的年龄差异，其他采用了弗拉维尔程序的研究也得到了相似的结果，7 岁组(最小测试组)表现得很好，但不如 10 岁组，10 岁组仍未达到成人水平。有意思的是，最小测试组在容易控制的条目上表现出困难。例如，只有三分之一的 7 岁儿童判断出克莱拉能够改变她所思考的内容。这些结果表明儿童在其发展过程中面临两项相关挑战：逐渐认识到心理状态通常是不可控制的，但同时能理解该规则有例外的情况。

表 5-3　弗拉维尔和格林研究心理活动可控性时情境示例

认知活动	示　例
知道	这是关于玛丽的描述。玛丽知道她的名字，她的名字是玛丽。现在假设她不再想知道她的名字是玛丽。所以，她很努力地尝试忘记她的名字是玛丽。她忘记她的名字是玛丽是困难还是容易呢？为什么会这样？
恐惧	这是关于朱莉娅的描述。朱莉娅曾经被一只大狗咬过。现在她非常害怕大狗。她非常非常害怕大狗。现在假设她不想再害怕大狗了。她正非常努力地尝试停止害怕大狗。
渴望	这是关于珍妮的。珍妮家里没有电脑。她非常想要一台电脑。她已经想要一台电脑很长时间了。现在假设她要停止想要一台电脑。她正努力地尝试停止想要一台电脑。
思考	现在我告诉你的是关于克莱拉的。一天早晨克莱拉正在散步，突然，她想到她早餐吃的麦片粥。然后，她就开始思考麦片。现在假设她不想再思考麦片了。她很努力地尝试停止思考麦片。
想象	这是关于温蒂的。温蒂正在屋里安静地坐着。突然，她开始想象自己在另外一个地方。她想象自己正坐在一棵树上。现在假设她不再希望想象自己正坐在树上了。她正努力地尝试停止想象自己正坐在树上。
改变想法	这是关于汉娜的。汉娜已经决定把她的鹦鹉从笼子里放出来。所以她决定把她的鹦鹉从笼子里放出来。现在假设她想要改变这个把鹦鹉拿出来的想法，决定不这么做了。她正在努力地尝试停止改变把鹦鹉从笼子里拿出来的这个想法。

来源：Flavell, J. H., & Green, F., *Cognitive Development*, 14, 1999, pp. 137—139. Copyright 1999 by Elsevier. Reprinted with permission.

　　在一些例子中，儿童对心理状态可控性的了解具有临床意义。施普龙及其同事最近的研究提供了一个例子（Sprung, 2008；Sprung & Harris, 2010；Sprung, Lindner, & Thun-Hohenstein, 2011）。他们研究中的主要被试是那些刚刚有过创伤经历的儿童：有些数月前遭受过卡特里娜飓风，有些因为受伤或虐待刚刚接受过治疗。研究者主要测量侵入式思维（intrusive thought）的频次和本质，侵入式思维被定义为"我们开始思考一些我们非常不想思考的东西"。他们有两个主要发现：那些刚刚有过创伤经历的儿童比没有创伤经历的控制组报告更多消极的侵入式思维，这和预期相符；此外，那些心理理论理解能力最强的被试（主要由对弗拉维尔的一套问题的回答来决定）对消极思维的意识最强。如果像很多临床学家相信的那样，对创伤经历的反思是克服这些体验的一个必要步骤，那么这些结果将表明理解心理理论(对消除创伤经历)能起到重要作用。

之前提到的大多数心理理论研究都是基于西方中产阶级家庭中的儿童研究，所以需要注意的是，很多相同的结果，尤其是那些关注学前儿童在思考概念上表现出困难的结果，也出现在另外一项采用菲律宾儿童样本的设计中（Liwag，1999）。（其他相关研究见 Amsterlaw，2006；Wellman & Hickling，1994）。

斯万弗洛格和法布里休斯的研究

皮洛(2008)的一篇评论区分了三种与心理活动有关的理解。一种被命名为理解发生知识(occurrence knowledge)，被定义为"对特定认知活动是否发生的认识"(p. 299)，弗拉维尔的研究关注的就是这种知识。另外两种分别为理解组织知识(organizational knowledge；"认知活动间关系的知识"——p. 299)和认识论思想(epistemological thought；"对知识特点以及知识与现实之间关系的反思"——p. 299)。当前阐述的主题是组织知识，而认识论思想是第七章所要阐述的主题。

组织这个议题的主要研究程序是由斯万弗洛格和法布里修斯及其同事提出的(Fabricius，Schwanenflugel，Kyllonen，Barclay，& Denton，1989；Schwanenflugel，Fabricius，& Alexander，1994；Schwanenflugel，Fabricius，& Noyes，1996；Schwanenflugel，Henderson，& Fabricius，1998)，他们在任务中采用了两个相互关联的方法。其中一个是让被试评定其在使用心理动词(如决定、解释、猜测、知道、记忆)时心理的相似性，另外一个是让被试评估不同认知活动的相似性。表 5-4 呈现的是研究第二种方法时使用的一些条目(需要注意的是，这些分类标签，如列表记忆、前瞻记忆并没有呈现给被试)。这些条目是成对出现的，被试需要在一个 7 点量表上评估其相似性，从"以完全相同的方式使用你的心理"到"以完全不同的方式使用你的心理"。两种方法都是将相似性判断用于各种统计程序中[如多维尺度(multidimensional scaling)]，这些程序用于揭示一系列情境的潜在组织。

表 5-4　斯万弗洛格等人关于认知活动的组织的研究中情境示例

认知活动	示　例
列表记忆 （list memory）	告诉你的朋友你今天在学校咖啡馆吃的所有的东西 写下去年你在社会研究中知道的州郡名称
前瞻记忆 （prospective memory）	确保打开电视观看晚间新闻中你的老师 确保在回家之前、玩完之后顺便去教室拿你的外套

续表

认知活动	示　　例
再认记忆 （recognition memory）	通过你们老师在钢琴上弹出的前几个音节听出一首歌 看到一个丢失了的手套，发现这正是你上周丢的
理解 （comprehension）	感觉一下你在老师解释一个安排之后知道如何做 在休息的时候研究一下一个乐高建筑是如何建构的
推理 （inference）	当你们的老师说"收起你们的书时"推断出她要测试你们 看到那些脏盘子就知道你妈妈为你的学校聚会烤了曲奇
计划 （Planning）	跟你的妈妈商定放学后她要去哪里接你 选择为制作你在学校圣诞表演要穿的戏服所需的东西
选择性注意 （selective attention）	午餐时在一个嘈杂的咖啡馆听公告 在一节科学课上找到图画中那只和背景相同颜色的兔子
比较 （comparison）	在音乐课上听两首不同的歌曲并决定它们是否由同一个人演唱的 在学校判断一下你的艺术盒外的两只蜡笔的颜色是否相同

来源：Schwanenflugel, P. J., Fabricius, W. V., & Alexander, J., *Child Development*, 65, 1994, p. 1550. Copyright 1994 by John Wiley & Sons. Adapted with permission.

　　和弗拉维尔的研究一样，在阅读这些发展研究的结果之前，考虑一下你自己对这些评估的反应。每一项研究计划中的实验都包含一个成年人被试的样本，一些研究还强调成年人对心理组织的思考本质，其中最强调记忆，那些涉及记忆的认知活动（如表中的前三个例子）往往被看成是相似的。成年人被试中还区分出推理维度（推理和再认记忆条目）以及注意维度。最后——前三个维度有一个共同特征——成年人能够识别两个更一般的维度：一个是信息加工，既包括决策过程输入端的活动（如观看，注意），也包含输出端的活动（如决定，调查）；另外一个维度是关于结果知识的确定性，如"知道"和"了解"可以被看作是高度相似的，"猜测"处于确定性的连续体的另外一端，"思考"则在二者之间，需要注意的是，这一发现同"信息的来源"部分讨论的皮洛的研究结果相似。

　　儿童的评定与成年人的评定在一些方面是相似的，而在另一些方面不同。8岁组（最小的测试组）确实能辨别记忆维度，但他们并不像年长儿童或成年人表现得那么坚定、一致，对于不同类型的记忆的表现也没有差异。此外，8岁的儿童倾向于按照在成人看来非常肤浅的维度对条目分组。例如，这项活动是指向那里还是留在原处，或者这项活动是你想要做的还是其他人想要你做的（很容易理解，这对于很多儿童来说是一个重要维度）。到了10岁，在儿童的评估中，记忆维度已经被更稳固地建立，与其他维度的区别更大，而肤浅的维度划分也开始变得不那么重要。对于两个年龄段的被试，在信息加工维度和确定性维度上，都有些与成人相似的迹象，但是确定性维度在儿童判断中扮演的角色不像成年人被试判断中那么重要。

这些研究传达的总体信息是什么呢？在斯万弗洛格及其同事看来，其研究揭示的最一般的结果是儿童将逐步发展出"建构主义者的心理理论"（constructivist theory of mind）——当然，该结论要与本章回顾的其他研究联合在一起。随着儿童的发展，他们越来越少地强调问题解决情境的外部因素，但是越来越多地强调心理为了了解这些情境做了什么。

当儿童巩固了下面这些想法，他们就达到了建构主义者的心理理论：①知识的确定性可多可少，②在评估信息时对不确定性的感知非常重要，③事情可以有多种意义，④那些意义可以仅仅来自于解释心理活动过程中产生的差异。（Schwanenflugel et al.，1996，p. 288）

一阶范式的变式

在第二章中，儿童在一阶错误信念上的典型表现类型是最稳固的，经常在文献中重复出现，大家也普遍认为成功完成这一任务是儿童理解信念的一个重要里程碑。研究的另一典型问题为是否有其他更简单的测试方法可以检测出儿童能在更早的发展时间点上完成任务。

当前要讨论的研究着重于那些相反的结果：典型程序的变式导致更差表现的可能性，这说明 4 岁或 5 岁儿童不能完成其发展的某些方面。此处先阐述在儿童研究中得到这种结果的可能性，然后是有关成年人的研究。在两种被试中，要考虑各种各样的方法，但是总体信息是相同的：事情比我们预想的要复杂得多，而且确实存在超过了典型的测量方式所测量出来的进一步发展。

针对儿童的研究

在一项典型的错误信念任务——意外地点任务中，目标主人公渴望找到一个特定的物体，如麦克斯想要找到他的巧克力，萨拉想要找到她的弹珠等。但是，假设渴望是相反的——是避免而不是趋近那个特定的地点。例如，（取本篇文献中所用的一个例子）萨拉不喜欢青蛙，因此想避免那个藏有青蛙的盒子。

从逻辑上来讲，对于儿童被试来说，这个回避场景与典型的趋近场景一样：推断目标主人公所持的信念，然后预测伴随这个信念之后的行为。所以如果萨拉（错误地）相信青蛙在红盒子下面，她就应该回避这个红盒子而选择绿盒子，尽管青蛙实际上是在绿色盒子中的（正如儿童被试所知道的），萨拉也会这么做。但结果证明两个任务在难度上并不相同：儿童发现回避要比趋近更困难（Cassidy，1998；Friedman & Leslie，2004，2005；Keenan & Ellis，2003；Leslie，German，& Polizzi，2005）。而且这并非是无关紧要的差异，只有少数的通过标准任务的学前儿童能成功完成回避任务（各研究中的准确比例不同）。年幼儿童的困难并不在于预测所有情境中的回避行为，因为如果目标主人公持有正确的信念，那么他们在预测萨拉将回避那个讨厌的位置上不存在问题；他们的困难也不在于对错误信念进行归因，因为如果问题是"想"而不是"看"，他们就能表现好。那么，这里的困难特指对行为的预测：对主人公将去一个她实际上想回避的地方的预测。

为什么对回避的推理要比对趋近的推理更困难呢？弗里德曼和莱斯利（2004，2005）给出了最综合的解释。该解释是莱斯利提出的模块一般理论（general theory of modularity）的一部分，第二章中曾有介绍。根据该模型，要想推理主人公的行为，儿童必须为主人公的信念选择一个内容，并为其欲望选择一种行为。对信念的错误假设是该信念正确，但在错误信念例子中，该假设应该是被抑制的，这也是年幼儿童发现错误信念任务困难的原因。（儿童）假设（欲望产生的行为）将指向一个已知的地点，在标准任务中，该假设没有任何问题，但是在回避任务中需要克服该假设，所以回避需要一个双重抑制（double inhibition），这也是儿童发现回避任务比标准的趋近任务困难的原因。

基南和埃利斯（2003）对回避任务的困难提供了一个不同的解释，这种解释并不一定与前面的解释矛盾，但在应用范围上，他们的观点要比弗里德曼和莱斯利的解释窄，仅能应用于某些回避情境——具体来说，是指猎物试图躲避捕猎者。在其中一个场景中，一匹口渴的斑马去一个池塘喝水，斑马知道自己一直躲避的那头狮子正在树后面休息。当斑马正在喝水的时候，狮子向茂盛的草丛后面的藏身之处移动。那么问题是斑马会采取什么路线回家：穿过树还是穿过草丛。大部分4岁儿童认为斑马会穿过树，忽略了斑马对狮子在哪有错误信念，而且即使他们能通过标准的位置任务也会这么选择。埃利斯及其同事的一些研究（Ellis，Bjorklund，& King，2011）验证了这一效应，他们发现即使是五六岁的儿童在回避任务上也存在困难。

为什么捕猎者—猎物情境如此困难？基南和埃利斯（2003）认为该任务激活了进化而来的本能反应系统，该进化系统能提高存活率。虽然儿童在其他时刻可以做到某些更深思熟虑的认知加工，但这些认知加工都被这个自主诱发的系统打败。

尽管这个进化观（evolutionary argument）很吸引人，但明显需要更进一步的研究来确定其效度和普遍性。先将这个问题暂放一边，基南和埃利斯（2003）的研究确实引入了另一个有重要潜在意义的研究领域：有生命的个体作为主人公思考和行为的对象。关注这方面的研究其实是很少见的，在大多数错误信念研究中，思考的对象都是一些无生命的物体（inanimate object）（如巧克力、一个弹珠、一个玩具）。此外，从逻辑角度来看，这些变化不应该产生差异，人和物体都可能在不同的地点，对他们所在之处的信念要么正确要么错误。但是很多研究表明，目标的特征确实导致了差异。与目标是无生命的客体时相比，当目标是有生命的客体时（尤其是人），儿童的表现较差（Rai & Mitchell，2004；Symons & Clark，2000；Symons，McLaughlin，Moore，& Morine，1997），但这种效应也是在特定的条件下才产生。人类能从一个地点移动到另一个地点的特质是一个重要的因素。如果移动是非自愿的——是对他人命令的回应——那么这个任务就和标准的物体易位问题难度类似，相反，如果移动是自愿的，那么追踪一个人位置变化要比追踪一个物体位置变化困难。

为什么会这样呢？西蒙斯（Symons）及其同事（1997）的解释为：一个有生命的客体的自愿移动会引入另外一套需要儿童思考的心理状态——不仅仅要思考错误信念问题中目标人物的信念，还要思考、注意自动的行为。尽管这种情境下只有前一个信念是重要的，但那些正处于掌握错误信念进程中的儿童显然发现额外心理状态的引入令他们感到混乱，因此表现会更差。需要补充一点，这种现象并不总是发生，如阿恩（Ahn）和米勒在研究中就并没发现这种自愿—移动效应（voluntary-movement effect）。

阮和弗莱（Nguyen & Frye，1999）进一步证明了对他人行为的推理要比对无生命物体的推理更加困难。他们的研究将标准的意外地点场景和其他场景进行比较，这些其他场景中涉及活动的改变，而不再是地点的改变。也就是说，在最初的场景中，儿童 A 和 B 都参与活动 X，然后 B 离开一小会儿，在他离开期间 A 转向活动 Y，然后 B 准备返回。给被试的问题是，B 认为 A 正在做什么。正确答案当然是活动 X。因为 B 不知道 A 转而进行活动 Y，所以 B 对 A 的活动的信念应该是错误的。研究表明这个问题比那些标准的位置改变问题困难：即使在 5 岁时，大部分儿童也会回答错误。必须强调一点，研究证据并不是完全一致的 Garner，Curenton，& Taylor。

这里所讨论的程序上的变式关注的都是错误信念，如果信念内容或伴随信念之后的行为与标准任务有差异又会如何呢？张等人（2010）补充了另一点：儿童对不确定的信念的推理能力。他们的被试听到这样一个故事：一条狗把它的玩具放到了一个红色的房子里，然后离开，在它离开的时候，一只兔子把这个玩具放到了一个蓝色的房子里，然后狗回来了。问题是狗会去哪里找它的玩具。目前为止我们测量的是标准的错误信念，然后所有回答正确的被试继续进行下一个阶段的研究。这时（研究者）引入了一个新元素，狗在红房子里没有找到它的玩具，然后问题是它下面会看向哪里，场景中还有另外三个房子：除了蓝色的，还有一个绿色的和一个黄色的房子。

如果你对这个问题的答案类似于"其他三个中任何一个"，那么你的答案与张等人（2010）研究中的成人被试的回答一样，8 岁儿童也这样回答。但更小的儿童的答案不是这样，大多数 4 岁儿童和很多 6 岁儿童认为狗会到蓝色房子里去找——到他们自己知道的正确地点去找。需要注意的是在错误信念例子中，所有的儿童都能把他们自己的信息放一边，但是当判断一个不确定的信念时，很多儿童做不到这一点。正如张等人指出的，他们的结果和那些与指代不明有关的文献结果有些相似。在指代不明文献中，儿童在认识"有些人可能和他们共享一部分但不是全部知识"上存在困难。这也与模糊研究有明显的交叠，在两种研究中，一个关键的发展是认识到并不是所有的问题都只有唯一的正确答案。三种范式中的每一个都会导致同样的一般性结论：相对于对错误信念的推理，对不确定性的推理更困难，发展更晚。

针对成人的研究

正如我们在第四章所看到的，像陌生故事测验或者解读眼测试这样高级的心理理论任务有时会使用成人被试。对于存在临床损伤的成人被试来说，一阶任务或许也很有意义，事实上，这些任务被用于各种临床条件（关于此类研究的一个极佳总结参看 Apperly，Samson，& Humphreys，2009）。但没有研究将一阶任务用于正常的成人被试。那么让成人去完成这个在其 4 岁或 5 岁就掌握了的任务时结果会如何呢？

采用标准的任务、标准的测试并没有什么意义。但是，假设一下我们对典型的研究加以变化，或者改变一下实验程序，或者改变一下要求被试反应的方式，或者二者都改变一下，这样的话，即使是正常的、没有损伤的被试，我们也可以得到一些不一样的结果，至少对一些被试来说，在一定程度上不再出现天花板效应。

图 5-4 来自伯奇和布鲁姆（2007）的文献，向我们展示了一个例子。如图 5-4 所示，该研究在常规的意外地点问题任务的基础上做出了三点改变：首先，常规任务中有两个可能地点，而这里有四个；其次，在主人公离开期间，不只物体移动，容器本身也移动；最后，回答方式不再是在选项中做出简单的选择，而是评价主人公在每一个地点寻找的可能性。

图里没有呈现最后一个特点：一个对照的实验条件。一些被试听到的是图中所呈现的语句"将小提琴放到红色的容器里"，另外一些被试仅听到"把小提琴放到另外一个容器里"，所以前一个条件的被试知道确切位置，而后者不知道。

这是维奇。她刚演奏完她的小提琴，并把它放到了那个蓝色容器中。然后她到外面去玩耍。

当维奇在外面玩的时候，她妹妹，丹尼斯把小提琴移到了红色的容器中。

然后，丹尼斯重新安排了房间内的容器，直到房间看起来像下图一样。

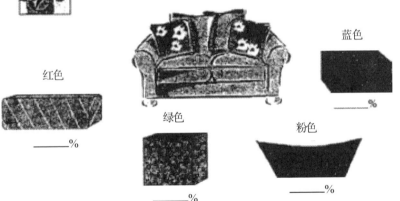

当维奇回来的时候，她想要拉小提琴。维奇首先到上面的每个容器中寻找小提琴的可能性是多少。在每个容器下的空白处以比例的形式写下你的答案。

图 5-4 检验成人"知识偏差"效应的错误信念任务

来源：Birch, S. A. J., & Bloom, P., *Psychological Science*, 18, 2007, p. 384. Copyright 2007 by SAGE Publications. Reprinted by permission of SAGE.

事实证明这种控制很重要。那些不知道真正地点的被试对于蓝色容器这个最初地点的可能性的平均赋值为71%，他们认为这个典型的错误信念导致的错误是维奇最可能的反应，另外一个获得较大可能性评定的是红色容器(23%)，红色容器现在的位置是原来放小提琴的地方。那些知道确切地点的被试也认为这两个容器是最有可能的，但是他们的评分与不知道确切地点条件下的评分有显著差异：最初容器是59%，红色容器是34%。为什么对红色容器有更高的评定呢？唯一一个可能的解释是这些被试知道这个容器内确实有一个小提琴，他们自己的信息影响了他们对维奇反应的预期。

伯奇和布鲁姆(2007)将这种由自己的信息产生的偏见看作"知识偏差(the curse of knowledge)"，定义为"由于自己已有信息的影响反而难以理解更简单的观念"(Birch，2005，p.25)。正如他们所指出的，这个概念与自我中心主义有重叠，实际上，大多数评论者可能将他们的发现作为自我中心主义的一个例子。但知识偏差是一个更具体的、更有指向性的偏见，因为这个概念仅适用于判断一个更简单的观念。正如其研究所指出的，儿童和成人经常(当然不总是)能够理解一个信息量更大的观点，但更困难的任务是认识到有些人知道的比自己知道的少(另外一个知识偏差对成人一阶表现的影响的研究，请参看 Bernstein，Thornton，& Sommerville，2011)。

伯奇和布鲁姆的研究说明有两种方法可以改变成人被试的心理理论成绩：修改任务(用四个地点代替两个)、修改反应方式(可能性评估代替分类判断)。第三种可行的方式是要求被试在完成心理理论任务的同时要完成其他的任务。牛顿和德维里埃(Newton & deVilliers，2007)就采用了"双重任务"(dual task)法，他们的成人被试需要完成一个关于意外内容的非语言的错误信念任务，同时要完成一个语言[句子掩蔽(sentence-shadowing)]或非语言(有节奏地打拍)的干扰任务。非语言任务未对错误信念成绩产生影响，两种干扰任务也不影响作为对照的真实信念试验的成绩。但是句子掩蔽任务显著降低了错误信念成绩：只有不到一半的被试能成功完成这个地点任务，即使该任务是大多数四五岁儿童就能完成的。

当然，大部分人不会经常执行句子掩蔽或有节奏地打拍任务。然而同一时间完成两项或更多项认知活动却是一个比较普遍的经历，从这个角度来看该双重任务研究是很有意义的。牛顿和德维里埃(2007)以及其他类型的研究(McKinnon & Moscovitch，2007)都说明即使对于成人来说，心理理论推理也不是非常容易和能够自动化加工。也就是说在有其他的认知资源需求时，心理理论难以畅通无阻地、不出错地进行。牛顿和德维里埃的研究中的另一个更深远的、具体的结论是来自两种干扰任务的不同效应：只有语言任务影响了成绩，这说明语言不仅对掌握心理理论很重要，对成熟的心理理论表现也很重要（Apperly，2011 不支持该观点）。

现在回到知识偏差效应。错误信念任务并不是在成人身上表现出这类效应的唯一情境。埃普利及其同事从沟通的角度举了一个例子（Epley，Morewedge，& Keysar，2004）。他们研究中的任务是根据"指挥"的指导，按照一个空间排列将一组物体移到不同的地方。被试和指挥分别坐在这个空间排列的两端，指挥只能看到被试所看到的物体的一部分（被试知道）。例如，其中一个对比是，被试能看到一辆小卡车、一辆中等型号的卡车还有一辆大卡车，但指挥只能看到那个中等型号的卡车和那个大卡车。指挥的一个指示是"移动那辆小卡车"，如果是非自我中心主义的反应，被试应该能认识到指挥所看到的"小"应是他（或她）所看到三辆卡车中的中等型号。成人的表现虽然并不完美，但是他们已经能够相当成功地去取合适的物体；而儿童对照组（平均年龄是 6 岁）大多指向错误的物体。但是取物并不是该研究唯一的因变量，它还记录了眼动数据。在这一点上成人和儿童之间没有差异，成人被试和儿童被试一样，第一眼会看向那个只有他们能看到的物体——例子中的小卡车，说明成人和儿童一样倾向于受到最初的知识偏差的影响，但是两组的差异在于两组纠正错误并进行正确反应的速度。

越来越多的研究致力于讨论成人心理理论表现，刚刚讨论的这些研究仅仅是其中的很少的一部分。当然，没有人认为成人不再拥有其在学前期发展起来的一阶知识，不过这些研究表明，应用这种知识并不是像我们所预期的那样容易和准确。艾比利（2011）的研究为我们提供了有关此类研究的重要资源。

虽然在这样一本关注学前期后出现的积极发展的书中，花费笔墨讲述成人在这些能力上的不足似乎很奇怪。但是，成人所表现出来的任何不足之处仅仅是那些相对较小但挥之不去的问题残余，这些问题在发展的早期更明显。学前期后的部分发展就如同掌握新知识一样，其中一个重要的部分在于更好地使用那些已经掌握的知识。

结　论

这一章涉及了很多不同的主题，远远超越之前的两章。对于每个主题，在理解学前期之后的发展上都有很大进步，这当然是将其纳入本书的一个原因。但是有没有可能会提取出更深层次、更具体的主题，使其能跨越不同的方法呢？最后这部分尝试找出一些这样的主题。

其中一个主题是能够使儿童脱离自身信息和观点的能力发展。当然，这样的能力在学前期会表现出来，这是掌握一阶错误信念所必需的。但是，正如本章提到的，一个儿童即使能通过一阶错误信念任务，但也会在模糊或指代不明任务中根据自己的信息做出反应。实际上,在程序上做出一些改变时,儿童可能会对一阶信念任务做出自我中心主义的反应,而且并不只有儿童——成人也需要努力克服自己的观点。从这里可以看到一个出现在皮亚杰早期研究中的信息:脱离自我中心主义并不是一个一时的过程,而是连续的、甚至是一生的挑战。

第二个主题关注对认知活动的理解,包括认知系统的产品还有过程。学前儿童很擅长判断各种心理状态。在一些简单的情境中,他们也擅长推断出这些状态因何而生。但是,正如我们所看到的,全面了解心理的建构特征是一个晚期发展成就。对思维(得到最彻底研究的认知活动)的理解在儿童期早期只是初级水平,在儿童成长过程中持续发展,最后,儿童才在理解他人如何形成信念上表现出一个最一般也是最重要的发展改变。虽然,即使是学前儿童也能成功识别信念形成的情境因素,如信息知觉输入或有足够的语言信息。但是,在个体维度上认知系统对于形成信念的贡献,却让他们感到困惑,而这也是能够解释 5 岁之后的大多数发展性改变的因素。

第三个主题扩展了信念的范围,这些信念都是儿童思维的对象。大多数有关学前儿童的研究检验了这些儿童对两种信念的理解:物体在哪或者封闭容器里是什么。当然也有些例外,其中一些在第二章中讨论过了,而另外一些则在本章中出现(尤其是关于从不同来源进行学习的研究),但这些例外有着一定的局限性。绝大多数此类研究探讨的都是"一个错误信念"而不是"一些错误信念"。此外,这些研究尝试识别儿童对信念的一般知识,而不是针对特定的信念,因此,大多数研究尽可能呈现最简单的信念。

本章中所讨论的每一类研究都超越了简单事实、任何对经验性事实的信念的范畴。例如,关于思维的研究就融合了很多其他类别的信念。前面部分所讨论的研究在关注物体信念的基础上增加了关于人的信念。我们将在第七章中看到对各种思维对象的信念的进一步解释,那些研究是关于认识论的。总之,各种各样的研究文献将传统的心理理论中关注儿童对一个信念的理解拓展到关注儿童对一些信念的理解。

最后从两个方面回顾多样性的研究。这里回顾的范例证明了儿童越来越能理解人们心理内容上的差异,即使是学前儿童也能认识到拥有不同信息的个体可能会形成不同信念。钱德勒的研究确定了非常重要的发展:认识到即使拥有同样信息的个体也可能形成不同的信念。对理解信念来源的研究则显示出更进一步的发展,年幼儿童难以理解个体差异会导致不同的人从经验中提取的信息不同:即使能认识到相关的认知差异(如婴儿不能讲话),他们最初也可能不能够应用这些知识。

多样性一方面关注儿童对多样性的理解,另一方面关注儿童自身的差异。关于一阶心理理论的研究证明了儿童存在个体差异。此外,正如第二章讨论的,很多富有创造性的研究针对的是这样的问题：这些差异来自哪里，对于儿童发展的其他方面有何种影响。然而，这些研究涉及的一阶水平的差异几乎只有一种，那就是发展速度的不同。除了临床研究，一阶发展是很普通的发展。儿童在掌握这些技巧的速度上有所不同，但在是否拥有这些技巧上并不存在差异。此外，大多数一阶评估都是二分的，儿童要么通过要么不通过，也就是要么拥有该知识，要么还不具备该知识。研究已经证明，关于更高阶的心理理论的研究为更广泛的个体差异提供了可能。我们将在结论章节中再次探讨这个问题。

第六章

高阶发展的影响

　　前三章讨论了有关学前儿童心理理论能力发展的大量文献。正如本章题目所示，本章主要关注这些能力的进一步发展所带来的影响。心理理论高级形式的出现可能给儿童的社会和认知功能带来哪些进步？早在高级心理理论研究出现之时，人们就已经认识到了探讨这一问题的重要性。佩尔纳和韦默（1985）在最初有关二阶错误信念的文章中总结如下："只有当儿童对其他社会领域的理解和高级认知发展建立起联系时，研究儿童对高级认知状态的归因才会实现其理论价值"（p.469）。本章的目的就是回顾研究者已经发现的联系。

　　如第二章所示，在有关一阶心理理论的文献中，心理理论能力的影响是一个由来已久的问题。相对而言（不是绝对的），这个问题在高阶心理理论能力的文献里更为普遍，因为大量研究已经探讨了心理理论发展可能促进儿童新的认知能力发展的这个问题。这样集中探讨心理理论能力发展的影响既有积极的一面也有消极的一面。毋庸置疑，消极面是其对理论特征的过多探讨。大多数研究集中于二阶推理使什么变为可能，而很少关注二级推理本身的特征。更为积极的一面是，关注这些影响使我们能深入了解社会认知如何影响儿童其他方面的发展。

　　这些文献显示出至少二三十种不同的结果。这些结果主要分为以下三类（有时有重叠之处）：说谎（lying）和其他有意的错误陈述（deliberately false statements）、社会结果（social outcomes）和认知结果（cognitive outcomes）。

　　首先要说明的是，以下这些回顾的研究普遍采用了同一个研究方法，即相关研究——都是既测量了儿童的某些社会认知理解又测量了其他方面，然后考察两种测量结果的关系。由于这些研究都是相关研究，就产生了因果关系的问题。可能出现两个变量的因果方向与我们通常认为的是相反的情况——社会认知理解是结果而不是原因。在多数情况下这种因果关系是难以置信的，然而就像我们将要看到的，它有时确实存在。第二种可能情况是，第三个因素导致了我们发现的这些表面关系，而实际上在相关测量中的任何方向上都不存在因果关系。为了检验第三因素存在的可能性，许多研究对潜在的第三方因素进行了统计控制。最常被控制的因素有年龄、语言和执行功能。接下来的叙述中将不会特意说明研究中是否采用了统计控制（更多研究细节参见 Miller，2009）。在许多情况下采用了统计控制后，两个测量结果的相关关系仍然存在。

有意错误陈述

　　有时字面上表达的意思与想要传达的信息是不同的，如说谎、玩笑或讥讽。心理理论的任务就是理解这类表达的意图。儿童必须认识到说话者是想给听者制造一种特殊的效应——植入一种错误信念，引导其对错误行为的罪恶感或达到其他目的。人们需要考虑两个说话者的心理状态。

已经存在一些关于儿童对有意错误陈述的理解的研究结果。第四章中提到的陌生故事测验正是对这种理解的直接测量。正如我们所看到的，参与这项测查的最小的儿童（特别是 5 岁或 6 岁儿童）对这种非字面表达的理解是很有限的，其表现随着年龄增长而进步，直到青春期才达到天花板。

当前讨论的研究与陌生故事研究有两方面区别。首先，陌生故事测验主要通过汇总十二个左右的言语形式进而产生一个总分，但当前要做的是单独讨论具体言语形式（如说谎、讥讽）的研究成果。其次，本章标题中提到的"影响"主要指的是探讨高阶心理理论能力和以上这些言语形式关系的研究，而且大多数研究采用二阶错误信念任务。

说 谎

掌握错误信念的最直接影响就是对说谎的理解。双簧的目的就是植入一种错误信念，所以在不知道该信念是错误的时候，很难看清人们是如何说谎或理解谎言的。正如塔瓦尔、戈登和李（Talwar，Gordon，& Lee，2007，P. 804）所说："说谎，实质上是一种心理理论行为。"

尽管说谎在行为上可能是心理理论，但许多分析都认为说谎是一阶心理理论。对信念可能是错误的认知是一阶的成就，而且一阶心理理论这种认知似乎是产生和理解谎言的充要条件。尽管这种假设看起来是合理的，支持和质疑的证据却平分秋色。在积极方面，已有研究证明对错误信念的理解与儿童说谎的频率和谎言理解有关（Evans，Xu，& Lee，2011；Polak & Harris，1999），还与区分谎言与误会的能力有关（Wimmer，Gruber，& Perner，1984）。在消极方面，并非所有对这个问题的研究都发现了错误信念理解和说谎的关系（Newton et al.，2000）。此外——就像第二章中所提到的——儿童在 2.5 岁时就能说简单的谎言，这要早于对标准错误信念任务的掌握。在这些简单的欺骗行为背后有一个至今悬而未决、还需要更多讨论的问题（Chandler et al.，1989；Meis，Call，& Tomasello，2010；Reddy & Morris，2004；Sodian et al.，1991）。

但是这个问题最终得到解决了，一阶心理理论的理解似乎足以（可能不总是）解释儿童直到五六岁能做什么。一旦儿童掌握了二阶心理理论推理，还能做什么呢？目前的研究考察了三个方面的发展特点：首先，先于初始错误信念出现的欺骗能力；其次，区分说谎和其他有意错误陈述的能力；最后，对不同类型的谎言的理解能力。

第一个主题称为"假装忽略"（feigning ignorance）（polak & Harris，1999）或"控制言语漏洞"（semantic leakage control）（Talwar，Gordon，et al.，2007；Talwar &

Lee，2008)。研究方法很简单：不准儿童看一个盖着的盒子里面是什么，或不准他们碰一个有吸引力的娃娃。这些儿童被独自留下，并有机会去打开盒子或碰触娃娃。主试回来后问儿童是否遵守了指导语，出现了三个结果：第一，大多数儿童没有遵守指导语；第二，大多数儿童撒谎了；第三，对错误信念的理解与说谎倾向存在正相关。

直到现在，我们一直在一阶心理理论水平上讨论问题。试想，当成人的问题不仅仅是最基本的"你看了吗?"成人可能会问"这张卡片背后的字是什么颜色?"——假设儿童不会偷看这张卡片，这时二阶心理理论任务就出现了。为了成功地假装忽略，儿童需要表征成人的错误信念，即成人不知道自己当初未遵守指导语("她认为我没有看")，然后二阶错误信念从这个错误信念中萌生("她以为我不知道这个颜色")。塔瓦尔及其团队的研究支持了这种假设，他们报告了二阶错误信念理解和假装忽略(Talwar，Gordon，et al.，2007)的正相关，以及二阶错误信念理解与在明显的撒谎情形下提供一个貌似合理的解释的正相关(Talwar & Lee，2008)。

谎言在定义上就是有意错误陈述。即使学前儿童都能在一定程度上意识到"有意"的重要性，因为他们能区分谎言和误会(尽管低龄幼儿的区分能力不稳定，如皮亚杰在1932年早就证明过的)。这种区分能力是掌握一阶心理理论的成就。然而，有意错误陈述并不只有谎言和误会两种。许多玩笑、讥讽和嘲笑都是有意错误陈述。与谎言、误会的区分不同，在这些情况下区分不同错误陈述的特征并不是说话者对陈述内容的信念(说话者错误理解了表达内容)，而是两个更深层的因素：说话者对听者知识的信念和说话者表达的意图。对于谎言，说话者认为听者不知道真相，而对于笑话或讥讽，说话者认为听者是知道真相的。因此，我们有了一个关于二阶心理理论认知的原型形式：A认为B知道……以及A认为B认为……

多种证据已表明对不同种错误信念的区分的确是掌握二阶心理理论的成就。尽管结果并不完全一致(Leekam，1991；Winner & Leekam，1991)，但关于掌握心理理论的年龄的数据普遍支持这个结论：儿童的确在某些简单情境下表现出了区分不同错误信念的能力，这种区分能力随儿童成长而提高。相关数据提供了进一步支持，二阶心理理论推理任务上的表现与区分谎言和其他错误陈述的能力呈正相关(尽管有时相关很弱)(Sullivan，Winner，& Hopfield，1995；Winner，Brownell，Happé，Blum，& Pincus，1996)，对二阶错误信念的理解和二阶忽略也是相关的。

除了能区分谎言和其他有意错误表达外，儿童还能区分不同类型的谎言。从定义上看，所有的谎言都有一个共同目的，那就是欺骗，但谎言背后的动机却不尽相同。善意的谎言(white lies)的动机是积极的、亲社会的：保护信息接收者的感受。理论上，这种谎言卷入了二阶心理理论推理（"如果我这样说……她会认为我认为……"），而且有证据表明二阶心理理论推理能力和理解善意谎言的能力有联系（Broomfield，Robinson，&Robinson，2002；Natio & Seki，2009）。任何言论立场与尴尬的事实明显相悖时，小至 3 岁的儿童都能制造善意的谎言（Talwar & Lee，2002）。学前儿童同样会使用表情图片来传达他人的错误情绪（Cole，1986）。有一些实践证据常被用来解释这个出现较早的欺骗行为（Talwar，Murply，& Lee，2007），即家长或其他成人直接帮助儿童将这些行为社会化了，这样儿童就不需要理解心理理论。虽说这种解释是有可能的，但有一个问题是，如果具体经验能解释任何较早出现的现象，那么心理理论如何产生与理论相反的结果。结论部分将回顾这个问题。

　　不管二阶心理理论认知对善意谎言的作用如何，这种认知都似乎与另一种形式的欺骗有关，即自我表达谎言（self-presentational lies）。自我表达谎言是个人为了巩固他人对自己的评价而说谎。最常见的例子可能就是在同伴面前否认自己的疼痛（"我没有真的受伤"），或面对失败时否认失望（"我不是真的想要那个奖"）。罗宾•班纳吉（Banerjee，2002；Banerjee & Yuill，1999a，1999b）认为对自我表达的认知需要二阶心理理论。亲社会谎言有一个直接的行为—结果联系：微笑或说"我喜欢这个"，其他人就会开心。然而自我表达谎言并没有这种一一对应的关系，它们的具体形式会因具体信念而变，只有个体想要操纵他人信念时才会理解这种谎言。

　　有两类结果支持了这个观点。一是对自我表达理解的发展时间。班纳吉的研究课题（Banerjee，2002；Banerjee & Watling，2010；Banerjee & Yuill，1999a，1999b）证明了学前儿童几乎不能理解这种谎言，进入小学后情况不断改善。对自我表达谎言的认知落后于对亲社会、善意谎言和自我服务谎言（self-serving；这种谎言不需要自我表达）的理解。表 6-1 显示了此类研究使用的一部分情节。在"评价"栏下的内容是自我表达谎言的例子，而"事实"栏下的内容操纵的是对客观事实的信念而不是对自我的信念。

表 6-1　班纳吉的研究中用到的有关自我表达行为示例

行为类型	情　境	问　题
评价	西蒙在操场上，一些大孩子在踢球，他们让西蒙加入游戏。他们开始一起玩了，一个小孩将球踢到空中，球掉下来时砸到了西蒙的胳膊，很疼。但当其中一个大孩子说："你还好吗？"西蒙笑着说："当然了，一点都不疼。"	为什么西蒙对大孩子说他不疼？

续表

行为类型	情　境	问　题
评价	朱莉和她的朋友一起在一道很高的墙边玩，他们爬到了墙顶，朱莉也爬了上去。朱莉在墙上很害怕，因为她很怕掉下来摔伤。但当所有人都下来了并问她："你喜欢爬墙吗？"朱莉说："是的，我喜欢爬墙。"	为什么朱莉对其他的孩子说她喜欢爬墙？
事实	亚历克斯在游乐场玩，他特别想去坐过山车。过山车只有达到 10 岁才能坐，但亚历克斯只有 9 岁，所以他很伤心。但亚历克斯还是决定加入等过山车的队伍。当他来到售票台准备买票时，售票员说："你好。"亚历克斯对售票员微笑并说："你喜欢我的外套吗？这是我十岁生日时收到的礼物。"	为什么亚历克斯对售票员说他 10 岁生日收到了外套？
	蒂娜的妈妈已经做了特别的晚餐，她让蒂娜下午不要吃任何零食，这样蒂娜在晚饭的时候就会很饿。但蒂娜下午吃了一些炸薯条。到家时她一点也不饿。但当妈妈问起时，她却说："是的，我非常饿。"	为什么蒂娜对妈妈说她很饿？

来源：Copyright 2002 by Robin Banerjee，Reprinted with permission.

第二种支持证据是掌握二阶错误信念和自我表达认知有显著相关。这种相关并不意味着二者的发展要一致。已有研究证明二阶错误信念的掌握先于对自我表达的掌握，一个研究结果表明掌握错误信念是社会认知的必要非充分条件。后续章节还会遇到类似的必要非充分结论。

内藤和塞吉（Naito & Seki，2009）的一个新近研究补充了上述结论。正如班纳吉等人的研究发现，对自我表达行为的理解随年龄增长而提高，儿童时期几乎不能理解，6 岁有较好的表现，8 岁时表现更好。他们同样发现了自我表达和二阶心理理论的正相关。然而在他们的研究中，儿童阶段并没有出现这个正相关，仅在 8 岁时才有。因此才有了这样的结论："直到儿童中期，儿童才能基于不同的推理进行二阶心理理论、理解规则"（p.150）。至于究竟什么是明显的推理以及为什么他们的结果与班纳吉的结果不同，至今仍然是一个有待解决的问题。

目前讨论的所有问题都有典型的发展研究例子。如果二阶心理理论对自我表达如此重要，那么我们可以预期自闭症儿童会比正常儿童发展滞后。事实也的确如此，自闭症儿童比正常儿童更少参与自我表达，在尝试自我表达行为时也表现出更差的技巧性（Barbaro & Dissanayake，2007；Begeer et al.，2008；Scheeren，Bergeer，Banerjee，Terwogt，& Koot，2010）。

对谦虚（modesty）认知的研究（Banerjee，2000）为自我表达（self-presentation）

研究提供了一种很有趣的补充。尽管谦虚和自我表达所要达到的目标是基本相同的(得到他人的积极评价),二者达到目的的策略却截然不同。谦虚需要的是自我否认,自我贬值(self-depreciating)反应("我得奖只是幸运")。和自我表达一样,对谦虚的认知随着年龄增长而提高,谦虚也同样需要二阶心理理论——特别是在班纳吉的失礼故事测验中的表现。

讥讽、隐喻和习语

说谎是儿童的错误陈述中最常见的形式。在这一部分将讨论儿童对其他三种非字面陈述的认知。此处并不回顾这个领域的所有研究[实际上,"隐喻"的研究多到有自己的期刊——《隐喻和象征》(*Metaphor and Symbol*!)],此处更关注的是这些表达类型与二阶心理理论的关系。

首先从讥讽(irony)说起。参考表 6-2 中关于讥讽的例子,理解例子中的讥讽情境需要四个步骤(Filippova & Astington,2008)。

表 6-2 讥讽情境示例

情 境	问题类型	问 题
罗伯特是校足球队的新成员。他加入校队非常兴奋。罗伯特最好的朋友奥利弗也在这个队里。在罗伯特的第一场比赛中,他错失了好几个较简单的进球机会,赛后奥利弗对罗伯特说:"你的确是个伟大的球员!"	理解	1. 罗伯特帮助他的队伍获胜了吗? 2. 奥利弗对罗伯特说了什么?
	含义	3.1 奥利弗是真的想要表达这个意思吗? 3.2 奥利弗真正的意思是什么?
	信念	4. 奥利弗认为罗伯特是一个伟大的球员吗?奥利弗对罗伯特说:"你的确是一个伟大的球员!"
	沟通意图	5. 奥利弗想让罗伯特相信他所说的吗?奥利弗对罗伯特说:"你的确是一个伟大的球员!"
	动机/态度	6. 他为什么要这样说?

来源:Filippova,E.,& Astington,J.W.,*Child development*,79,2008. p. 137. Copyright 2008 by John Wiley & Sons. Reprinted with permission.

第一步和第二步,听者必须认识到陈述是错误的且是故意说错的——说话者不是搞错了,而是有意说一些不合实情的东西。这两步是必要非充分的步骤,因为说谎也满足这两个标准。第三步就是理解这种表达背后的沟通意图——说话者试图通过信息传达什么。在这一步时说谎和讥讽就有区别了,说谎者试图灌输一种错误信念，而讥讽者试图传达对当下所讨论的行为的某种意见。第四步就是理解这种观点的本质或说话者的态度。在某些情况下说话者的态度是积极的，用讥讽来传达一种幽默的褒奖。这种情况的确可能出现。例如，如果罗伯特已经赢得了比赛，奥利弗对他说"表现真烂，罗伯特!"在多数情况下，说话者的态度是消极的或批评性的，这经常是明显的嘲讽而不只是讥笑。很显然，这就是在表 6-2 中罗伯特—奥利弗的例子。

掌握讥讽的细微差别是一个多因素的能力并且是一个长期的过程，某些元素在 5 岁或 6 岁孩子的身上就表现出来了，但另一些元素直到青少年或成年也没有出现(Pexman & Glenwright，2007)。如前所示，在这里集中讨论二阶心理理论的作用。这在菲利波夫和奥斯汀顿(2008)模型的第三步中变得非常必要。根据他们的分析，儿童要理解讥讽，必须认识到 A 试图给 B 创造一种心理情境——这就必须要理解二阶心理理论意图。二阶心理理论任务中的表现与成功理解讥讽有关 (Filippova & Astington，2008；Nilsen，Glenwright，& Huyder，2011；Winner & Leekam，1991)。这种关系已经在理解二阶意图、理解二阶错误信念和失礼故事测量的复合指数中体现出来了。

此外，有关自闭症的研究再次证明了二阶心理理论的重要性。自闭症群体在讥讽认知上落后于正常发展的群体。且在自闭症群体内部，掌握了二阶错误信念的人在讥讽认知上表现得更为成功(Happé，1993)。前面谈过的一点也可作为证据，即自闭症儿童身上的这种成功表现可能是基于某种与正常发展不同的内部过程(Pexman et al.，2011)。

人们普遍认可讥讽需要二阶心理理论知识(在众多其他过程中)，而对于理解隐喻的看法，就没有这么高的一致性了。设想一个儿童听到这样的话："朱利安躲在树后面一动不动，他就是一座雕塑。"需要什么必要的心理理论技能才能正确理解这种隐喻呢?

正如其他非字面陈述，理解某些一阶意图的最低要求，就是能理解说话者想要传达不同于言语表达出来的意思。哈普(1993，1995b)认为一阶心理理论技能不仅是必要条件也是充分条件。理论上，她的观点基于一种语用学理论(Sperber & Wilson，1995)。她说(简要概括)隐喻是一种描述的言论，仅需要掌握说话者沟通意图的知识；而讥讽是一种互动言论，需要认识到说话者想要分享某种观点，并以此影响其他人的心理状态。实际上，她报告了缺乏一阶错误信念的自闭症个体在隐喻上表现糟糕，但掌握了一阶错误信念或一二阶均掌握了的个体的表现要好一些。在这个方面隐喻与讥讽不同，因为仅有二阶错误信念掌握组才表现出对讥讽的理解。成人精神分裂症研究中也有一个相似的隐喻—讥讽比较结果(Langdon，Davies，& Coltheart，2002)。

通常，深入研究就会让问题复杂化。诺布利（Norbury，2005）同样以自闭症样本进行研究，结果发现只有通过了二阶错误信念任务的被试才能成功理解隐喻。目前出现不同结果的原因还不清楚。假设其他因素（特别是必需的语义知识）存在，二阶心理理论可能有助于理解隐喻，因为它使儿童对不同意义的可能性更敏感，但这不是必需的。对正常发展样本的研究有可能帮助解决这一分歧。

最后关注对习语（idiom）的理解。习语有两种形式，在所谓的可分解的（decomposable）习语中，其组成元素至少有一些词语的含义就是其字面含义。字面阅读能为理解这个习语提供某些线索。例如，"她在演戏"或"他在发号施令"。

赛里斯和利素恩－百苏奥（Caillies & LeSourn-Bissaoui，2008）发现了两个关于习语的主要研究结果。首先，5 岁到 7 岁的被试认为不可分解的习语比可分解的习语更难。其次，二阶错误信念知识和对不可分解习语的理解呈显著正相关，而与可分解习语则没有这种相关。后面的结果与研究者的预期相反：可分解习语有多种解释，而不可分解的习语则并非如此。在某种程度上，二阶错误信念任务的成功的确与理解习语相关，这可能与隐喻中提到的一样：这种成功可能是某种能力的里程碑，这种能力用于进行即时解释并思考其反面。就像隐喻研究一样，习语研究还有待深入。

社 会 结 果

很明显，说谎是一种社会行为，善意的谎言和社会表达谎言有特定的社会结果。本部分将在更广的层面上讨论这些社会结果。这些讨论可以分为几个类别，首先从情绪理解开始。

情 绪

社会情绪是指尴尬、羞耻和骄傲等情绪体验——这些情绪依赖于他人对自身特征或行为的实际或预期反应。这与自我表达密不可分，许多自我表达行为的目的就是将社会情绪的消极影响最小化（如当没有人知道我哭过，我将不会感到尴尬），并将积极影响最大化。

马克·班尼特（Bennett & Gillingham，1991；Bennett & Matthews，2000）曾说过在某些情况下，社会情绪需要二阶心理理论能力。其中，"某些情况"的量化是很重要的。尽管学步儿童可能在某些简单情境中表现出羞耻或骄傲（Stipek, Recchia, & McClintic，1992），且 5 岁儿童可以准确判断故事中他人的反应会引发不同社会情绪，然而试想一下，如果他人没有表现外显行为时会怎么样。根据班尼特的观点，二阶心理理论知识此时就要起作用了。例如，在面对失败时感到尴尬，要想产生这样的情绪，一个没有经过社会反馈指导的儿童需要预期他人将如何反应（他们会认为我想……）——换句话说，儿童必须掌握二阶心理理论推理。

正如在其他发展研究中看到的那些证据，有两种形式的证据支持这种观点。首先，在学龄阶段，对社会情绪的理解随年龄增长而提高。其次，二阶错误信念任务表现与社会情绪理解能力呈正相关，且这种相关不只存在于正常发展的儿童中，同样存在于自闭症儿童中（Hillier & Alinson，2002）。然而有趣的是，在班尼特和马修斯（2000）的研究中，错误信念只和那些由社会习俗冲突（如穿睡衣去学校）引起的情绪有关，而与基于违反道德（如偷东西）的情绪体验无关。这种差异（正如所预期的）可用一种假定的差异来解释，即家长社会化练习的差异：如果强调道德规则就会将重点放在他人身上，如果强调社会习俗则会将重点放在自己身上。

最常见的社会情绪是社会焦虑：一种在社会情境下或仅在应对社会互动时产生的宽泛的焦虑倾向性。到达一定程度后，这种焦虑反应会导致一种临床综合征——社会焦虑症。和其他情绪一样，社会焦虑也与自我表达有关：高社会焦虑的儿童比低社会焦虑儿童进行更多的自我表达努力（Banerjee & Watling，2010）。并且，高焦虑儿童在区分不同听众上的技巧更少，即不能根据不同听众适当地进行修正、有区别的自我表达。结果就是这种努力很少成功，这反过来又增加了儿童的社会焦虑。

社会焦虑与二阶心理理论知识也有关吗？这个问题的答案取决于考察二阶心理理论的任务类型。班纳吉和亨德森（Henderson，2001）未发现二阶错误信念知识与社会焦虑水平有关，相反，失礼故事测验中的低分数与高焦虑水平相关。结论来自于，有社会焦虑的儿童不具有普遍的高级递归推理（recursive reasoning）能力（体现在其错误信念表现上）。然而，他们的确难以"理解社会情境下的情绪、意图和信念的关系"（p. 558）——失礼故事测验中测得的各种技能的缺失。

在某些情境下，情绪体验不仅仅依赖于某种结果，还依赖于对结果的了解可能有所不同。在一般情况下得到 5 美元可能是一种积极体验，但当个体期待得到 20 美元时就会变成一种失望体验。丢失 5 美元可能是一件负面事件，但是当可能会丢掉 20 美元时，只丢掉 5 美元，则会庆幸。失望或庆幸等可以反转的情绪被称为反事实情绪（counterfactual emotions）。

迄今为止，只有一个研究考察了二阶心理理论推理对理解反事实情绪的可能影响（Ferrell, Guttentag, & Gredlein，2009）。就像前面回顾的一些研究，这些研究里的二阶心理理论成分似乎主要包含于对高级认知的一般测量中，但没有任何强有力的理论基础。在任何情况下，相关都是有限的。在二阶错误信念任务中的表现与对反事实情绪的理解呈中度正相关。这种相关在控制年龄后仍显著，但当同时控制言语能力和短时记忆后，相关不再显著。

同伴和兄弟姐妹关系

社会情绪的研究强调同伴互动背景下的情绪。本部分将讨论同伴关系，还有更普遍的兄弟姐妹关系。

正如第二章中提到的，一阶心理理论的研究结果已经证明了心理理论认知和儿童与其同伴关系的各方面都存在联系。这类研究补充了长期以来大量有关认知因素对同伴互动的直接作用的研究结果（Rubin，Bukowski，& Parker，2006）。目前的问题是二阶心理理论知识是否也会影响同伴关系。相关研究可以分为两类：关注儿童在同伴群体中成就的研究和那些测量儿童给其同伴带来的社会技能的研究。

最常用的测量个体在同伴群体中的社会成就的方法是社会测量法（sociometric approach），即让儿童评估哪个儿童在其群体中更受欢迎或更不受欢迎。已有四个研究探索了二阶心理理论知识和儿童的社会测量地位（sociometric status）的可能关系，尽管不同的研究用于测量二阶心理理论能力的方法不同，所得结果也不尽相同（Banerjee & Watling，2005；Bosacki & Astington，1999；Hoglund，Lalonde，& Leadbeater，2008；Jingxin，Wenxin，& Li，2005）。在班纳吉和沃特林（Waltling，2005）的研究中，失礼故事测验里相对较差的表现与同伴拒绝（最消极的社会矩阵分类）和矛盾型（controversial）社会测量（用于既收到积极又收到消极评价的儿童）有关。在景新等人（2005）的研究表明二阶错误信念理解与从同伴中得到的积极评价相关，该研究的样本来自中国内地（一个少有的非西方文献）。奇怪的是，这个效应只存在于 40 个月到 79 个月大的被试样本。在博萨茨基和奥斯汀顿（1999）的研究中，前青春期心理理论测量中相对较好的表现能预测同伴的积极评价。最后，在霍格伦等人（Hoglund et al.，2008）的研究中，对解释多样性的理解与同伴拒绝和同伴忽略呈现出边缘负相关，然而将其他因素考虑进来后，这种相关再一次消失了。

班纳吉及其团队最新的研究报告（Banerjee，Watling，& Caputi）为这个领域提供了一些有价值的纵向研究信息，他们对班纳吉和沃特林（2005）的原始样本进行了一至两年的追踪。一个发现是：失礼故事测验中的个体差异随时间变化而保持稳定（相关系数在 0.5 左右）。由于纵向研究比较少见，这个发现很新奇。关于同伴关系，这个纵向数据表明心理理论理解和在同伴群体中的成就有双向关系。因此，该项目中长达五年的部分纵向追踪结果表明个体早期心理理论理解能够预测晚期的社会成就，而另一部分结果表明个体早期同伴关系能预测后续的心理理论表现。这个双向结论可能是本部分讨论的一个重要结论——的确，正如我们在第二章中所见的，这与一阶心理理论研究结果一致。

如果二阶心理理论能力与社会地位有关，可能是由于儿童的心理理论能力可以帮助他们以一种有效的方式与同伴相处。大量研究支持了这个假设。班纳吉和亨德森（2001）报告了教师对社会技能的评估与一个复合心理理论分数有正相关，这个复合分数是基于失礼故事测验和自我表达理解测验而得到的。利德尔和奈特（2006）的研究表明在高水平推理问题中的表现（示例见表 4-5）与教师对 10 岁和 11 岁儿童的社会表现的评估成绩有"本质相关"（substantial correlation）（尽管奇怪的是没有报告实际相关）。在博萨茨基和奥斯汀顿（1999）的研究中，前青春期的心理理论的测量表现与儿童对同伴的社会交往能力的评价有正相关，但在教师评定中没有发现相关。最后，班纳吉团队最近的一个的纵向研究（Caputi, Lecce, Pagnin, & Banerjee, 2012）提供了一些证据，说明社会行为能够调节跨时间的心理理论理解（对一阶和二阶心理理论的复合测量）和与同伴成功相处的相关关系。

那么，兄弟姐妹关系呢？瑞奇亚和豪依（Recchia & Howe, 2009）的研究关注至少有两个孩子的父母：兄弟姐妹如何解决冲突？这个研究考察了两种可能解决冲突的心理理论因素：二阶错误信念和第五章中提到的罗斯等人（2005）提出的冲突解释方式（conflict-interpretation measure）。后者在内容上与兄弟姐妹冲突目标一致，因此其更可能预测儿童的冲突解决策略。尽管没有非常有预测力的认知测量方法，还是有研究证明了这个预期。实际上，年幼的兄弟姐妹对错误信念的理解与结构化解决策略之间存在负相关，即儿童的心理理论能力有时候可能会导致消极后果（后续将简短回顾这种可能性）。冲突解释方式中的表现的确按照预期的方式与积极的冲突解决策略相关——但是这个结果主要出现在兄弟姐妹关系质量很高的情况中。而且正如所预期的，关系质量是冲突解决最好的预测变量。

道德推理

从定义上，道德推理包含了道德的认知方面，尝试将道德和认知发展联系起来在皮亚杰流派中有很长的研究历史。探索其与心理理论的联系则是较新的研究，且较为有限（Baird & Sokol, 2004）。目前多数研究集中于一阶心理理论能力。例如，贝尔德和奥斯汀顿（2004）的研究表明，对一阶错误信念任务的理解预测了儿童在判断某种行为的道德性时对动机的考虑。其他研究（Dunn, Cutting, & Demetriou, 2000）同样证明了一阶心理理论能力与道德推理诸多方面的关系。

二阶心理理论能力什么时候重要呢？第三章中讨论的史维瑞克和莫瑞（2007）的研究提供了一个例子。有时道德推理任务在评估他人道德时也有意义。例如，为什么妈妈对哥哥的行为感到生气，或为什么教师要惩罚一组学生。完成这些任务需要考虑 A 对 B 的心理状态是怎样的。例如，妈妈认为他不该故意这样做；教师认为她们不想学习。史维瑞克和莫瑞的研究证明了 5 岁儿童既能判断他人意图也能用这种判断预测对他人的道德评估。同样如他们所预期的，他们还发现，这种思考能力随着儿童年龄增长而提高。

当评价与 A、B 有关的行为时，需要更深入的二阶心理理论推理，这时需要考虑 A 认为 B 知道或相信什么。尼克拉和佩尔纳(1987)的研究中使用的任务是要被试判断交通事故的责任。这个交通事故中，当汽车司机(B)开门的时候，骑自行车的人(A)撞上了车门。在某些情境下 B 知道 A 正在接近，在另一种情境下 B 并不知道；相似的，在一种情境下 A 相信 B 已经看见了她，在另一种情境下 A 相信 B 没有看见她。其结果主要有三点：首先，6 岁儿童(测试中最小的年龄组)在 A 误会了 B 的情境下表现出了一些判断二阶错误信念的能力，到 9 岁时，儿童在二阶错误信念任务中的表现接近完美。其次，7 岁儿童对事故责任的感性判断说明他们成功使用了信念归因。在 A 认为 B 已经看见自己的情况下，儿童认为 A 的责任相对较小。最后，对责任进行适当归因的能力滞后于判断二阶信念的能力，可见在前述的许多发展过程中都存在必要但不充分的模式。尽管在时间表上略有延后，哈雅士(2007a)对日本人的研究也发现了相似的结果。

在某些情况下，由于 A 的行为造成了 B 的信念，我们可以推测 A 对 B 的信念的知识。这种情况出现在有承诺的情境中，A 承诺了一种原型化的二阶心理理论情境：如果 A 对 B 许下承诺，然后 A 会认为 B 认为 A 将履行这一承诺。两个研究从承诺的角度考察了儿童对道德承诺的理解(Maas, 2008；Mant & Perner, 1988)。儿童能认识到承诺和谎言的区别不在于最终的行为而在于陈述目的的真实性吗？他们是否能认识到如果其他人寄希望于某个行为，而该行为失败了更应该受到谴责？他们能否认识到，相对于不可控的失败，在行为者控制下的行为失败更应受到谴责。

两项研究[4 岁(Maas, 2008)；5 岁(Mant & Perner, 1988)]都发现年龄最小的儿童不能进行上述区分。这种能力在学龄阶段才开始发展，马斯(Maas)的研究还发现这种能力与二阶错误信念任务的表现有关。此外，即使年龄最大的儿童也存在明显的语言困难。例如，一些 9 岁儿童在判断故意行为失败是否应受到谴责时，没有考虑当事人的动机，他们不会考虑当事人是否期待行为发生。很明显，儿童不能考虑 A 对 B 的信念的信念。

到此为止，本部分讨论的所有研究都是将二阶错误信念任务作为一个相关因素。有两个尝试来将钱德勒概念(对一个情境做出多种解释)与儿童道德推理联系起来。第一个尝试来源于钱德勒及其研究组的观点(Chandler, Sokol, & Hallett, 2001)，他们呈现了一个潘奇和朱迪的表演。在这个表演中潘奇将一个盒子扔到了屋顶上，他不知道朱迪在盒子里。因此他施加这种伤害时不是有意的，但这个行为发生在两种可能的情境下。在一种情境下，潘奇没有意识到朱迪掉进了箱子里，因此他有个错误的信念就是箱子是空的。在另一种情境中，潘奇知道朱迪在两个箱子中的其中一个里，但错误地理解了朱迪提供的关于那个箱子的模糊信息（朱迪喊道"检查绿色的那个'一'"，意思是她在一个用绿色写的"一"字的箱子里，潘奇却认为她在那个绿色箱子里）。儿童的任务就是判断是否该惩罚潘奇的行为。对于还没有掌握情境解释多样性的个体，他们认为两种行为都应该受到同样的惩罚。对于理解了情境解释多样性的个体，他们的表现则和作为对照组的成人一样好——他们不再认为应该对两种行为进行同等处罚，他们认为潘奇在困惑时的行为应该比在完全无知的情况下受到的惩罚更大。当他们拥有结构化的心理理论时，才能接纳对模糊信息解释的多样性，才能很快知道潘奇做出的行为是因为他的理解和我们的理解不一样，并能通过一两个可能性而快速做出惩罚决定。

另一个与认知道德判断多样性相关的尝试没有达到预期的效果。马尔蒂及其团队（Malti，Gasser，& Gutzwiller-Helfenfinger，2010）发现两套测试结果没有显著正相关，而是显著负相关——儿童对情境解释多样性的理解水平越高，道德推理得分相对更低。他们认为他们的测量非常适合测查儿童道德推理的早期发展情况，且儿童在掌握情境解释多样性之前就可顺利完成这种推理任务，但是仍然无法解释负相关的结果。

消极影响：欺负行为，权术主义，戏弄

当然消极影响也是社会发展研究的一部分——不是每个人都受欢迎，也不是每个人都能将情绪控制在一定范围内，不是每个人都表现出高水平的道德推理。且正如我们所见，心理理论，包括二阶心理理论，对这些结果都有影响，即心理理论能力相对较低的儿童更容易出现较多发展问题。

许多研究受到这个观点的启发，接下来将对这些研究进行讨论。高水平心理理论有时也可能会产生消极影响，在某些情况下儿童使用心理理论技能是为了达到有害的目的，而不是有益的目的。就像我们将要看到的，伴随着大量不确定性和矛盾，仍然有证据支持这种可能性。

在有害使用（maleficent-use）假设的研究主题中，欺负行为（bullying）是被探讨得最多的。起点始于萨顿及其团队的研究（Sutton，Smith，& Swettenham，1999a，1999b）。同时期，许多对欺负概念的描述认为欺负行为是因为缺少社会认知技能——"身体上强大，但理智比较落后薄弱，他们在互动中常使用暴力和冲动行为，多数情况是因为他们不知道解决问题的其他方法"（Sutton et al.，1999a，p. 118）。萨顿及其团队用三种证据来反驳这个认知缺陷欺负（cognitive inept bully）模型。

　　第一个证据关注的是支持这个模型的证据。许多证据都来自于著名的道奇和克里克的研究(Crick & Dodge, 1994；Dodge & Crick, 1990)，这个研究清楚地说明了多种认知偏差和扭曲都可以导致儿童的攻击行为。然而鲜有研究关注欺负行为。此外，此研究更关注被动的或报复性攻击而不是更为主动的攻击形式，即欺负行为。

　　第二个证据关注对欺负过程中发生事情的分析。许多欺负情境，尤其是言语攻击或有言语成分的攻击行为，几乎看起来是权力的无意识表达。欺负者可能擅长识别和利用被欺负者的弱点。此外，欺负通常发生在群体背景下，且欺负者可能以多种方式欺负当时的受众。所以我们难以了解他们在没有具备阅读技能和操作他人心理状态技能的情况下是如何如此有效地实施欺负行为的。

　　第三个证据是实证性的。萨顿等人(1999b)评估了一组7岁到10岁儿童的心理理论(使用改编的陌生故事)，实验要求他们描述欺负场景中所有角色的心理理论水平。具体来说，这些角色包括了欺负者、协助者(协助欺负的儿童)、强化者(其反应强化了儿童的欺负行为)、受害者、反抗者(试图帮助受害者的儿童)和观众。结果，欺负者不仅没有表现出认知缺陷，他们的心理理论得分反而是群体中最高的。

　　除了一个特例，后续研究没有重复认知优势欺负行为(cognitively superior bully)这个结果。然而其他研究确实支持了欺负者不一定有认知缺陷的结论。基尼(Gini, 2006)考察了相同的六组人且使用了与萨顿等人(1999b)相同的心理理论测量。结果发现欺负者的心理理论水平和其他群体没有差异。加塞尔和克勒(Gasser & Keller, 2009)考察了四组人的二阶错误信念：欺负者，受害者，欺负—受害者(同时扮演两种角色的儿童)以及被认定为高亲社会性的个体。欺负—受害者表现最差，但欺负者和其他群体差不多，甚至与高亲社会性的儿童也没有差别。卡若维塔、狄·布拉西奥和塞米瓦利(Caravita, Di Blasio, & Salmivalli, 2010)同样使用改编的陌生故事，报告了心理理论水平和男孩欺负行为的正相关，而女孩则没有这种相关。但不管是男孩还是女孩，心理理论水平与反抗角色的参与有正相关。最后，萨顿及其团队(Sutton, Reeves, & Keogh, 2000)关注破坏性行为而不是欺负行为本身，发现这种行为和解读眼测试的表现没有关系。

　　如果欺负者与其他儿童在认知技能上没有区别(至少在某种心理理论测量结果上不存在差别)，那么为什么他们的行为与其他人不同？结果应该是他们在那些抑制攻击行为产生的因素上——同情他人或高级道德推理——表现得相对较差。实际上，正如研究中指出的那样。在基尼(2006)的研究中，欺负者在道德分离(moral disengagement)测验中的得分很高。在加塞尔和克勒(2009)的研究中，欺负者的道德动机得分很低(此处的简要论述忽视了这些文献中的不确定性和争议点，更深入的讨论请看Arsenio & Lemerise, 2001；Crick & Dodge, 1999)。

　　下面将转入权术主义(Machiavellianism)的内容。权术主义是少数取自人名的心理学术语之一，这个人是意大利哲学家马基雅维利（Machiavelli），且这个术语指的是一种人格类型，这种人格类型是马基雅维利在其著作《君主论》（*The Prince*）中描述的：有自我兴趣、狡猾的、好指使人的。具有欺骗性，简言之就是不择手段地达到某种目的（ends-justifies-the-means）的生活方法。自 20 世纪 60 年代理查德·克劳斯蒂（Christie & Geis，1970）提出这个术语以来，至少有两千项成人人格研究探讨过权术主义（Jones & Paulhus，2009）。

儿童时期能够识别出权术主义吗？如果能，怎样识别？表 6-3 列举了一种方法，一种称为儿童马赫（Kiddie Mach）的测验。这个表格列出了一些反应，然而你可能受到表格左边的内容的影响，填入加号或自己乱用。

表 6-3   儿童马赫测验

项目数字	陈　述
+1	不要告诉任何人你为什么要做某事，除非这样做对你有帮助
−2	大多数人是好人，是善良的
+3	与人相处的最好方法就是和他们谈论能让他们高兴的事情
−4	你应当只做你确认是对的事情
+5	最聪明的想法是相信所有人在他们面对机会时将是小气的
−6	不管在什么情况下，你应该总保持诚实
+7	有时，当你想要得到某些东西的时候，你得伤害其他人
+8	大多数人不会努力工作，除非你要求他们那样做
−9	平凡和诚实比出名和不诚实要好
−10	告诉别人你为什么需要他的帮助比编一个故事让他去做更好
−11	成功的人大多数是诚实和善良的
+12	任何完全相信他人的人都是在自找麻烦
+13	罪犯和普通人是一样的，除了他傻到被抓住
−14	大多数人是勇敢的
+15	向重要的人示好是一个聪明的做法，即便你不是真的喜欢他们
−16	每种方法可能是好的
−17	大多数人不会轻易被愚弄
+18	有时候，为了得到你想要的，你需要小小的欺骗
−19	说谎永远都不对
+20	丢失金钱比丢失一个朋友更让人受伤

来源：Christie，R.，& Geis，F. L.，*Studies in Machiavellianism*，New York，Academic Press，1970，p. 327. Copyright 1970 by Susan Nachamie. with permisison.

采用儿童马赫测验的一个发现是，似乎确实存在儿童型权术主义。因此，这个测试不仅指出了儿童的个体差异，同时指出这些差异以更理性的方式与那些可以通过权术主义人格预测的行为有关（如低水平的亲社会行为和高水平的攻击行为）。的确，教师报告测量中也收集到一些证据，至少可以在学前期就识别出早期的权术主义表现者（Repacholi, Slaughter, Pritchard, & Gibbs, 2003）。

权术主义被认为与心理理论有一定的关系，即理解和操作心理状态的能力似乎是一个权术主义者拥有的核心能力。因此，可以问这样一个问题，标准心理理论测量与是否为权术主义者有没有关系。不管对成人（Paal & Bereczkie, 2007）还是儿童，大部分情况下的答案是否定的。两个针对学前儿童的研究没有发现权术主义（由教师评估）和一阶错误信念的关系（Repacholi et al., 2003；Slaughter, 2011）。斯劳特（Slaughter）的文章报告了 9 岁和 13 岁儿童在陌生故事测验中的表现。陌生故事得分与其所用的两个权术主义量表的得分没有关系。最后，巴罗、昆特和塞浦路斯（Barlow, Qualter, & Stylianou, 2010）发现女孩的权术主义测验得分和失礼故事测验得分之间存在相关，而男孩不存在相关，然而这个相关是负向的。

欺负者和权术主义者的研究似乎得出了一些相同的一般性结论，即存在欺负行为和权术主义的儿童和其他儿童的心理理论水平没有差异，但他们在如何使用心理理论上有差异。这个结论来源于文献中使用的心理理论任务的量化结果（错误信念测验、陌生故事测验、失礼故事测验），但这些任务都没有很好地揭示儿童心理理论的差异（Ronald, Viding, Happé, & Plomin, 2006）。从这一点上说，这个结论是推论出来的而不是直接测量的。

相比前面的内容最后要讨论的内容较为积极。戏弄（teasing）固然是消极的，但它也可以是有感情的，且在本质上主要是积极的。一般来说，随着儿童年龄增长戏弄他人的儿童会越来越积极和亲社会（Heerey, Capps, Keltner, & Kring, 2005）。

不管其效价如何，戏弄的含义并非像其字面意思表达的那样，且制造和理解戏弄行为都需要谈话者互相考虑对方的心理状态。海瑞及其团队（Heerey et al., 2005）所做的一个研究提供了两种证据，说明心理理论在戏弄中所起的作用。首先，自闭症儿童在制造和理解戏弄行为上比正常儿童的发展都滞后；其次，两组儿童的心理理论水平的差异（用陌生故事测验测得）能解释大部分戏弄测验中的组间差异。

其他社会结果

宜人性（agreeableness）是大五人格量表的一个维度，该量表的维度由科斯塔和麦克雷（Costa & McCrae, 1992）制定，过去的 20 年中有大量的相关研究。宜人性是一种高温暖水平、友好、利他同时低动怒和低攻击水平的人格特征。下面这些表述可以作为其操作定义："我相信大多数人是好心的"和"我更愿意和他人合作而不是竞争"。

通过这样的方法进行定义，宜人性听起来应该和洞察力、同理心等能力相联系——与心理理论有关。这正是奈特和利德尔(2008)在大学生研究中的假设。他们通过标准的人格研究方法测查了宜人性，并进行了两个心理理论任务：解读眼测试和一套高水平递归推理任务，这个任务与表4-5中的例子相似。(首先我必须承认我没有完全弄清楚)其假设是，递归推理任务测量的"社会认知"技能与宜人性的相关要比解读眼测试测量的"社会知觉"能力与宜人性的相关更高。但实际结果显示：宜人性与递归推理测验有中度相关，而与解读眼测试没有相关。

接下来要讨论高水平推理任务的预测力，在表4-5中也考察了，本研究采用了18～65岁的成人样本(Stiller & Dunbar，2007)。其感兴趣的内容是被试的社会圈子规模(social clique)，其定义是"个人寻求支持的人数"(p. 97)。结果证明两个测量的结果是相关的：在平均水平上，被试所能达到的推理水平越高，其支持圈子越大。此外，两个测量的均值很相似(递归推理水平平均值是5，支持圈子成员人数的平均值也是5)，这导致了一种猜测，即推理能力限制了圈子规模——"推理能力对最内心的社交圈子(平均5个人)的限制……人们能应对五层意图(如五个人的心理状态)"(p. 101)。接下来将对这个结果进行进一步分析，尽管还有一个很明显的问题尚未解决，即在何种情况下我们需要同时推理5个人的心理状态。

认 知 结 果

从证据中推理

尽管佩尔纳和韦默(1985)在对二阶错误信念影响的讨论中提到的是"其他社会领域"，但他们提供的具体例子却是认知的：儿童理解皮亚杰式评估中经典问题的能力。他们普遍关注儿童对一个问题的解释(如"你为什么这样想")，这个问题通常是在儿童对某具体任务(如守恒任务)进行判断之后。根据佩尔纳和韦默的研究，儿童为了能做出适当回答，必须要认识到问题的关键不是了解现象本身(如数量是守恒的)，而是要了解对这个现象的想法。佩尔纳和韦默认为不能理解"二阶认知意图"(second-order epistemic intention)可能是六七岁之前儿童无法完成皮亚杰任务的一个原因。

没有人继续研究这个具体假设，但奥斯汀顿、佩尔蒂埃和荷马(2002)研究了儿童区分"导致结果的原因"和"相信结果的理由"的能力(还可参见 Kuhn & Pearsall，2000)。5岁到7岁的儿童听到一个如表6-4所呈现的情境，然后问他们一些与导致结果的原因和萨利信念的证据有关的问题。研究已经证明对于儿童来讲，原因问题比证据问题更简单。许多儿童能指出泼水是导致地板打湿的原因，但会对"萨利如何知道?"的问题给出相同的答案。这可以得出一个更深层次的结论，二阶错误信念任务的表现对证据问题的表现有显著的预测作用。

表 6-4　考察儿童证据理解中所用到的情境示例

情　境	问题类型	问　题
这个故事是关于弗兰克和他的妹妹萨利的。这是弗兰克，这是萨利。有一天早上，弗兰克给小猫取水。他将水泼到了地板上。水很多而且地板弄得很湿。弗兰克去他的朋友家玩了。萨利在楼上，她没有看见弗兰克泼水的过程。过了一小会儿，萨利下楼了。她没有看见地上的水就直接走了过去! 地板很湿，她的脚也全被打湿了。	原因	为什么地板是湿的?
	证据	萨利如何知道了地板是湿的?
	控制/原因	弗兰克在给猫取水时做了什么?
	控制/证据	萨利知道弗兰克做了什么吗?

来源: Astington, J. , Pelletier, J. , & Homer, B. , *New ideas in Psychology*, 20, 2002. p. 143. Copyright 2002 by Elsevier. Reprinted with permission.

为什么儿童从解释结果的原因中区分出一个信念的证据存在困难? 根据奥斯汀顿及其团队的分析，这种区分需要二阶理解能力。以他们的话来说: "为了理解原因，个体需要表征二阶错误信念，因为原因也是一种信念，提供了对其他信念的证据"(p. 134)。因此在萨利的情境中，儿童需要认识到问题的关键不是了解他们自己对地板如何打湿的思考，而是要了解萨利的思考——因此萨利的信念是他们信念的证据。

在此要补充两点。第一点是回答"为什么 X 认为……"类的问题不总是依赖于二阶能力。即便是 4 岁儿童也能对他们的一阶判断做出合理的解释——这能解释为什么麦克斯认为巧克力在绿色柜子里。然而在一阶情况下，信念(绿色柜子)和结果(蓝色柜子)有偏离，因此这时就不可能有结果和证据的混淆，且没有必要用二阶推理对二者进行区分。

第二点同样适用于本章其他相关内容。尽管理论分析已充分说明了二阶错误信念理解的重要性，但有时还是不清楚为什么要将研究焦点集中在二阶错误信念上。在证据中推理(reasoning-from-evidence)的例子中需要理解一个真正的信念。同样，在大多数社会情绪的情况下，听众的真实信念是争论点。对错误信念的掌握可以作为一种预测指标——表明儿童已经开始发展二阶心理理论能力的一个清晰指标(比任何真实信念测量都更清晰)。

记 忆

我们考察了三种与二阶能力有关的记忆形式。其中两种记忆形式的研究都聚焦于自闭症儿童和正常发展个体的差异上。

正如小标题所示，术语"自我参照记忆"（self-referenced memory）是涉及自我的记忆。从基本记忆文献中所知的一个一般结论就是个体会优先记忆与自我相关的内容（如描述自我的词与描述他人的词语）。如果自闭症群体的心理困难不仅表现在理解他人想法上，也表现在理解有关自我的想法上（这个问题也存在一些分歧，见 Hobson & Bowler, 2010），那么在自闭症样本中这个自我参照的记忆效应（memory effect）就会减小。已经有两个研究证明了这种可能性，一个是对儿童的研究（Henderson et al., 2009），一个是对成人的研究（Lombardo, Barnes, Wheel-wright, & Baron-Cohen, 2007）。此外，这两个研究都发现了解读眼测试和自我参照记忆的正相关，尽管在亨德森等人的研究中这种关系只存在于自闭症样本中，后者则同样报告了记忆测量和陌生故事测验没有相关。

另一个记忆文献同样是有关自我的。事件记忆（event memory）是对组成熟悉事件的典型行为顺序的记忆。通常的儿童研究例子包括在饭店就餐，制作饼干和参加生日聚会等。我们有两个理由认为自闭症个体可能在这类关于行为的记忆中存在缺陷。首先，事件记忆的多数内容在本质上都是社会性的——谁参与了这个事件，谁做了什么。如果自闭症样本对人的兴趣减弱，那么学习社会事件结构的机会也会减少。其次，儿童巩固和记忆熟悉经历的背景本身也是社会性的。例如，假装游戏，和家庭成员对话。自闭症的儿童对这种记忆保持的经验比正常发展的儿童要少。

自闭症群体的事件记忆实际上也有所削弱（Loth, Gomez, & Happé, 2008; Loth, Happé, & Gomez, 2010; Trillingsgaard, 1999）。此外，削弱程度和心理理论能力有关。那些表现出一些二阶心理理论能力的个体成绩最好，二阶心理理论能力通过陌生故事（Loth et al., 2008, 2010）或二阶错误信念任务测得（Trillings-gaard, 1999）。相反，那些缺乏一阶能力的个体表现出最差的事件记忆。

这部分剩下的内容不是记忆本身而是关于记忆的信念，或所谓的元记忆（metamemory）。洛克尔和施耐德（2007）对 5 岁儿童进行了一系列元记忆测验。这一系列测验包括如何在众多记忆任务中发挥最好表现（如记住执行将来的行为，记住某个物体放错的位置），还有关于记忆变量的效应，如学习时间和计划组织，同样还包括对一阶和二阶错误信念的测量。错误信念测量和元记忆测量出现了显著相关，因此良好的错误信念表现对较好的元记忆有预测作用。不幸的是，使用复合错误信念分数进行分析，意味着不能区分出二阶错误信念理解相对于一阶错误信念理解所提供的特殊作用。从直觉上看，对二阶错误信念任务中他人想法的思考能力和元认知测验相关，毕竟元认知是关于思考的思考。然而这种关系仍需要被证明（尽管心理理论的其他方面已经显示了这种相关——Leche，Zocchi，Pagnin，Palladino，& Taumoepeau，2010）。在下一章中将讨论元认知研究和心理理论研究的普遍相似性。

沟 通

很明显，先前关于有意错误陈述标题下所讨论的研究是在沟通的大主题之下的。这里进一步说三项截然不同的研究也是这个标题下的内容。

迈尔斯和利本（Liben）对儿童在沟通中使用非言语符号的能力感兴趣。尤其是，他们聚焦于两种符号可能存在的差异：形象的和抽象的符号。形象符号与指代物在物理上相似，如一套有关如何操作的图画。相反，抽象符号与要指代的东西没有相似性，这样就是完全任意的，任何词语都可作为抽象符号的例子。尽管在形象符号情境下，物理形象的相似性在某些条件下是有帮助的，但它同样可能会造成误解，因为多数形象都是主观的而不是解释性的。因此重要的是使用这些符号的人不认为接受者仅仅依靠符号就必须达到对意图的完全理解。这个言论应该听起来很熟悉，这是一种对钱德勒（Carpendale & Chandler，1996）解释的多样性这个概念的应用：一个模糊的刺激可能是主观的，可以有两个甚至更多等价的解释。因此迈尔斯和利本预期，在表达形象符号的含义时，掌握了解释的多样性的儿童应该比没有这种理解能力的儿童更成功。他们发现的结果也的确如此。相反，当使用抽象符号时，没有高估接受者理解能力的可能性，儿童在理解多样任务上的表现与沟通中的表现没有关系。

在剩下的两个研究中发现了一些消极的结果，至少与研究的二阶心理理论成分有关。梅因斯及其团队的研究焦点是 8 岁儿童的内部语言（internal state language）过程，即他们的内部语言涉及信念、意图和其他心理状态的频率（Meins，Fernyhough，Johnson，& Lidstone，2006）。这个过程通过两方面内容测量：描述一个朋友和叙述一本文字很少的图画书。研究者预期内部语言的使用与二阶心理理论能力相关，此处的二阶心理理论能力是通过陌生故事测验评估的。这个预期仍然是看似正确，但没有被证实。内部心理状态和二阶心理理论能力之间没有关系。作者描述了一个我们前面已经看到过的必要非充分条件的情况。如果是这样，那么心理理论使包含心理状态的内部语言成为可能，但不能测得这种内部语言频率出现的个体差异。换句话说，"具有心理理论和使用心理理论能力是不同的"（Meins et al.，p. 194）。

最后要讨论的例子还是语言的使用，虽然是在不同的场合。术语"演讲行为"

(speech act)是指语言的实用方面——我们使用语言的所有方面。演讲行为的例子包括声明、提问、许诺、要求、感谢、道歉、赞美和祝贺。演讲行为需要说话者达到使听众产生某种效应的目的，且看起来，他们与心理理论有清晰、必然的联系。然而实践上，在帕特奈克（Patnaik，2006）的研究中没有发现这种关系。这个样本包括 5 岁到 7 岁的印度儿童，用二阶错误信念任务测量二阶心理理论能力，且演讲行为通过一个特定程序来评估，共有前面提到的 8 种类型。

帕特奈克（2006）的研究提出了一个问题——一个重要且较难回答的问题——什么样的心理理论能力在不同的沟通行为中是必需的，讨论部分将再次讨论这个问题。

其他认知结果

本部分加入了两个进一步研究的结果，将其放在一般认知标题下。

正如记忆研究一样，一个关于自闭症的研究激发了第一个研究。自闭症儿童具有的众多认知问题之一是在推理上存在困难，即根据已有信息形成结论，且这个结论高于已有信息（Norbury & Bishop，2002）。沟通的核心问题就是所谓的实用推理（pragmatic inference），即源于沟通中使用的具体语言的推理（如实现、思考、知道和希望表达了说话者不同的心理状态）。利索恩－百苏奥及其团队以正常发展的青少年和有阿斯伯格综合征的青少年为被试，考察了二阶心理理论理解能力（具体来说是在二阶错误信念任务上的表现）在完成这类推理任务中的作用（LeSourn-Bissaoui, Caillies, Gierski, & Motte, 2009）。正如预期的那样，正常发展的样本比阿斯伯格综合征的样本表现更好，而且那些在二阶错误信念任务中成功的被试在进行相关推理时表现更好。

一个最直接的可能应用儿童心理理论能力的情境就是儿童尝试相互学习。例如，同伴指导或合作学习的情境中。预测儿童如何成功地相互学习或共同为某种目标合作时，需要依赖他们能在多大程度上考虑对方的想法，包括 A 儿童思考 B 如何想自己的想法的能力，这样就更有意义了。此外，有一个早就存在的颇具影响力的理论分析，托马塞罗、克鲁格和拉特纳（Tomasello, Kruger, & Ratner, 1993）的文化学习理论（cultural learning theory），这个理论是针对这一争论的。在解释了二阶推理的意义后，他们说明："我们的合作学习（collaborative learning）概念依赖于这种思维，在这种思维中，合作者对我的行为的想法和我对他的行为的想法是以一种整合的形式同时交替影响的。"

迄今为止，相关的研究仍局限于教育一指导互动。近期大量的研究已表明一阶心理理论能力会影响一个儿童指导其他儿童的能力（Davis-Unger & Carlson, 2008；Strauss, Ziv, & Stein, 2002；Ziv, Solomon, & Frye, 2008）。弗莱（2010）的研究证明了二阶心理理论也同样重要。例如，6 岁和 7 岁小助教的任务是教同龄人如何完成一个结构化任务。分配到助教角色的这一半儿童能成功完成两个二阶错误信念任务，而另一半儿童则在两个任务中都失败了。两个助教组在提供的示范或言语指导上没有差异，然而错误信念通过组更有可能提供适合于学习者水平的指令（contingent instruction），并能在学习者行为变化时对指令做出适当的调整。人们普遍认为这种"支架"教学是最有效的教学形式，这也正是心理理论应将重点关注的指导类型。

其 他 结 果

下面总结了一些不能明确归属于前面某个类别的大杂烩式的结论。

这里将要提到的第一个结论在高级心理理论领域是存在争议的。萨巴格和西曼斯（Sabbagh & Seamans，2008）对一个家长样本进行了解读眼测试，同时对这些家长的三岁孩子进行了一系列心理理论测量。两套分数的结果是相关的：平均来说，高级测验中得分较高的家长，其孩子在一阶心理理论测量中的得分也较高。正如萨巴格和西曼斯提到的，有这种相关的基础可能是基因上的：已有研究表明心理理论是适度遗传的（Hughes et al.，2005）。但这种相关性有可能在一定基础上也受到了环境影响：有较高心理理论能力的父母可能对其孩子的相关发展更敏感。这种可能性与第二章中讨论过的儿童心理理论的起源研究一致。如果这种对相关的解释是有价值的，那么这种能力的跨代传递将很可能是高级心理理论研究的重要结论之一。

和上面讨论的研究相反——同样与本章中回顾的所有其他发展研究相反——最后两个需要考虑的结论没有那么重要，但它们是很有趣的。许多研究已经探讨了心理理论与双歧图知觉能力的关系（如表 5-1 中所显示的刺激）。研究者之所以对这种任务感兴趣是因为，这种任务可以作为对事实的同一方面进行多重表征的这种一般能力的指标。尽管结果不是完全一致的，但有研究为这种解释提供了一些支持。高普尼克和罗萨蒂（Gopnik & Rosati，2001）报告，当告知儿童图形存在两种解释后，儿童对一阶错误信念的理解与他们能看到双歧图形的两种解释的能力呈正相关。一个比"告知"更高级的发展就是"自发发现"，即在没有任何启动的前提下看到两种解释。不管是在二阶错误信念理解（Mitroff，Sobel，& Gopnik，2006）还是在陌生故事测验中的表现（Sobel，Gapps，& Gopnik，2005），都已发现这种能力和二阶心理理论能力的相关。

最后要说的就是传染性打呵欠（contagious yawning）。在此方面广受关注的就是情绪感染（emotional contagion）：对我们周边的情绪信息进行编码和模仿的倾向。心理理论会影响我们对他人情绪的敏感性，有三个证据证明心理理论的确能对传染性呵欠起作用。第一，这种行为在 1 岁到 3 岁儿童中鲜有证据，但 4 岁时传染性呵欠频率大量增长(Helt, Eigsti, Synder, & Fein, 2010)。第二，自闭症个体的传染性呵欠水平比正常发展个体更低(Helt et al., 2010; Senju et al., 2007)。第三，成人在失礼故事测验上的表现与传染性呵欠呈正相关(Platek, Critton, Myers, & Gallup, 2003)。

结　论

本章开头引用了佩尔纳和韦默(1995)有关高阶推理重要性的观点。现在还要引用一个佩尔纳单独提出来的观点："人类互动的社会意义依赖于互动参与者的心理状态，尤其是他们的高阶心理状态"(Perner, 1988, p. 271)。

"人类互动的社会意义"是一个很大的目标。以往 20 多年的研究的确做出了重要突破，填补了这个主题下许多发展研究的空白。已有研究已经证明了高阶心理理论能力在社会和认知领域广泛存在的预测效应。虽然这些效应的证据(相关研究、发展比较、组间比较)都未证明存在确切的因果关系，但无论如何，我们将来自不同的研究方法的证据整合，同时结合对高阶认知重要性的理论分析，使确切的因果关系成为可能。

一旦这些证据得到证实，我们就可按照以往研究的惯例，得出标准的"还需更多研究"的结论。在此，提供一些这类研究可以考虑的方向。

第一个显而易见的方向就是对当今研究中已经得出的主要结论进行更多研究。这里有一些相对探究较多的主题，如说谎，然而对于有些主题则缺乏广泛探讨的研究文献，很多主题都只有一两篇文献对其进行了研究，结果造成大量研究只是在验证已有结论。除了简单地重复研究基本问题，深入的研究往往需要进一步考察跨方法和跨样本的普遍性。考虑到已有的往往是必要非充分性的结论，我们除了探究高阶心理理论能力外，还需要去关注其他发展背后的问题。例如，攻击行为这一消极结果，进一步研究需要区分两种可能造成这种个体差异的基础：心理理论本身的差异，还是如何使用心理理论技能的差异。当然，二者可能都有差异，我们现在还不得而知。

第二个对未来研究的展望同样也是显而易见的。虽然本章中回顾的结论是多样的，但很明显没有全面叙述高阶心理理论对儿童社会和认知发展的可能影响。在米勒的文章中(2009)中提出了三个未来可能研究的目标。

第一个目标来自于前面提到的托马塞罗及其团队的研究(Tomasello et al., 1993)，这个目标就是探讨二阶心理理论能力对合作学习的作用。最近弗莱(2010)

的研究在此主题上迈出了重要的一步，尽管他的研究（除了文章标题）只是与辅导有关而并不是真正与合作学习有关。托马塞罗等人的文化学习理论的重点不是单向的知识传递，其重点是两个心灵的互动，试图理解彼此的想法，包括思考自己的想法。这种互动还需要从心理理论的视角去检验。

第二个目标就是要探讨二阶心理理论能力对理解说服信息的可能作用。就像谎言，它是一种以在他人心中植入某种信念为目的的说服信息。在这种情况下个体理解的不是一个错误信念而是一个与说话者一致的信念。为了达成目的，说话者必须考虑听众的初始信念，包括不同听众可能存在的不同信念（如妈妈认为是X，爸爸却认为是Y）。这样做看似需要对信念的一阶认知，凯伦巴奇等人的研究（Bartsch & London，2000；Bartsch，London，& Campbell，2007）事实上也证明了这种阶级任务的表现和理解说服信息的关系，但这些研究也证明了5岁或6岁儿童对说服信息的理解还很不成熟。这种能力的进一步发展似乎部分依赖于对二阶心理状态的理解，包括考虑一个信息接受者如何思考他人想法的能力（"妈妈认为爸爸会想……"）。这样的认知会影响儿童建构说服信息的能力，所以当人们面对他人的说服意图时（"他们想要我这样想……"），对二阶心理状态的认知可能潜藏于其行为背后。这些联系同样有待探索。

第三个目标涉及二阶心理理论能力研究文献结论的广度。正如第二章中所说，已经证明一阶心理理论能力不仅与具体的社会行为有关，同时还是社会胜任力和更广义的社会成功的指标。正如在本章所见，许多有关二阶心理理论能力的研究过于集中在具体的甚至狭窄的研究结论。我们有理由相信佩尔纳的"社会意义"观点，即二阶心理理论能力会影响儿童的社会技能以及他们与成人和同伴关系的成功程度。最重要的是，我们还需要深入挖掘心理理论差异造成的更广泛的影响。

用两个深层的观点来总结这一章：一是在第五章的讨论部分预想过的，另一个观点则是在本章前面简单涉及的。第五章提到的一点是许多心理理论研究聚焦于心理状态归因的情境因素（如信息通道的差异），而对个体决定因素则关注较少（如人们如何使用同一个信息的差异），同样还存在对儿童思维的具体目标的忽视。不管要考察的结论是什么（道德推理、同伴关系等），我们最感兴趣的都是儿童如何思考他们生活中熟悉的人——朋友、家人和教师等的想法并表现出何种行为，但实际上很少有研究涉及。相反，心理理论能力多是通过对假设的故事人物的反应来评估（约翰、玛丽与冰激凌车，奇异故事片段中的被试），而且对这种心理理论的应用也是通过对故事角色的进一步反应来评估的（如道德推理片段的主角）。当然也有例外，至少在结论的最后——儿童社会技能的研究中考察了现实生活中遇到的同伴。除此之外，事实上没有研究考察儿童对不同目标的不同思考能力。

奥康纳和赫斯曼（O'Connor & Hirsch，1999）的研究表明了特定的思考目标可能影响思考结果。他们的研究以青少年为被试（平均年龄13岁），实验任务是对小片段（根据研究目的而创作）进行反应，这些片段是在学校背景下经常发生的教师行为。要求被试对教师行为做出解释，涉及两类教师：他们最喜欢的教师和他们最不喜欢的教师。结果证明，教师类型是非常重要的。对于最喜欢的教师，被试的推理水平显著高于最不喜欢教师的情况。此外，对最不喜欢的教师进行推理的负面偏差（通过不协调和扭曲来显示）比最喜欢的教师更大。

奥康纳和赫斯曼（1999）的研究同样包含了另一个维度。在一半片段中要求"学生"做出推断，在另一半片段中要求"你"，即被试本身做出推断。尽管结果没有达到统计显著性，对最喜欢和最不喜欢教师的推理水平差异在自我情境下比在"学生"条件下更大。因此，在两种参与互动中，被试的角色都是很重要的。

上面提到的结果引发了另一个经典研究的观点。不管是谁在儿童的真实生活中使用心理理论，儿童自身是一个恒定的元素。的确，在大多数有关二阶心理理论的讨论中，儿童自身就是递归链中的一个关键目标。这种讨论聚焦于儿童新发现的参与自我表达行为的能力，或者表达社会情绪的能力，或制造和辨别不同类型的错误陈述的能力。在研究中，有时候确实是儿童自己去做这些事情。例如，在某些关于说谎的研究中（Talwar，Gordon，et al.，2007）还有关于社会情绪的研究（Bennett & Matthews，2000——尽管这个提问情境是假设而不是真实的）。这些将儿童作为目标的研究毕竟还是少数，在大多数研究中，儿童被试都是处于一个被动的、第三者的角色，并对其他人的二阶意图和信念进行判断。这些有关自我的信念和行为究竟是如何与判断良好匹配的，还有待考察。

最后一点表达了一个非常普遍的问题。这一章的主题是用心理理论来解释社会和认知行为，这个问题关注此假设的可检验性。下面从两个不同角度提出此问题。

第一个是心理理论可否在某些情况下（尤其是可用实验检测的情况）起作用。这里再次考虑权术主义。如果对权术主义的定义如下："为了达到自己的目的而操控他人心理状态的能力"，那么心理理论就被直接涵盖在定义中了。同样，考察某种心理理论的特定测量（如二阶错误信念）中存在的个体差异是否能预测权术主义的个体差异也将是一个有趣的问题，然而，一个无效的结果不能更普遍地说明心理理论的细节问题，如另一个例子——讥讽。从定义上说，理解讥讽需要同时理解说话者的意图和态度——简而言之，就是需要心理理论。某些行为，引用早前使用过的短语，就是"行为中的心理理论"。在这些情况下，与心理理论有关的问题就不是是否卷入的问题，而是以什么形式卷入的问题。

第二个在可验证性(testability)方面的问题就是对心理理论范围的解释。佩尔纳(1988)解释过这个问题,他说,如果二阶意图被界定为一个人影响他人信念的意图,那么事实上,任何沟通行为都能这样界定。因此,学步儿童说"果汁"也可以被看作一种向其母亲植入某种信念的意图行为。显然,没有人想要涵盖学步儿童的这种行为。问题就是我们怎样去避免类似的问题?佩尔纳的回答(Patnaik,2006;Tomasello,2008)是约定的沟通习俗——儿童从学习语言开始而社会化的习俗——在大量的沟通中去掉了对各类心理分析的需求,包括那些在儿童早期发现的需求。注意,这个论证在本章前面已经用于解释善意谎言和误导表情图片当中了。

佩尔纳(1988)的言论在"果汁"情境中似乎是合理的,但在更多的情况下,它引发了怀疑论者对行为的心理状态解释的不确定性。如果缺乏假设心理支柱的早期行为(如早期谎言和表情图片)能用一些简单的、低级基础去解释的话,那么很难去研究,或者至少有些人会争论说心理状态的地位如何,甚至有人会证明这种地位是错误的。对于那些希望看到更多有关这个论点内容,且用更批判的眼光来看待心理理论有关内容的人来说,第二章提到的两个资料(Lendar & Costal,2009;Leudar et al.,2004)提供了更多内容。

第七章

历 史 联 系

——心理理论之前的故事

本章的目标是对过去 60 多年中，也就是心理理论出现之前，我们对社会和心理状态理解的相关研究进行选择性的回顾和总结。本章将对比新旧研究之间的差异，但是，作为总结章节，将更详细地讨论新旧研究之间的关系。

本章所借鉴的最重要的两篇文献是弗拉维尔（1985）和尚茨（1983）著作中的文献回顾部分。这两个章节恰好在心理理论出现之前，因此他们提供了该领域在心理理论出现之前的概况。

本章将呈现最早的文献资料：让·皮亚杰在 19 世纪 20 年代对观点采择的研究。

观点采择

皮亚杰的研究

皮亚杰在他的第一本书《儿童的语言和思想》(*the language and thought of the child*)(Piaget，1926)中第一次提到对观点采择的研究以及与之相对的自我中心。他运用了两种研究方法，一种是连续几周记录 4~7 岁儿童在学校中自然发生的对话(除了最早的起步研究，皮亚杰是第一个对自然观察法进行拓展使用的研究者)，另一种是在实验任务中，让儿童向另一个儿童传达一些信息，复述一个故事或是向他解释另一个简单工具的操作方法。

在这两种测量方法中，儿童的很多语言都被划分为自我中心对话(egocentric speech)，详细内容请参考皮亚杰(1926，p. 32)："儿童……既不关心他是在和谁讲话，也不关心谁在听他说话。他说话时要么是自言自语，要么是为了将恰好在当时出现在现场的人与活动联系起来……他并不试图把自己放在听众的位置上来思考问题。"(Copyright 1926 by Harcourt Brace；reprinted with permission)

对皮亚杰来说，自我中心对话只是一个表现——尽管这是年幼儿童自我中心认知最重要的表现。虽然经常如此解释，但是自我中心并不是自私或仅关注自己。实际上自我中心是指儿童不能脱离自己的角度，用他人的观点来看待问题。如同引用材料所展示的：在皮亚杰的早期著作中，有关自我中心的讨论主要强调去中心化和沟通的失败——年幼儿童说话仅仅是为了享受说话的乐趣。在他晚期的著作中，更多地强调儿童是否具有去自我中心化的能力，而不是试图沟通的能力(Piaget，1962)。因此，即使年幼儿童已经尽最大努力使他们的意图被人理解，他们的自我中心化仍会使这种努力失败。他们不能站在听众的角度上考虑，他们说话时假定听众已经知道了他们想要传达的所有内容。

除了年幼儿童的语言，皮亚杰研究还有另一个主要内容，儿童视觉或者空间的观点采择(Piaget & Ihelder, 1956)。图 7-1 展示了"三山实验"(three mountains problem)。首先给儿童机会让他从不同角度观看这三座山，然后儿童坐在山的一侧，一个玩偶被放在桌子的另一侧，儿童的任务是指出从玩偶的角度看到的山是什么样的，他们可以用代表山的硬纸板来构建玩偶看到的图像，或者也可以选择玩偶所看到景色的照片。不管是哪种方法，皮亚杰都报告，9 岁或 10 岁以下的儿童通常无法完成这类任务。年幼儿童(4～6 岁)通常会选择他们自己看到的那一面，完全从自我中心的角度来反应。而大些的儿童不会是完全的自我中心，但是他们的反应仍然受到他们自己角度的影响，因此最多只是部分正确。

图 7-1   皮亚杰的"三山实验"

晚期研究

如同杰·弗拉维尔(1963)在《皮亚杰的发展心理学》(至今仍是对皮亚杰研究最好的总结)中提到的，皮亚杰的早期著作很快被翻译成英语，引发了大量的后续研究。有关儿童自我中心的结论令人吃惊，至今为止这仍是大量研究关注的焦点。在一般层面上，这些研究证实了皮亚杰的一个基本观点——年幼儿童常常是自我中心的，他们去自我中心的能力以及观点采择的能力随着年龄的增长不断提高。在更具体的层面上，晚期研究对皮亚杰的研究做了一些修正和补充。本章在这里会提到五个相关的研究(更完整的综述可参见 Flavell, 1992; Shantz, 1983)。

第一个是适用于皮亚杰研究的一般性结论(有关形式运算的研究是唯一的例外)：儿童的能力比皮亚杰所报告的更高。关于观点采择，有两方面证据证明这个结论是正确的。首先，皮亚杰的研究未曾检验过更简单、更基础的观点采择形式，但是它们在发展过程中很早就出现了。在第二章中讨论过的弗拉维尔研究中的观点采择第 1 水平是最明显的例子(Flavell, Everet, Croft, & Flavell, 1981)。即使是 2 岁的儿童也能意识到两个人可能有不同的视觉经验。比如，他们自己看到某个事物并不代表别人也看到了。其次，可以运用更简单的任务。在排除皮亚杰任务中的一些干扰因素后，更小的儿童也可以顺利完成皮亚杰的任务。当空间排列的任务比"三山实验"更简单时，即使是学前儿童也能成功采择他人的观点(Broke，1975)。当任务的其他要求被简单化后，即使是 2 岁的儿童也能在谈话中考虑到听众的知识。比如，当 2 岁儿童要求妈妈帮他拿一个自己取不到的东西时，如果取东西时妈妈不在场，他需要提供更多的信息，而如果妈妈在场就会知道东西在哪(O'Neill，1996)。

后期研究已经证明儿童的某些发展比皮亚杰所说的要早，许多后期研究中报告的各种形式的观点采择出现时间都比皮亚杰的观点要早。在第三章中提到的米勒的研究就是个例子。皮亚杰的研究是一阶任务，但在许多观点采择研究中，儿童必须推断出另一个目标看到什么，想到什么等。如图 3-1 中的循环链展示的那样，儿童必须要推断出多重视角——不仅包括 A 是怎么想的，还有 A 认为 B 认为 C 是怎么想的……

另一个有关儿童心理理论高阶发展的研究是塞尔曼的研究(Selman，1980；Selman & Byrne，1974)。塞尔曼提出了从学前期到青少年期观点采择发展的五个阶段。他使用的研究方法也是皮亚杰式的：给儿童提供一系列故事片段，中间包含一些社会两难情境，故事后面有一些关于故事主人公将会如何表现的半标准化的问题。表 7-1 展示了其中的一个故事片段以及塞尔曼所提出的阶段。我们可以看到这个进步过程是，从学前儿童的自我中心通过最初识别不同观点的能力，到最终青少年或成人将不同观点与那些普遍存在的社会观点["一般化观点"(the generalized other)]相联系的能力。(最近有关塞尔曼方法的讨论可以参见 Martin, Sokol, & Elfers，2008；Selman，2008)。

表 7-1 塞尔曼观点采择的五个水平

两难的例子	问题
霍莉是个 8 岁的小女孩，她很喜欢爬树。她在社区里爬树是最棒的。一天爬树时霍莉从树上掉了下来，被她爸爸看到了。她爸爸很担心，要求霍莉以后不要爬树了。霍莉答应了。过了几天，霍莉和她的朋友碰见了肖恩。肖恩的小猫困在了树上下不来，必须马上采取措施，否则小猫就会掉下来。霍莉是在场唯一可以爬树把小猫救下来的孩子，但是她记起来曾经答应过爸爸再也不爬树了。	1. 霍莉知道肖恩对小猫的感情吗？ 2. 当霍莉的爸爸发现她爬树了感觉是什么？ 3. 霍莉认为她爸爸如果发现她爬树了会做什么？ 4. 如果是你在这个场景中你会怎么办？

续表

水平	水平描述
0：自我中心的观点采择（3～6岁）	儿童不能区分自己的观点和他人的观点。他们认识不到不同的人对同一个情境会有不同的解释
1：区分的观点采择（6～8岁）	儿童能认识到他人的观点和自己的不同，但是对这种不同只有有限的区分能力
2：互惠的观点采择（8～10岁）	儿童能较为精确地判断他人的观点，包括他人对自我的看法，但是他们还不能同时考虑不同的角度
3：相互的观点采择（10～12岁）	儿童能同时考虑不同的观点，他们能从他人的角度考虑自己的观点
4：社会和习俗的观点采择（12岁到成人）	儿童能将特定的观点与社会普遍的观点联系起来

来源：Selman, R. L. In Lickona, T. (Ed.), *Moral Development and Behavior：Theory, Research, and Social Issues*, Holt, Rinehart and Winston, St. Louis, 1976, PP．299－316. Copyright 1976 by Thomas Lickona, with permission.

　　除了延伸发展空间，塞尔曼的研究还展示了后皮亚杰时期的研究在观点采择上的另一个重点，即强调观点采择和儿童其他方面发展的关系。因此，塞尔曼对发展阶段的描述只是一个开始，更长远的目标是想确认观点采择对其他方面发展的贡献——或者用塞尔曼的话说，使"研究走出实验室，走进儿童的生活"（Selman，1980，p. xi）。塞尔曼的研究包含了观点采择对友谊以及亲子关系的影响，以及在临床上的应用。其他研究者也得出了一些研究成果。值得注意的是，相关研究（观点采择能力发展较好的儿童在其他方面也会发展得较好）和实验室研究都发现了观点采择的重要性。比如，训练儿童的观点采择技能会减少儿童攻击性行为并增加他们的利他行为（Chandler，1973，Iannotti，1978）。在这一点上，观点采择的研究走在了心理理论研究之前，后者还仅停留在相关研究上。

　　这种说法并不是想指出皮亚杰忽视了观点采择的广泛含义。事实上，他认为自我中心以及去自我中心化的水平与其他一些发展是相关的，如它们与儿童的道德推理显著相关（Piaget，1932）。但是，他自己的研究并未关注这两个领域同步的发展变化。因此要证实观点采择与推断能力之间的关系还需后续进一步研究。正如人们关注的，许多研究发现观点采择不仅与道德推理有关，还与其他的因素有关。

　　注意，刚才所讨论的研究揭示了观点采择研究和心理理论研究的一些共同点。我们关注这两个领域主要有如下两个原因：一方面，他们都是儿童认知发展的重要方面；另一方面，他们对儿童的认知和社会性发展都有贡献。

后续的研究超越了皮亚杰研究中观点采择的内容，也就是说，儿童想要推断有关他人的什么？皮亚杰的研究强调了两种形式的观点采择：三山实验测量的是空间观点采择（视觉或感知觉——名称常常变化），同时，对语言沟通的研究测量的是认知观点采择（cognitive perspective taking）。为了充分地建构信息，说话者常常需要考虑听者知道什么，不知道什么，需要被告知什么，简而言之，必须要推断其他人的认知观点。

观点采择者还需要推断目标对象的其他什么方面呢？后续研究者关注的一个主要内容是目标对象的感觉是什么——情感观点采择（affective perspective taking）。儿童能推断出其他人是高兴、愤怒、伤心还是其他情绪吗？特别是当他人的情绪与他们自己的情绪不同时，他们拥有体会他人情绪体验的能力吗？比如说，当他人悲伤时，他们会感觉悲伤吗？尽管对他人的认知理解和共情反应常常会一起出现，但实际也是可以分离的。比如，一个儿童可能意识到同伴很悲伤，但他自己一点都不感到悲伤。

像其他类型的观点采择一样，学前儿童的情绪观点采择能力是很有限的，它会随着儿童的成长而不断发展（Einsenberg，Murphy，& Shepard，1997）。同其他类型的观点采择一致，情绪观点采择也与儿童其他方面的发展存在相关。我们特别关注它与亲社会行为的潜在关系。我们有理由预测那些最常帮助和安慰他人的儿童是最能识别和体会他人悲伤的。尽管结果并不是非常明确和一致，但一般来说是这样（Underwood & Moore，1982）。

应该注意到，不仅想法、感觉和情绪等心理状态可以成为观点采择的对象。很多研究也关注儿童推测他人意图的能力，这样的研究往往被归入归因研究而不是观点采择研究，因此将在本章的后半部分提到。

后续研究在情境—个体区分维度对皮亚杰的研究进行了拓展，我们在第五章和第六章都讨论过。三山实验很显然属于情境类型，因为被判断目标的个人特点并不重要，重要的是自己和他人空间视角的差异。儿童向其他人传递信息也是情境性任务。在这样的情况下，两个儿童之间并不存在差异，唯一的差异是一个被给予了信息，而另一个没有。

后期大多数对观点采择的研究很可能都会关注情境，包括所有的空间观点采择研究（空间观点采择具有固有的情境性而非个人性）。然而，也有一些研究强调观点采择的个人维度。这类研究最有趣的地方是，他们关注儿童根据传递对象的年龄来调整自己沟通方式的能力。通过实验室研究和自然情境观察得到的结论有明显差异（Miller，2000）。实验室研究中七八岁的儿童在向年幼的儿童传递信息时还显得非常笨拙(Flavell et al. ，1968；Sonnenschein，1988)。相反(如同在第五章简单提到过的)，在自然情境下，即使是学前儿童也能调整自己的语言使年幼儿童能更好地理解自己要传达的信息(Sachs & Davin，1976；Shatz，& Gelman，1973)。对观点采择的研究似乎在两个极端上：陌生和不自然的实验室方法将低估儿童的能力，然而自然情境中的一些线索(如父母的示范，听者的反应)使儿童更容易进行观点采择。尽管有这些影响，但年幼儿童所表现出的调节谈话能力，仍然令我们吃惊。

我们可以看到皮亚杰研究观点采择时最初采用的方法是，分析儿童与其他儿童谈话时的自发语言。这些研究不能用情境—个人维度的方法进行清晰的划分。在大多数情况下，年幼儿童在谈话时必须根据自己和他人的区别调整自己说话的方式，这些区别大部分在本质上是情境性的——听者不知道说话者的兴趣点，正被讨论的事件在之前并未向听者呈现过。但是，自己和他人的区别也可能是个人维度的。比如，对一名年幼儿童讲话时需要简化信息。皮亚杰的研究并未告诉我们他所关注的对话属于哪种观点采择。大多数情况下他引用的是一些沟通失败的例子，在这种情况下我们仍不清楚儿童是否做了观点采择的尝试，看起来儿童说话仅仅是由于说话能让其感到快乐。

元 认 知

我们在前面的章节提到过，如果观点采择是新的研究领域，那它毫无疑问应该属于心理理论。接下来我们就来讨论这个观点。弗拉维尔(2000，p.16)认为元认知是"将知识和认知活动作为认知目标，或者是对认知活动的调节"。"有关认知活动的知识"听起来非常像心理理论，即使它只包含了认知方面而不含其他内容。

事实上，对元认知的研究在心理理论出现前10年就已经存在了，但这两个领域的研究是相对独立的。接下来本章会讨论这两个领域出现分离的可能原因。首先，本章会对元认知研究的基本发现和发展进行概述。

一些区分

为了定义元认知的不同成分，很有必要对其进行区分。迪安娜·库恩(Deanna Kuhn)是此领域最重要的研究者，她区分了元认知的两个方面(Kuhn，1999)。她用"元认知知识"(metacognitive knowing)来定义认知中外显的、能意识到的知识，并将其划分为与任务目标有关的知识和与达到目标的策略有关的知识。与此相对，元策略知识（metastrategic knowing）是与认知执行过程有关的知识——执行任务时决定采取哪种策略的知识。在这一点上，最重要的是调节和监控一个人的认知活动，根据所接收到的反馈尽可能地调整自己的策略。

如同库恩（1999）提到的，她对元认知和元策略所做的区分并不新奇。这个区分仅仅是认知心理学中一个著名的具体案例，即区分陈述性知识和程序性知识。

弗拉维尔也是一位重要的发展心理学研究者，他进一步区分了这两个概念（Flavell，1979）。首先，他将元认知进一步分为三种成分，有两个成分与库恩的成分类似，与任务有关的知识和与策略有关的知识，第三个是与认知主体有关的知识。这是指我们对认知行动者的知识，不仅是关于我们自己的，还有关于他人的以及人与人之间的相似和差异的知识。这三类知识在认知的努力下可以共同作用。比如，一个年幼的女孩意识到自己在记忆空间位置上有困难（与人有关的知识），她认识到这个任务需要记忆空间位置的能力（与任务有关的知识），这会促使她使用她认为有帮助的技能，如查询地图，请朋友帮助（与策略有关的知识）。

弗拉维尔做了进一步的区分。他使用元认知体验（metacognitive experiences）来指代伴随智力活动产生的情感体验（Flavell，1979，p. 906）。比如，学习一些材料时，你可能觉得你已经掌握得很好了（因此已经出现掌握的感觉），或者你可能觉得疑惑、觉得距离你的学习目标还比较远。任何一种体验都会影响你接下来的行为，尽管在方向上可能是不同的。总体来说元认知体验在认知活动的监控中扮演了重要角色。

最后一种区分是对关于儿童元认知努力的内容方面。一般来说，元认知的内容毫无疑问应该属于认知部分，因此在广义上也属于元认知。但它也可能局限于某一种特殊的认知——元记忆（meta-memory）、元注意（meta-attention）或者元沟通（metacommunication）。实际上，这三个内容得到的关注度不同，对元记忆的研究最多。因此接下来探讨的大部分研究来自于元记忆领域。

发展的研究结果

接下来将轮流介绍元知识和元策略，首先以元记忆的相关研究作为开始。

表 7-2 展示了对元记忆最早、最广为人知的研究。可以看到，我们关注的问题是与任务有关的知识，也就是，儿童如何理解不同记忆任务的要求。回答这个问题要用到元认知的其他两方面知识：与执行任务的策略有关的知识，与自己和他人记忆力和限制有关的知识。除了表中所列的项目，他也检验了记忆的其他方面，包括相关项目和无关的项目，意义记忆和机械记忆，倒摄抑制现象等。

克罗伊策（Kreutzer）、伦纳德（Leonard）和弗拉维尔（1975）的研究对象，年龄跨度从幼儿园到小学五年级，即使最小的儿童对记忆也有所理解。大多数被试都知道有记忆这么一回事,大部分都知道记忆是容易出错的——即使我们努力尝试记住自己所经历的事,但事实上我们常常做不到。大多数人意识到记忆容易出错,我们需要做一些事情来帮助自己记忆,也就是需要使用一些记忆方法和策略。有趣的是,虽然我们最常使用的策略是一些外部的帮助手段(如写便签条,向父母寻求帮助),但大部分儿童记忆研究却关注那些头脑中的策略(如言语复述,归类)。

表 7-2 克罗伊策等的研究中有关元记忆的项目和例子

项 目	例 子
保持	吉姆和比尔在____年级(被试自己的年级)。教师想要让他们记住自己所在城市中所有鸟的名字。吉姆在去年已经全记住了,但是他后来忘了,比尔从来没有学习过。你认为哪个男孩会觉得这些鸟的名字更容易记?为什么?
即时—延迟	假设你想打电话给你的朋友,其他人告诉了你电话号码,你是马上打容易还是先喝水之后再打容易?为什么?当你想记电话号码时你会做什么?
学习时间	不久之前,我让两个儿童学习了一些图片(大约 20 张),因为我想看看他们记得有多好。在学习之前,我问这两名儿童需要多长时间学习。一个儿童说 1 分钟,另一个儿童说 5 分钟。你认为他为什么需要 5 分钟?哪个儿童会记得更多,学习 1 分钟的那个还是学习 5 分钟的那个?为什么?你会学习 1 分钟还是 5 分钟,为什么?
准备:目标	假如你打算明天放学后和朋友一起去滑冰,你想确保自己会带上滑冰鞋。你如何才能保证早上去学校时不会忘记带滑冰鞋?还有别的方法吗?你能想到多少方法?

来源:改编自 Kruetzer, M. A., Leonard, C., & Flavell, J. H., *Monographs of the Society for Research in Child Development*, 40, 1975, pp. 8, 9, 18, 25. Copyright 1975 by John Wiley & Sons. Adapted with permission.

即使 5 岁的儿童也能理解不同记忆任务间的区别,如重复学习一些东西比学习新东西要容易。

正如我们所知,五年级儿童掌握了学前儿童所拥有的一切能力,并出现了一些其他能力。当然,可以预期的是,认知的所有方面都会随着年龄的提高而发展,元记忆也是如此(Schneider & Pressley, 1997)。在发展过程中,最重要的是认识到自己的记忆力有限。比如,问被试在一个由 10 个物品组成的系列中,儿童可以记住多少时,大多数学前儿童表示他们可以记住 10 个,但实际上没有儿童能做到。年龄大些的儿童在评估自己的记忆能力时更保守,同时也更精确(Flavell,

Friedrichs，& Hoyt，1970)。年长儿童在记忆监控的其他方面也更有技巧。比如，分配学习时间，已经学习了什么，什么是仍需要掌握的等(Schneider，2010)。

年幼儿童在监控表现和评估知识上存在困难，这不仅局限于记忆领域。监控理解研究所得到的结果也非常相似。假设在一个沟通情境中，一个年幼儿童对另一个儿童说：捡起这个红色的积木。然后在这一排中有两个红色的积木。听到指令的人会表示疑惑还是会要求一个更清楚的指令？儿童大概在七八岁会开始出现这样的反应，但是在七八岁之前他们不大会出现这种反应。年幼儿童更倾向于认为他们已经理解了，如果事后他们发现自己搞错了，他们更倾向于埋怨自己在沟通中的失误，而不是归因于信息不充分，这体现出了他们在沟通监控(communication monitoring)上存在不足(Flavell，Speer，Green，& August，1991)。应该补充的是，当呈现的情境较为自然时，年幼儿童作为听众的表现并不总像上面描述的这样差劲(Flavell et al.，2002)，但是许多研究得到的结果却相当不乐观。

沟通监控不仅对谈话很重要，也是良好阅读的一个基本要素。看看表 7-3 中呈现的段落，即使你非常认真地阅读每个段落，但最后很可能还是不明白，需要再看一次，因为每个段落中都包含明显不一致的信息。但是，年幼儿童可能无法识别出这种不一致。即使他十分需要这样做(阅读能力、动机、记忆力)，马尔科曼（1979）报告说大部分的 8 岁儿童以及大部分的 11 岁儿童需要一些信息和提示才能认识到这种不一致。正如谈话的例子一样，儿童读者常常不能很好地运用阅读监控，因为他们只是在接收信息，常常不能意识到他们没有理解的信息。实际上阅读监控是成功阅读的一项元技能，在学龄期逐步发展(Garner，1988)。

表 7-3　马尔科曼的阅读监控研究示例

示例

海洋中生活着许多种类的鱼，一些鱼长着鳄鱼般的头，一些长着猫一样的头。它们生活在海洋中的不同位置，一些鱼生活在浅水层，一些鱼生活在海洋的底部。鱼儿必须有光才能看见，在海洋的底部肯定是没有光的，漆黑一片。在这样的黑暗中鱼儿看不到任何东西，甚至看不到任何颜色。一些生活在海底的鱼可以看见食物的颜色，它们靠颜色来分辨什么是可以吃的。

世界上所有的儿童都喜欢吃一样东西，就是冰激凌。一些冰激凌店售卖不同口味的冰激凌。最受欢迎的口味是巧克力味和香草味。许多其他种类的甜点都可以用巧克力来制作。一些豪华饭店有一种由冰激凌制作的甜点叫火焰冰激凌。他们把冰激凌放在一个非常热的火炉中，当非常热时，火焰冰激凌中的冰激凌就会融化，然后他们把火炉中的冰激凌取出马上提供给客人。当他们制作火焰冰激凌时，冰激凌很硬不会融化。

来源：Markman，E. M.，*Child Development*，50，1979，pp. 645—646. Copyright 1979 by John Wiley & Sons. Reprinted with permission.

各类研究都表明随着年龄的增长，儿童的元认知水平也在不断发展，但是，没有研究告诉我们发展是从哪里来的。为什么年龄大的儿童比年幼的儿童拥有更多的认知知识呢？为什么他们在选择和执行认知策略时更有技能呢？

库恩及其同事的研究（Kuhn，2001；Kuhn，Garcia-Mila，Zohar，& Audersen，1995；Kuhn & Pearsall，1998）为此问题提供了一些证据。他们让五年级的被试完成一个科学推理任务，其中一半儿童的任务取自自然科学，另一半儿童的任务取自社会科学。例如，其中的一个自然科学问题关注影响模型船速度的因素，一些是与实验结果有因果关系的因素（如船的大小，船的重量），另一些是没有因果关系的因素（如帆的颜色，帆的大小）。他们采取了多种方法来记录儿童对任务的反应，包括儿童向另一个儿童解释自己选择所用策略原因的能力（作为元策略知识的指标）。此外，此研究设计是基于微观发生学（microgenetic approach）的：七个研究系列都持续了七周。微观发生法是近年出现的，受到了许多认知发展研究者的青睐。这种方法的本质是，在发生转变的期间对问题解决行为进行高密度的重复观察，研究的目标是观察转变发生的过程（Miller & Coyle，1999；Siegler，1996）。

事实上，对大多数被试来说，确实发生了认知改变，这不仅体现在运用策略的复杂性和有效性上，还发生在元水平上：与任务目标有关的元认知知识和与策略有关的元策略知识。尽管元策略和策略的关系复杂，在极大程度上是元理解导致了策略的变化。变化包括产生了原来没有使用的新策略。面对一个任务，儿童通常会有多种策略，因此大部分认知变化都包括策略的选择，这个观点也出现在其他领域的研究中（Siegler，1996）。

元认知的作用

正如我们看到的，儿童的元认知知识随着年龄的增长而不断发展。这个结论也适用于陈述性知识（知道是什么的知识）和程序性知识（知道怎么做的知识）。上面所探讨的例子是记忆、沟通和科学推理方面的，但是这个结论也可以用于其他领域。比如，有研究清楚地揭示了学龄期儿童的元注意发展（Miller & Bigi，1979）。许多有关元认知的研究都得到了类似的结论（Hacker，Dunlosky，& Graesser，2009）。

虽然描述元认知的发展曲线十分重要，但这并不是大多数研究者想知道的全部内容。他们想进一步知道，这些元认知知识有什么作用？某一领域的元认知知识会影响儿童在该领域的表现吗？比如，在记忆的例子中，随着儿童年龄的增长，儿童记忆和元记忆的表现都在进步，那么此进步会促进彼进步吗？

回答是肯定的，尽管这些元成分的影响不一定很大。对于包括记忆和其他领域在内的任何领域，元认知都不能解释发展的每个方面。记忆得到的研究最多。施耐德和普雷斯利(1997)有一篇元分析，报告了 60 个研究中 7097 名被试的结果，分析了记忆—元记忆的关系，平均的相关系数是 0.41，这是一个中等程度的相关，但也值得注意。测量到的记忆与记忆监控的相关要比记忆与外显知识的相关高。至今为止，大部分研究的结果是相关性的，但也有一些训练元记忆的研究，因此此领域的研究方法并不仅局限于相关，也可用实验方法(Pressley, Borkowski, & O'Sullivan, 1985)。当然，对于记忆与元记忆的因果关系，实验方法能够比相关研究提供更明确的证据。

不仅有对元记忆的训练，基础科学也对训练的影响很感兴趣。训练元认知知识、技能对儿童在校表现的影响研究让我们进一步认识了元认知。安·布朗(Ann Brown)及其同事在 20 世纪 80 年代首先开始了类似的研究(Brown, Palincsar, & Armbruster, 1984; Palincsar & Brown, 1984)，并一直延续至今(Hacker et al., 2009; Waters & Schneider, 2010)。尽管成果来之不易，但在不同学科领域内的一系列研究还是得到了积极的结果，包括阅读(McKeown & Beck, 2009)、写作(Harris, Santangelo, & Graham, 2010)、数学(Carr, 2010)和科学(White, Frederiksen, & Collins, 2009)。

一些结论要点

正如前面提到的，元认知和心理理论研究所关注的问题有明显重叠，但是大部分研究内容是独立的。为什么二者彼此分离呢？本章将概述一些以往研究者的观点(Flavell, 2000; Kuhm, 2000; Misalidi, 2010)，同时加入一些笔者自己的观点。

二者一个明显的差别是关注的年龄段不同：心理理论大部分关注学前儿童，而元认知主要关注学龄儿童、青少年和成人。这个区别是由于两种研究的隐含目标不同而不同。对于心理理论来说，研究的主要目标是确认儿童对一系列心理状态的理解，包括儿童知识的最初形式。而对于元认知来说，关注点不是心理状态而是心理动作。比如，儿童在完成任务时是如何选择不同策略的。

元认知比心理理论更具有目标导向——用弗拉维尔的话来说就是应用型的心理理论(p.17)。正如第五章中提到的，最近一些以心理理论为标题的研究强调儿童有关认知活动的知识。再回忆一下弗拉维尔、史万恩福格以及法布里修斯研究中的讨论，认知活动在很大程度上是元认知而不是心理理论所关注的领域。

另一个区别在于自我—他人维度。尽管心理理论研究包含对自我的知识(如在意外内容任务中有关自我的问题)，一般来说它主要关注的还是与人有关的知识以及心理状态。元认知的研究也强调与人有关的知识(如弗拉维尔对与人有关的知识分类）。但是它主要关注与自我有关的知识，特别是为某些认知目标服务的与自我有关的知识。

由于元认知（按照定义）涉及了对认知的信念，一些非认知的心理状态（如愿望、情绪、假装）并不在它的研究范围内，但这些领域都是心理理论研究关注的重点。从这个意义上说，心理理论研究的范围比元认知的研究范围要广。另一方面，元认知在行为方面的应用大大超过了心理理论的应用，从这个意义上说，元认知的研究更为广阔。此处引用弗拉维尔等人（2002，p. 164）的研究来说明这一点。

元认知技能在许多与问题解决有关的认知活动中扮演了重要角色，如口头交流、口头劝说、口头理解、阅读理解、语言获得、感知、注意、记忆、逻辑推理、社会认知以及多种类型的自我指导和自我控制等；元认知在认知心理学、人工智能、智力、人类能力、社会学习理论、认知行为修正、人格发展、老年病学和教育等领域也起了作用。（copyright 2002 by prentice Hall；reprinted with permission）

尽管本章在"早期研究"的标题下讨论有关元认知的研究，但在很大程度上，元认知也是一个正在发展的研究领域。尽管本章在讨论时强调儿童期的发展，但它也关注成年期。最近一些有关元认知的研究也强调了这两点（Efklides & Misalidi，2010；Larkin，2010；Shaughnessy，Veenman，& Kleyn-Kennedy，2008；Tarricone，2011）。已有的关于元认知研究的期刊也是如此：元认知和学习。

认识论的概念

第五章有关心理活动的内容中，有一个将在此处使用的定义：认识论（epistemology）是"对知识本质以及知识和现实之间关系的反映"（Pillow，2008，p. 299）。

与元认知一样，如果以这种方式定义，认识论和心理理论也有明显的重叠。的确，认识论是早先提到的心理理论使用的一个术语，即指向现实本质的心理状态。除了这个共同点之外，就像元认知和心理理论的区分一样，这两个研究领域在发展历史上也是相对分离的。用库恩（2000）的话说，"认识论研究……有趣的地方在于它与其他的认知发展研究的相对分离……特别是与其紧密相关的心理理论研究的分离"（pp. 316-317）。

毫无疑问，区分的主要原因是关注的年龄段不同。正如我们看到的，心理理论研究开始于学前期，现在仍然主要研究学前期。而现代认识论研究的开端是威廉·佩里（William Perry）在 20 世纪 70 年代发表的有关青年人的研究。接下来我们将介绍佩里的研究，接着介绍两种早期研究的方法。我们所谈到的内容绝不是唯一的相关研究，除此之外还可以参照其他研究（Belenky，Clinchy，Goldberger，Tarule，1986；Chandler，Boyes，& Ball，1990；King & Kitchener，1994；Burr & Hofer，2002；Chomdler & Brich，2010；Hofer & Pintrich，1997，2002）。

佩里的研究

佩里的研究并不是随机选取的青年样本，被试都是在 20 世纪 50 年代末和 60 年代初哈佛大学的本科生。他们首次参加研究时是大学新生，佩里对他们进行了为期 4 年的纵向追踪。研究目标是追踪他们在大学四年里思维的变化。研究方法包括灵活的开放式访谈，访谈开始时间："请你谈谈本年度让你脱颖而出的事情"接着继续访问，获取必要的信息。研究者自己这样描述此研究。

本研究的最初目标——让学生用他们自己的话来对他的大学经验进行自我报告——这就要求他们尽可能用自己的方式，自由地表达他如何看待自己和他人的世界（p. 18）。

（这里需要指出当时的写作惯例是使用男性代词"他或他们"，并且事实上佩里的研究中大部分被试都是男性。）

佩里等研究（1970）原本的假设是——在 20 世纪 50 年代占统治地位的思想假设——学生的差异主要是他们在人格上的个体差异。但是，如果可以跨年龄比较，这个假设就会被推翻，学生在大学四年中思维知识的变化是令人吃惊的，我们甚至发现这些变化是系统的、有方向的、不断进步的，简而言之就是阶段性的。佩里自己避免使用阶段（stage）这个名词，转而使用更为中性的"位置"（position）一词，此后的心理理论研究者也只在极少情况下明确地提到了阶段。毫无疑问，认识论的研究发现思维的变化是有方向性、阶段性的，这是它与心理理论研究的一个不同之处。前面章节并未说到心理理论的阶段论，是因为至今为止还没有这样的理论。

佩里（1970）共确认了九个发展位置，这些位置又可归为四个更一般的类别。最早发展的类别，也是研究中最常见的一种新生思维形式是：双重性（dualism）。这个术语反映了思维发展的二元本质，对问题的回答要么是对的，要么是错的，信赖权威对问题给出的参考答案。用一个学生的话来说：当我去听一个讲座时，那个人说的话就像是上帝说的话……我相信他说的所有事情，因为他是哈佛的教授……这是个受尊敬的位置（p. 61）。

大学教师都知道，随着年龄的增长，大部分学生不再把教授看成绝对权威。下一个发展类别是"多样性"（multiplicity）。问题有唯一确定答案的思维模式开始让位于许多问题可能有很多答案的观点。此阶段早期，学生仍然相信存在一个最好的答案，虽然权威也不确定答案是什么，后来这样的想法被"许多问题没有答案，因此所有观点都有同样的价值"的信念所取代。

在这个阶段，学生对知识的认识聚焦于知识系统试图解决的各种问题，如同钱德勒（1987，p.150）提出的下一阶段，"关注的重点开始从思考的对象向正在进行思考的主体转移"。这一阶段是"相对主义"，此阶段认为"所有知识都是情境性、相对性的"（Perry，1970，p.109）。他们不再认为能从现实中得到问题的正确答案或错误答案，不同的人对世界有不同的看法。不同的人也包括他自己：现在学生们认为自己也是意义的积极创造者，他们可以选择不同的信念和行为方式。

相对主义初级阶段的核心概念是承诺，即相对主义中的承诺（commitment within relativism）。尽管人们仍然认为知识是相对的，但并不认为所有观点都有同样的价值，对发展中的个体来说最主要的任务是对符合自己理想的信念和价值进行认同。以佩里的观点来看，最后一个阶段的发展不仅受认知因素的影响，也受道德因素的影响。

前面我们对一个复杂理论进行了简要概述。莫瑞（2002）对此进行了详尽描述，阐述了1970年以来对此模型的相关研究。

克林奇和曼斯菲尔德的研究

如果认识论信念（epistemological belief）的改变仅发生在大学时期——不必说那些哈佛大学的本科生——那么人们对本书的兴趣将很有限。但是，佩里（1970）的研究清楚地说明18岁之前儿童对知识的认识已经发生了重要改变。甚至，从一般意义上说，儿童早期思维发展的进程与佩里的研究发现非常相似，虽然出现的时间更早，形式更简单：因此早期的知识观是绝对论，随后才出现认为知识是主观的、没有唯一正确答案的阶段，最后认为知识是相对的这个阶段，承认人们对同一事物会有不同的观点，但也认为一些观点比另一些更受青睐。

表 7-4　克林奇和曼斯菲尔德的研究中认识论概念问题示例

领　域	问　题	片　段
客观"事实"	这些云意味着会下雨吗？	差不多是午饭时间了，两个朋友计划去野餐。他们带来了野餐篮，并打算做个三明治。其中那个男孩看向窗外："不"他说，"这些是下雨云，我们不能继续野餐了，要下雨了。"但是那个女孩看向窗外说："不，这些不是下雨云，不会下雨，我们可以去野餐。"

续表

领 域	问 题	片 段
主客观综合	juju 会是好宠物吗？	这是美丽晴朗的一天，两个朋友在动物园里。他们在动物园里走了一会儿，看到一个笼子里有他们从来没见过的动物。笼子上的标识说这是一种从澳大利亚来的动物，叫 juju. 其中那个男孩看着 juju 说："我不想要 juju 做宠物"，但是那个女孩说："我想！juju 会是个好宠物！"
	那个教师是友好的还是苛刻的？	两个女孩正在学校操作上荡秋千，一个新的实习教师来到她们班。一个女生对她的朋友说："那个新老师很苛刻。"她的朋友吃惊地看着她说："不是的，她并不苛刻，她很友好。"
主观"价值观"	谁是更好的画家	两个女孩正在看她们班的一个男孩约翰画的画。一个女孩说："约翰是个很好的画家，他是我们班最好的画家。"但是另一个女孩说："他没有那么好，比利比他画得好。"

来源：Mansfield, A. F. , & Clinchy, B. , *New Ideas in Psychology*, 20, 2002, p. 232. Copyright 2002 by Elsevier. Reprinted with permission.

表 7-4 呈现了克林奇和曼斯菲尔德（2002）研究中的一系列项目。和佩里（1970）的研究一样，克林奇和曼斯菲尔德的研究也是纵向的，儿童第一次接受测试是在 10 岁，接着是 13 岁，然后是 16 岁（表中呈现的是给 10 岁儿童施测时的指导语）。给年长儿童的指导语会做些调整，但是问题的内容是一样的。在每个片段后会有一系列问题，包括：你为什么认为他们不会同意？你认为谁是对的？他们能找到一个肯定的答案吗？他们可能同时都对吗？一定会是一个人对而另一个人错吗？

克林奇和曼斯菲尔德（2002）根据被试的反应明确提出了三种一般的推理类型。他们将一些回答编码为客观（objective），表明此类问题有唯一的正确答案，每人都可能，或至少应该同意该答案。另一些回答被编码为主观（subjective），表明此类问题不存在唯一的正确答案，因此所有观点都具有同样的价值。最后是综合推理（integrated），混合了前两种推理形式。认为许多问题是没有唯一正确答案的，但是，他们也会根据已有的证据或逻辑推理选择出更好的答案。用其中一个被试的话说：我认为大部分问题都没有正确答案，但有一些解决办法比另一些要好（p. 234）。

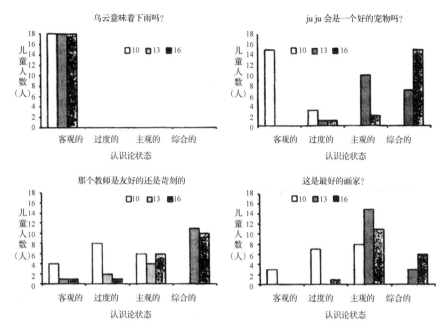

图7-2 曼斯菲尔德和克林奇关于认识论发展的研究发现

来源：Mansfield，A. F.，& Clinchy，B.，*New Ideas in Psychology*，20，2002，p.238. Copyright 2002 by Elsevier. Reprinted with permission.

图7-2呈现了研究的主要结果，有两个结果值得注意。第一个关注发展变化，如图7-2所示，年幼儿童大部分会做出客观的反应。确实，在研究的四个故事片段中，他们是唯一一个对其中两个片段都做出客观反应的年龄组。同时，随着年龄增长，综合反应的比例在增加。事实上，10岁组还完全没有出现综合反应，但在13～16岁间综合反应已经比较常见。

第二个关注故事片段的差异。所有年龄组的被试都在"云"的故事片段中做出了客观反应，也就是说他们认为这个事件是可验证的事实。而即使是10岁儿童也认为画家的问题是主观问题，不同的人会有不同观点但并没有唯一的标准。因此，重要的不仅仅是儿童的年龄，还有问题的信念类型。儿童根据不同类型的信念进行推理，这种能力会随着年龄增长而增长。

下面将介绍该研究的另一发现。儿童做判断所依据的理由会因年龄和信念类型的变化而不同。在对教师和画家的故事片段进行反应时，儿童常使用个人经验和观点的编码类型，而在其他两个例子中，儿童更常使用推理和诉诸权威的方式。除此之外，儿童谈论权威的方式也会随着年龄的增长而变化，从认为权威的回答是正确答案到把权威的回答作为推理的信息——用克林奇和曼斯菲尔德的话来说就是"从来源到资源"。

库恩的研究

最后一个研究考查的年龄范围比佩里(1970)和克林奇、曼斯菲尔德(2002)的研究范围都要广。库恩(1991)考察了(横断的)四个年龄阶段:青少年(14～15岁)、20岁、40岁和60岁的成人。研究关注的是辩证思维(argumentative thinking),也就是"用辩证的方式来思考"(Kuhn, p.2)。当然,"辩证"经常意味着两人之间的争论,但这个词语也能用于说明个体坚信自己信念的理由,后者正是库恩感兴趣的。

库恩(1991)提出的用于引发此类思考的问题促使人们进行反思。也就是说,为思考可能的答案提供了一个机会。我们列举三个问题:是什么使囚犯在被释放后再犯罪?是什么使儿童的学业失败?什么引发了失业?如同这些问题显示的那样,研究进一步强调了关注真实生活的重要性。呈现每个事件后会有一系列问题,包括被试是如何获得这个答案的?他会如何说服具有相反观点的人?最重要的是那些与结论相关的认识论问题(如专家一定知道是什么导致囚犯再次犯罪吗?如果专家花费了很长时间仔细研究这个问题,他们一定会得到正确答案吗?)

库恩(1991)归纳出三种水平的推理,与佩里(1970)和克林奇、曼斯菲尔德(2002)的研究得出的结果类似。我们通过两个标准来定义绝对水平(absolutist level)的推理:持有问题存在唯一正确答案的信念,以及坚信权威理所应当知道正确答案的信念。大多数处于此推理水平的被试对他们自己的答案非常肯定。多重水平(multiplist level)推理的特点是否认权威的确定性。处于此水平的被试认为问题可能有多种回答,而专家不一定认可这些回答,他们会认为自己的知识与专家一样多,甚至比专家更多。最后,那些处在评估水平(evaluative level)的被试也能认识到人们对同一件事情可能存在不同的观点,但不是所有的观点都是一样的,人们普遍认为权威比自己知道的更多,某些人的观点更合乎情理。库恩(1991)报告了被试对这三类问题进行推理的一致性。对所有问题,人们最常做出的推理是绝对水平的,做出评估性反应的人是最少的。值得注意的是,佩里(1970)的研究中处于最高水平的被试也是很少的。有趣的是,库恩报告,四个年龄组被试在推理水平上没有差异,但在一个年龄段内存在个体差异,佩里(1970)和克林奇、曼斯菲尔德(2002)的研究中都存在这种现象。关注同年龄段内被试反应的显著差异是认识论研究与大多数心理理论研究的一个不同点(库恩的相关研究,可参考 Kuhn, Amsel, & O'Laughlin, 1988)。

归　因

很久以来，归因一直是社会心理学的中心议题，对它的研究始于海德尔（Hei-der，1958）和凯利（Kelley，1967）的文章。这个术语是指人们对行为产生原因的解释。这个解释适用于我们自己的行为（我为什么忘了那个约会？），也适用于他人的行为（为什么我的孩子没通过测验？）。归因可能是我们试图理解人类行为的重要方式之一。

如同元认知，归因是一个非常庞大、正在发展的研究领域。由于人们近年来常从心理理论的视角研究以往属于归因的问题，归因研究和心理理论研究更难分离开。我们即将介绍的研究主要来自于这两个领域。

对人际行为的归因

想象一下，儿童 A 在自助餐厅排队时撞到了儿童 B，旁边的儿童 C 会如何解释 A 的行为呢？

第一个问题是，这个行为是偶然的还是故意的。我们在第二章提到过，人们从婴儿期起就对有意行为有了最初理解，然后在幼儿期有了明显的进步。毫无疑问，对儿童来说，在很多情况下区分有意—无意行为是一个挑战。学前儿童倾向于把很多行为都看作有意的，即使是（如打喷嚏）在成人看来明显属于无意的行为（Smith，1978）。区分这两种行为的能力在学前和学龄期不断发展，但很多因素会影响他们进行区分的难度（如结果的效价，动机和结果之间的匹配）（Zelazo，Astington，& Olson，1999）。

成人归因研究很少关注有意—无意的问题，因为这种区分对成人来说早就不是问题了。研究者更关注目标行为是外源的还是内源的，是个人的还是情境的，这些维度和有意—无意维度是相互独立的。A 撞到了 B 可能是因为他想要伤害 B（有意行为内因），也可能是因为 A 是一个笨手笨脚的人（无意行为内因），有可能是 A 因为自助餐厅地板太湿而滑倒撞了 B（无意行为外因），还可能是 A 受到其他儿童的刺激而表现出攻击性行为（有意行为的外因）。

早期对儿童归因的研究认为，年幼儿童倾向于对行为做出情境性解释，他们很少或无法考虑内因（Higgins & Bryant，1982）。这样的结论与皮亚杰的观点一致，强调年幼儿童受感觉的束缚，只能基于表象进行归因。

接下来的一些研究表明这个结论不完全正确。事实上，在一些测验情境下年幼儿童表现得很好。但一般来说，即使是年幼儿童，在描述和解释行为时也更倾向于从心理层面而不是从物理层面解释（Montgomery，1994；Youngstrom ＆ Goodman，2001）。比如，当要求儿童描述一个男孩正用拖把擦打翻的牛奶的图画时，比起"擦拭打翻的牛奶"，3 岁儿童更倾向于将其描述为"打翻牛奶很难过"（Lillard ＆ Flavell，1990）。当要求被试描述个体行为的原因时，4 岁儿童更倾向于从心理层面解释（如想去做，努力去做），而不是物理的或外部原因进行解释（如安静的房间，妈妈让他去做的）（Miller，1985）。需要注意的是，年幼儿童认为所有行为都是有意的，这说明儿童进行心理归因时有一个信念，虽然这个信念有时并不正确。用米勒和阿洛伊斯的话来说就是（1989，p.267），"归因的主要发展任务似乎是摆脱儿童早期惯常使用的心理解释方式"。

研究者的讨论表明，即使是年幼儿童在解释行为时，也倾向于使用心理状态（如悲伤、愤怒）。更进一步的问题是他们是否倾向于使用心理特质的词语。特质是一种持久的性格特点，它以一种特定的行为方式表现出来。一种心理状态可以告诉我们现在这个人是什么样，而心理特质（如攻击性）则告诉我们这个人整体上如何。

儿童对特质的理解远落后于对状态的理解（Miller ＆ Aloise，1989），但是究竟落后多少还没有最后的结论。最近有一些研究表明，在最佳情境下，学前儿童也对特质表现出了一定程度的理解——他们可以运用相关信息来推测特质，也可以用特质来预测将来的行为（Heyman，2009；Heyman ＆ Gelman，1999；Liu，Gelman，＆ Wellman，2007）。相对于年长儿童，年幼儿童不擅长运用与特质相关的信息，但有时候他们通过特质进行的推理又过于宽泛。比如，我们会预期一个聪明的同伴有较好的学业成绩，同时在跳高和与他人分享等方面也表现得较好（Stiper ＆ Daniels，1990）。儿童使用特质判断时倾向于分类而不是细分程度。比如，他们可以判断好或者不好，但是还不能判断好的程度（Gonzalez，Zosuls，＆ Ruble，2010）。他们使用特质预测行为的表现要比运用特质预测情绪反应的表现好（如预测当一个害羞的儿童被选为游戏领导时会悲伤还是高兴）（Gnepp ＆ Chilamkurti，1988）。还有最普遍的一点，我们很难确定年幼儿童究竟把特质理解成行为规划还是内部、稳定的潜在因素。确实，在任何年龄阶段这都难以确定。

儿童对特质的理解在个人认知上是一个核心问题，因此本章的下一部分将讨论这个问题。

我们将使用 A 撞 B 的例子进一步说明几点问题。之前的讨论中假定儿童 C 的归因主要集中在儿童 A 上。但是，这个情境中有两个参与者。如果儿童 B 是班级上其他儿童的攻击目标，那么这会使儿童倾向于在归因时给予 A 和 B 同样的权重。

现在介绍一些归因理论和相关研究中的基本概念。表 7-5 总结了会影响人们归因的几种因素（尽管没有包含全部因素）。最基本的归因理论是共变理论，把结果归因于和它同时变化的其他因素。接下来的三项：一贯性、一致性、区别性——都是在不同情境中运用共变信息的变式。比如，如果一贯性和一致性很高而区别性很低，这表明个体的行为是由一些内部因素引起的（行为者经常这样做而其他人不是这样）。相反，如果三个因素都很高，表明是情境中的某些特质引发了特定行为（行动者只有在这种情境下才出现这样的行为，而且其他人在此情境下也这样表现）。

表 7-5　影响归因的因素

因　素	描　述
共变原则（covariation principle）	将原因归结于和结果共变的因素
一贯性信息（consistency information）	个体在不同时间内的相同情境下以同样方式进行反应的程度
区别性信息（distinctivenss information）	个体对不同情境以同样的方式反应（相似的反应表明区别较小）个体对不同情境以相同方式反应的程度（相似的反应表明区别较小）
一致性信息（consensus information）	其他人在相同情境下以同样方式反应的程度
增加原则（augmenting principle）	如果在其他限制性情境下仍然表现出某种行为，就说明这个潜在原因非常重要
折扣原则（discounting principle）	如果存在其他的潜在原因，就会减少某些潜在原因的重要性

在一些简单情境中，五六岁的儿童就可以运用共变信息来归因（Ruble & Rholes，1983）。比如，艾德不仅经常和拉尔夫分享也和别的儿童分享。那么他们推测艾德是一个慷慨的人（Leahy，1979），这个结论基于一贯性和区别性信息的综合（一个儿童通过行为来推测特质的例子）。其他研究（Divitto & McArthur，1978）也报告，早在 5 岁时，儿童就可以运用一贯性和区别性信息。这些研究（Boseovski & Lee，2008）表明儿童不大会使用一致性信息。考虑到成人也不大会使用一致性信息，那么这个结果并不让人吃惊（Harvey & Weary，1984）。年幼儿童在归因时更倾向于只聚焦于行为者，而不考虑行为目标的影响（人们关注目标效应时，一致性信息才能起到最大的作用）。

增加原则和折扣原则又是怎么样的呢？与二者相关的推理需要儿童同时考虑两个因素。年幼儿童有这样的能力吗？对年幼儿童的研究表明儿童具有这样的能力，结果主要依赖于研究采用的方法。如果采用标准研究方法，那么直到青少年时期才能成功使用增加原则（Shultz, Butkowsky, Pearce, & Shanfield，1975）；如果简化研究程序（具体来说，让儿童推理一个几何图形在移向目标位置的过程中有没有障碍)，即使是 5 岁儿童也表现出了增加策略(Kassin & Lowe，1979)。折扣原则的出现时间也有类似的趋势，尽管在大多数研究中，儿童到 7～9 岁时才能成功使用这一原则(Miller & Aloise，1990)。但在此之前，如果同时呈现两个原因让儿童选择时，即判断出现原因 B 时，原因 A 是否会更重要，儿童有时会使用增加原则。

有关折扣原则有一个非常有趣的现象，即过度合理化效应(overjustification effect)，这是行为水平层面的现象而不是意识判断水平的现象。假设给两个儿童机会，让他们用一些新的魔术记号笔画画。告诉其中一个儿童，他每画一幅画就可以得到一个奖励，但只是告知另一个儿童用这个笔画画。哪个儿童更想获得记号笔呢？如果你猜是那个会获得奖励儿童，那你就错了。不需要外部刺激的，只是进行绘画的那个儿童更想获得记号笔(Lepper，Green，& Nisbett，1973)。当给予奖励时，可能有两个原因导致画画的行为：一个内部的(我画画是因为我喜欢画画)，一个外部的(我画画是因为我得到了奖励)。外部原因显然会使内部原因的作用打折扣，因此在将来没有奖励时，个体对画画的兴趣会减弱。这个效果在儿童 3 岁时就已经显现了。

让我们再使用 A 撞 B 的例子深入地说明一点。这个例子中的儿童 A 和儿童 B 都是普通儿童。但是，如果 A 是一名高攻击性儿童，儿童 C 和其他人则会更倾向于判断 A 的行为是故意的攻击行为；如果 B 是一个高攻击性儿童，B 会在更大程度将 A 的行为解释为攻击性的，因此更有可能以攻击性的行为来回应。

刚才描述的结果仅仅是假设的。道奇及其同事(Dodge，1980；Dodge & Crick，1990)的研究表明这两个效应确实存在。攻击性的儿童比一般儿童更倾向于将其他人的行为解释为有敌意的，特别是当行为本身意义不清时(如在自助餐厅的碰撞)。即使我们判断的行为在客观上是相同的，攻击性儿童的行为也更容易被他人解释为是攻击性的。这些效应会增加攻击性儿童的攻击行为。

对学业成就的归因

归因研究并不只对无意—有意、内因—外因的维度感兴趣。韦纳(Weiner，1986)提出了一个非常有影响力的理论，其中增加了两个维度：稳定—不稳定，可控—不可控。这些维度是相互独立的。比如，事实上，一个因素是可控的并不能告诉我们它是否稳定。

在与学业成就相关的归因中，研究者关注较多的是可控性和稳定性维度。大多数对学业成就的研究经常提到 4 个可能的决定性因素：能力、努力、任务难度和运气。表 7-6 展示了这些决定因素是如何根据内因—外因，稳定—不稳定，可控—不可控来划分的。此处应该说明一点，尽管我们使用了"或者……或者"的字样，但是这些区分并不是绝对的，应该使用"常常""大部分"这样的限制词比较合理。当然也有一些例外，如认为能力是稳定的、不可控的。

表 7-6　学业成就的归因

	外因—内因	稳定—不稳定	可控—不可控
能力	内因	稳定	不可控
努力	内因	不稳定	可控
任务难度	外因	稳定	不可控
运气	外因	不稳定	不可控

正如之前的研究那样，学业归因研究关注的是儿童进行推理时同时考虑多个原因的能力。假设两个学生在同一测试中得到了相同的分数，一个学习很努力，而另一个根本不学习。我们如何推断他们的能力？许多成人认为努力和能力在这样的情境中是可以互补的：其中一个的水平越高，需要另一个因素的程度就越少。因此，他们会推断第二个儿童的能力更高。这也是折扣原则的应用：如果其中一个因素已经足以解释结果时就不关注另一个因素的作用。之前我们发现年幼儿童不倾向使用折扣原则，在这里也是如此。七八岁以下的儿童更多认为这两个因素可能是相联系的：越努力，能力越强（Kun，1977；Nicholls，1978）。与年长儿童或成人相比，年幼儿童更少使用增加原则。比如，意识到完成一个很难的任务意味着要比完成一个容易的任务拥有更高的能力。

尽管我们对一般的推理原则感兴趣，如折扣原则和增大原则，但大多数学业归因研究关注儿童对自己学业表现的归因。他们是如何解释自己的成功和失败的？这些归因对他们接下来的表现有什么作用呢？

卡罗·德维克（Carol Dweck）的研究回答了这个问题，接下来我们将介绍他的研究（Dweck，1999；Dweck & Leggett，1988）。德维克的一些研究表明儿童对自己成功或失败的归因是非常重要的——在一定程度上，归因确实比成功、失败本身更为重要。一般来说，最积极的归因是认为失败可以改变，不将其作为放弃未来努力的理由。失败是暂时的，可能是因为自己努力不够（因此更努力时就可以改变结果），也可能是暂时缺少必需的能力，但这可以改变。按照这种观点，能力并不一定是稳定的、不可改变的，它是可以改变的。例如，德维克和莱格特（1988，p.269）所说的："我们应该拥有掌控感。"

为什么一些儿童如此归因呢？在德维克（1999）的模型中，儿童对其智力表现的归因与他们对智力的观点有关。他确定了两种观点：持有智力固存观（entity theory of intelligence）的儿童认为智力是固定不变的——不同人的智力水平有差异且智力是不可改变的，这种人倾向于认为，如果一个人已经竭尽全力去完成一个任务但失败了，那就没有理由继续坚持了；持有智力增长观（incremental theory of intelligence)的儿童认为智力是能够一直改变的——越努力，能力和经验就越多，随着能力的增长，失败也能变成成功。

最后我们对学业归因和学业成就的相关研究结果进行一个简单的总结。我们发现对数学成绩好坏的归因存在性别差异。这个差异针对的是一般的平均水平，并不一定适用于所有个体，也并不能适用于所有的环境，将来也不一定始终正确。我们的发现是，平均来说，男孩更倾向于把他们在数学上的成功归因于能力，失败归因于努力不足；而女孩倾向于把她们的成功归因于努力，失败归因于能力不足(Dickhauser & Meyer，2006)。这个归因差异也许可以解释后续研究中的发现(有一些但不是所有研究——Lindberg，Hyde，Peterson，& Linn，2010)：女孩的数学成绩在小学阶段常比男孩要好，但随着年龄增长，数学学业成绩和对数学的兴趣都会落后于男孩。如果是这样，归因上的性别差异可能是由于儿童的社会认知影响了他们其他方面的发展。

个 体 感 知

尽管这个词的含义非常清晰，但仍需要在本部分内容开始时给这个词一个正式的定义。莱弗斯里和布罗姆利(Livesley & Bromley，1973)早期有一个很有影响的研究对该词进行了定义。根据他们的说法，个体感知关注的是"我们如何感知和认识他人——他们的企图、态度、特质、情绪、想法、能力和目的，以及他们的整体行为和身体特征"(p.1)。简而言之，包含我们对他人的所有感知。

本章会对莱弗斯里和布罗姆利(1973)的定义进行补充。对此主题的讨论范围不仅局限于"其他人"，自己也是个体感知的目标。

对他人的感知

我们如何研究个体感知呢？最常用的方法是让儿童自由描述他认识的人。莱弗斯里和布罗姆利(1973)的研究中，让儿童描述 8 个人：喜欢或不喜欢的男孩、女孩、成年男性、成年女性各一名。其他使用自由描述方法的研究还有巴伦布瓦姆(Barenboim，1981)；斯嘉丽、普雷斯、克罗克特(Scarlett，Press，& Crockett，1971)以及西克特和皮维斯(Secord & Peevers，1974)。

并不是所有个体感知的研究都关注熟悉他人，有一些研究就采用给儿童看电影的方式，电影主人公会以一种特定的方式行事，然后让他们描述看到的人物(Feldman & Ruble，1988；Flapan，1968)。这样就能记录他们的自由反应，但结果会因人而异。

莱弗斯里和布罗姆利(1973)的研究关注了儿童如何感知他人的问题。尼克拉(Yuill，1997，p. 274)认为使用一些例子来研究个体感知是"优良传统"。表 7-7 列举了从不同发展阶段中选取的几个例子(包括不同年龄的个体对同一类型对象的反应)。

针对这些信息我们可以提出很多问题，但是本书关注的主要问题是：发展变化。年长儿童和青少年的想法与年幼儿童有什么差异？

表 7-7 中的例子说明了一些显著区别。随着年龄发展，他们的描述变得更长、更多样、更精确，内容上更多的是心理描述而不是外在描述。莱弗斯里和布罗姆利(1973)的计分系统(十分详细和复杂)明确分析出了两种描述类型：外在特点的描述，包括年龄、性别、外貌以及财产等；内在特点的描述(central statement)，包括更抽象的心理特征，如动机、态度、习惯以及特质。7 岁时描述内在特点的人数比例为 20%，而到了 15 岁这个比例上升至 50%。

表 7-7 莱弗斯里和布罗姆利研究中有关个体感知反应的例子

情 境	描 述
7 岁男孩描述一个他喜欢的女孩	她很害羞，她的头发是金色的，她喜欢工作，也喜欢玩耍。她出生在利物浦。她个子很小也很活跃。她不容易激动。她人很好，也不需要很多睡眠。
7 岁男孩描述一个他不喜欢的男孩	他很高，他的头发是深棕色。他也在我们学校上学。他没有兄弟姐妹。他和我在同一个班。今天他穿了橙色的套头衣，灰色的裤子和棕色的鞋子。
9 岁男孩描述一个他不喜欢的男孩	他身上很臭，非常脏。他没有幽默感，非常无趣。他很好斗也很残酷。他很蠢，常常做愚蠢的事情。他的头发是棕色的，眼睛很严酷。他很阴沉，十一岁，有很多姐妹。我认为他是班上最讨厌的男孩。他的嗓音沙哑常常咬铅笔、剔牙，我认为他很恶心。
14 岁的女孩描述一个他不喜欢的男孩	我不喜欢这个男孩因为他非常粗鲁，无知，厚脸皮，并且自认为他是最好的。尽管有的时候他人挺好的，但是他不好的品德超过好的。他对那些对他好的朋友很粗鲁，这会导致争吵。我认为他无知。他对他的妈妈特别的厚脸皮，特别是当他的朋友也在场时。
15 岁的男孩描述一个他喜欢的女人	她对陌生人很友善。她很时髦但不庸俗，相当时尚。她总是很平静，像在做什么事情或者要去哪儿。她是一个生性活泼的人，脾气很好，有幽默感，非常容易相处，有生气。她非常聪明但不自吹自擂。

来源：Livesley，W. J.，& Bromley，D. B.，*Person Perception in Childhood and Adolescence*. Wiley，London，1973，pp. 126，198，213，217，220，221. Copyright 1973 by John Wiely & Sons. Reprinted with permission.

尽管使用的特定术语可能不同，但个体感知的其他研究也得到了相似的结论。比如，巴伦布瓦姆(1981)提出儿童早期的个体感知主要关注外显行为，童年中期则开始关注内在心理品质，青春期就会比较稳定地关注内在心理品质。西科特和皮维斯研究中年龄最小的被试只能进行"简单区分"（身体特点、群体成员关系、整体评价），而到了青少年和成人早期就可以对"性格"进行反应（运用特质词汇）。

与归因研究一样，我们最感兴趣的问题是儿童在思考他人时是否倾向于考虑特质。如前面例子表明的，莱弗斯里和布罗姆利（1973）的研究中，最小的儿童在他们的描述中也包含了一些特质词汇（如害羞，善良），但这样的反应并不常见。事实上，几乎有一半的 7 岁儿童基本不使用特质词汇。除此之外，年幼儿童使用的特质词汇一般是整体性和评价性的（如好、坏）。随着发展，特质词汇的使用频数和复杂性不断增加，到青少年期，儿童在每个描述中平均使用 2.5 个特质词汇。其他研究也报告了类似的结果。当然，对特质词汇的使用随发展不断增加的结论与前一部分中的归因研究的结果一致。

费尔德曼和鲁布尔（Feldman & Ruble，1981，1988）对特质问题进行了一个有趣的研究。研究中并不要求儿童描述熟悉的人而是描述他在录像中看到的人物。告知其中一半被试他们将来会和录像中的儿童互动，另一半儿童则没有任何预期。那些预期未来会有互动的儿童比那些没有预期的儿童产生了更多的特质描述——两到三倍。事实上，费尔德曼和鲁布尔（1981，p. 202）提供了下面的例子。

（没有预期互动）她正把球扔到篮子里。她把飞盘扔向目标。她的头发是深色的。她走进了另一个房间。

（预期未来会有互动）她非常擅长游戏，她人应该很好。她非常努力地尝试。我认为她非常喜欢玩游戏。

这个研究证明了一个结论——也许在回顾时很明显但是我们很少讨论——我们如何思考他人取决于我们为什么要思考他人。真实生活中许多个体感知的例子与费尔德曼和鲁布尔（1988）的预期—互动条件（anticipated-interaction condition）一样：有助于我们与他人成功互动的知识会影响我们对他人的预期。这种目标更容易引发深层次的心理水平的加工过程。

对自我的感知

目前的问题是儿童如何了解和思考自己。最常用的研究方法与探索对他人感知的方法一样：自由描述。这个方法可以关注一般问题（"告诉我你是一个什么样的人"）也可以关注具体问题（"告诉我在学校时你是怎样的""告诉我你和朋友在一起时是怎样的"）。

一般来说，自我概念与对他人的感知的发展水平是同步的（Damon & Hart，1982；Harter，2006）。学前儿童的自我描述集中于外在的、可观察的特质——身体外貌、特征，最喜欢的活动。他们不能把各方面综合在一起进行描述。任何评价都是典型的、完全积极的(如最好的歌手、最快的跑步选手)。元认知研究也发现年幼儿童的自我评价存在积极偏差。与元认知研究结果相似,随着年龄增长,儿童的自我评价开始变得不那么积极,而是更为现实。发生此改变的原因是儿童开始更多地使用社会比较,也就是说,他们将自己和他人进行比较,然后从这个比较中得到有关自我的结论。比如,儿童最后会认识到,如果在一个测验中其他人得分是70,自己得分是80就已经很好了,而如果其他人得分是100,自己得分是80就不好。

与对他人的感知相似,随着年龄增长,儿童的自我描述开始越来越多地关注抽象的心理特征,而对外在物理特征的关注却越来越少。特质词汇的使用频率和复杂性都有所增加,不再将个体特点描述为彼此独立的,而是进行综合性描述。在发展后期已经较少出现不一致的描述。描述变得更具有针对性,儿童开始意识到在不同情境中他的表现可能会有差异,在不同的个体关系中他也会表现得不一样。图 7-3是针对性特点的例子。这个图表也表明了青少年自我感知的复杂、多样性。

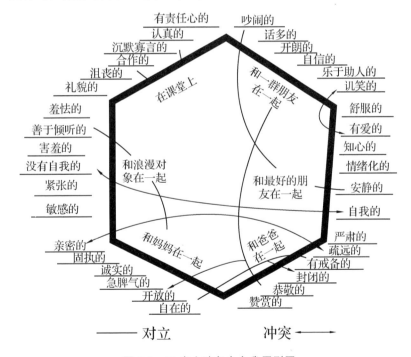

图 7-3　15 岁女孩复杂自我原型图

来源:Harter,S.,*The Construction of self*. Guilford Press,New York,1999,p.70. Copyright 1999 by Guilford Press. Reprinted with permission.

前面对自我感知和他人感知的研究是基于两个目标的。如果让同一儿童既描述自己又描述他人会怎样呢？莱弗斯里、布罗姆利（1973）和西科特、皮维斯（1974）的研究同时关注了自我描述和对他人的描述。两个研究发现，自我和他人描述中的相似之处多于不同之处。特别是，儿童描述自我和描述他人的水平似乎是一样的。其他研究（Hart & Damon，1985）也报告了类似的结果。莱弗斯里和布罗姆利发现，二者的主要差异是被试在描述自我时，更多地使用喜好和厌恶的词汇（如喜欢和不喜欢）——这是可以预料到的。在喜欢和不喜欢这一点上，我们对自己的了解比对他人的多。西科特和皮维斯发现了类似结果：在描述自己时会更多地提到具体的兴趣、信念和价值。

对这一问题，我们所有的结论都是基于自由描述法，这个引发了一个备受关注的问题，即运用这样一个高度语言化的程序可能会低估儿童的自我感知能力，特别是那些不善于使用语言的年幼儿童。埃德尔（1989，1990）的两个研究表明确实如此。他的两个研究采用了简化的实验程序，对语言的依赖程度降低，结果发现年幼儿童也能进行特质描述。研究中（Eder，1990），儿童看到一对儿玩偶表现出了两种完全相反的特质，如"我常常生气""我基本不生气"，然后要求儿童指出他们最喜欢哪个玩偶。和其他研究一样，埃德尔的研究发现对特质的思考会随着年龄增长而增多，这个研究的年龄跨度是3～8岁。他们也发现即使是学前儿童也拥有一些关于他们自己特质的知识。而且埃德尔（1989）的研究也发现，当描述目标是另一个儿童时，他们也能进行一些特质描述。这个发现与先前讨论的归因研究的结论一致。对归因和个体感知的研究都表明年幼儿童在思考特质时不如年龄大的儿童和成人那么稳定，使用特质描述的频率也没有那么多，但两类研究都表明年幼儿童有时有能力这样做。

下面用自我的内容作为这部分的总结，但要认识到这并没有结束。对自我的感知能力并不是从本章研究中的年龄点开始发展的，而是在3岁左右开始谈论自我时就已经出现了。同时，对自我的认识在生命早期就开始了。本章中没有涉及有关于婴儿自我理解的研究，相关内容可以参考莱格斯特的文献综述（2006）和若查特（Rochat，2009）的研究。

人际关系和群体

本章讨论的主题都与心理理论研究有不同程度的重叠，但最后一个主题并不是如此。大多数心理理论研究中，被试的思考目标是单一个体的心理状态——有时候是自己，有时候是特定他人，有时候是一般他人。高阶心理理论研究有时需要考虑两个个体的心理状态（冰激凌车中的玛丽和约翰，陌生故事中的主人公），但关注的焦点仍然是单一个体的心理状态。至今还没有人从心理理论的视角讨论过接下来的研究：儿童是如何思考群体的。我们首次关注人际关系以及更大的群体。

人际关系

尚茨(1983)的研究讨论了三个主题：友谊，冲突和权威。这里主要讨论第一个和第三个主题。

这里的友谊并不是一般意义上的友谊(这是个非常大的主题)，而是对友谊的认知。儿童是如何认识友谊的，他们的想法是如何随着发展而变化的？与自我感知的研究一样，研究友谊最主要的方法也是口头报告，我们可能会向儿童提问"什么是朋友"或者"什么使另一个人成为你最好的朋友"或者"儿童是如何成为朋友的"，问题也可能针对友谊中的具体方面。比如，如何修复朋友间的友谊裂痕。我们对儿童如何思考友谊的结论都来自于他们对友谊的陈述。

如前所述，一个主要的问题是如何随发展而变化。很多研究者都关注过这个问题，他们报告了一些相似的结论。达蒙(1977)基于他自己的研究和塞尔曼(1976)、尤内斯(Youniss，1975)，以及尤内斯和沃尔普(Volpe，1978)的研究得出了一些结论。

达蒙明确了友谊推理的三个发展阶段。学前期和学龄早期是第一个阶段，儿童认为朋友就是好玩伴，和他一起玩很有趣，会一起分享东西，友谊是很短暂的，因此很少考虑朋友的个人特质。儿童中期，他们认为朋友是在长久的互惠关系中相互帮助和信任的人，友谊是主观的而不是客观的，因此朋友的具体特点很重要。青少年期，他们开始强调友谊需要相互理解、沟通，并保持亲密，成为朋友并保持友谊的主要基础是兴趣和人格的相容。

以上的结果并不令人吃惊，因为它与个人感知和自我感知研究得到的结论类似。这三个主题都是关于儿童如何思考人的，因此除了研究目标不同之外，我们预期研究结果会有一些相同点。

对友谊的研究引发了两个问题，我在最后一章中会再提到。首先，这些研究尝试将儿童对友谊的思考与儿童认知发展的一般理论联系起来，特别是皮亚杰学派和新皮亚杰学派的研究。其次，有关友谊的文献中经常出现阶段模型，这并不是巧合。而以上两点在心理理论研究中并不多见。

友谊是两个相同或相近年龄的同辈之间的一种对称关系。相反，通常来说权威是一种牵涉年幼—年长的不对称关系，一般来说最常见的是儿童与父母或儿童与教师之间的关系。一个最基本的问题仍然是，儿童对权威关系的认知会随着年龄增长而出现什么变化。达蒙(1977)和塞尔曼(Selman，1980；Selman & Jaquette，1977)早期研究得出的结论与友谊研究的结论类似，发展的过程呈现阶段性特点。

例如，达蒙描述了儿童对权威认知的变化：儿童早期是从自身利益出发的（服从是好的，因为它能使你得到自己想要的），儿童中期认为服从是因为权威有更强的力量，最终，服从是因为权威具有更多的知识的变化和更强的能力。塞尔曼把这些发展变化与他对观点采择的一般模型相联系（表 7-1），探索了儿童对父母和同辈权威的认知推理变化。在这两种情况下，儿童表现出了相同之处，从早期认为权威等同于权利到最终认为与权威的关系是平等、自愿、互惠的。

一些新近研究与早期研究并不冲突，但做了一些拓展（Laupa, Turiel, & Cowan, 1995）。最常见的拓展是关注了不同领域的发展，埃利奥特·图列尔（Elliot Turiel, 1983）最早提出这个观点，并由朱迪思·斯梅塔纳（Judith Smetana）和玛尔塔·劳帕（Marta Laupa）等进行了拓展。一般来说，这些研究关注了三个领域：道德领域关注的是对和错以及他人的权利和福祉，包括表现好的行为（如帮助、分享）及避免坏的行为（如撒谎、欺骗、攻击性）；社会习俗领域关注的是处于社会系统中的人在互动时所必须遵循的一些规则，包括称呼的方式、餐桌礼仪、礼貌用语等；心理领域关注的则是人的基本特点，如他们的想法，态度和感觉，其中的一个子领域，即个人领域，经常被单独区分出来，这个领域包括如何选择朋友、发型以及喜欢的音乐等。

父母和其他权威在这些领域建立并强化一些规则。但是，在不同领域，他们行为的合理性是不同的。大多数的情况下，儿童认为父母是道德和社会习俗领域的合法权威。但是，当涉及心理领域时，他们常常发生冲突，特别是在个人领域。冲突往往在青春期达到顶峰，这并不让人吃惊（Smetana, 1995）。然而，儿童 4 岁时就已经能够区分个人领域和道德领域，而且他们认为父母只是道德领域的权威（Lagattuta, Nucci, & Bosacki, 2010）。

父母是否是权威也存在一些不确定性，社会情境是决定他们是否为权威的重要因素。在家庭中父母是权威，但在朋友家中或在学校，父母就不一定是权威了。教师的权威更具有情境性——在学校肯定是权威，但在学校之外就不一定了。除此之外，权威命令的性质也会影响他的权威性。一般来说，父母是道德领域的合法权威，但如果父母命令儿童去打一个同伴或偷同学的午餐饭钱又会怎么样呢？从儿童中期开始，大多数儿童会认为父母发布这样的命令是错的，大多数儿童也表示他们拒绝服从这样的命令（Laupa et al., 1995）。

很多研究者也在其他文化背景下研究过儿童对权威的推理。尽管像我们预期的那样，不同文化之间存在一些差异，但更多的是相同点（Helweg, 2006；Kim, 1998；Yau, Smetana, & Metzger, 2009）。比如，在不同文化背景中，儿童都出现了道德—社会习俗—心理的划分，相似的，虽然随着年龄增长发展变化的趋势会有所差异，但对权威理解的基本形式都出现在儿童早期，特别是学前儿童就已经理解了道德和社会习俗领域。

群　体

　　群体有很多不同的含义，包含一个人归属的社会类型（如性别、人种、种族），相互互动的一群人（如人群和青少年小圈子），一个人所属的地区或国家。这个部分我们关注的是儿童对最后一层意思的理解。对社会类型归属的研究——特别是儿童对性别的思考——太大、太分散，因此不便于在此讨论。巴雷特和布坎南－巴罗（Barrett & Buchanan-Barrow，2005）编著的书对这个主题进行了全面介绍，包括儿童对性别、人种、种族和社会阶层的理解。

　　与儿童心理学中的许多主题一样，首先关注儿童对国家这一概念理解的是皮亚杰（Piaget，1928；Piaget & Weil，1951）。皮亚杰的研究关注两种知识。一种是地理性知识，如儿童是否知道日内瓦是瑞士的一个城市，因此它比瑞士要小？（皮亚杰的所有被试都是瑞士人，大多数住在日内瓦）第二是群体成员知识。比如，儿童是否知道他们既是日内瓦公民，同时又是瑞士公民？六七岁以下的儿童对这两点都知之甚少，皮亚杰在其一般发展阶段模型中对其进行了解释。在前运算阶段，儿童在理解物理世界、处理部分和整体的关系以及多重分类上都存在困难。因此当儿童理解国家和社会群体的概念时也面临困难。

　　后续研究部分支持皮亚杰的结论。这些研究（Jahoda，1964）发现，随年龄增长，儿童逐渐开始理解这些概念，同时儿童的反应模式差异较大，与皮亚杰的发展阶段模型不太一致。大多数研究基本上已经摒弃了皮亚杰的观点，但也有例外。汉斯·菲尔特（Hans Furth，1980，1996）在他的两本著作中仍然支持皮亚杰，他是皮亚杰学派的长期支持者。这本书的第一部分与当前的关注点有高度相关。在这本书中，菲尔特回溯了随年龄增长，儿童对社会不同方面的理解变化，包括对不同社会角色（如教师、医生、警察）的理解，对货币交换原则的理解，以及对政府本质和功能的理解。整本书的解释性框架都是源于皮亚杰，将儿童的发展变化都归于皮亚杰的认知发展阶段模型，并用皮亚杰的平衡（equilibration）概念作为主要的解释机制。

　　尽管菲尔特（1980，1996）做出了努力，但大多数研究者仍然不确定是否用发展阶段理论来解释该领域的发展是最好的——更不用说具体到使用皮亚杰的发展阶段理论。和这些阶段理论的正确性相比，随着年龄增长，儿童逐渐获得了更多有关国家和民族的知识，这点是更为明确的。马丁·巴雷特（2007）的一本书介绍了这点。巴雷特报告了儿童不同形式知识的发展，包括地理特征、历史、政府的不同方面以及国家象征（如旗帜、国歌）等。他的研究关注了儿童对自己国家以及对其他国家的知识理解。正如我们预期的，儿童对前者的了解超过后者。并且很多发展与我们预期的影响因素有关。如学校教育、智商、社会阶层以及看相关电视节目的时间等。

我们可以得出结论，该领域中的很多发展，包括获得事实性知识，与儿童认知功能的其他方面都是有关系的。此类研究对国家刻板印象感兴趣，即个体对不同国家的人的特点的印象。让 5 岁或 6 岁儿童描述不同国家的人时，他们的描述集中于外表特征、相貌、衣着和典型行为特征；当让 10 岁或 11 岁的儿童描述时，他们对外表特征的描述减少了，更多地关注心理特点、政治和宗教信仰。换句话说，我们可以看到儿童对他人感知，自我感知，友谊和权威信念的发展都是由表及里、不断深入的。

结　论

本章回顾了大量有关儿童理解社会和心理世界的研究和方法，它们作为一个独特的研究领域出现的时间都比心理理论早。尽管包括了很多主题，但并不全面。前面提到过我们忽略了对性别认知的研究，对道德推理的研究关注的也不够。没有讨论这些内容的原因和尚茨(1983)和弗拉维尔(1985)提到的原因一致：对这些内容的研究太多，包含的内容太多，因为版面有限，我们很难把这些内容浓缩到社会认知这个标题下。

虽然形式上不太完整，但本章的回顾说明我们在心理理论出现之前已经对心理世界了解了很多。而且不止是在心理理论出现之前，特别是对元认知和归因的研究，现在仍然是广受关注的领域。

我们在本章甚至本书的很多地方都提到了一个问题：如何把新旧研究整合在一起？如何在现有的心理知识的基础上进一步拓展心理理论研究？反过来，以前的研究如何丰富心理理论的研究视角并为未来的研究提供方向？特别是这两部分的研究结果如何综合在一起来回答本书的一个主要问题：学前期儿童有哪些发展？这些都是最后一章将要讨论的问题。

第八章

结　　论

本章分为两个部分。第一部分要讨论的问题在本书的诸多方面已经有所提及，尤其是在前一章中：如何比较心理理论的研究与其他早期的关于儿童对社会和内心世界理解的研究？这部分的目的是澄清新旧文献如何相互呼应和延伸，总结目前已有的研究成果并寻找未来研究方向。尽管本书强调毕生发展观，但重点还是体现在本书的副标题：儿童如何了解他人的思想。

第二部分在某种程度上是对先前内容的总结，将试图澄清对学前期之后心理理论理解的主要变化。

如第一章所述，本书并不是第一个试图联系新旧研究的书，本书参考了一些在这个主题上很有帮助的资料，如艾比利（2011）；巴奇和埃斯蒂斯（Estes，1996）；弗拉维尔（2000）；弗拉维尔和米勒（1998）；库恩（2000）以及泰勒（1996）等人的研究。表 8-1 提供了新旧研究对比的概览。

表 8-1　心理理论研究与其他研究的比较

维　度	心理理论	其他研究
研究的年龄	主要是出生到 5 岁	主要是 5 岁到成人期
幼儿的特点	混合的但强调积极发展	主要是消极的
心理状态	所有的	非常局限，主要是与认识有关的
指导理论	理论论、模拟论、模块理论	皮亚杰、新皮亚杰理论，特质论
阶段性	没有主要的阶段标志	常见的阶段模型
领域一般与领域特殊	主要是领域特殊	主要是领域一般
语言和执行功能	重点强调	很少强调
自我—他人	都包括	都包括
情境或个体的	主要是情境的	都包括
个体差异	有限，主要是种族差异	在一系列结果中都明显存在
对个体差异的理解	有限	一个重要的主题
对状态或特质的理解	主要是状态	都包括
对关系和群体的理解	没有研究	一个重要的主题
应用	有限，主要是临床表现	更一般和广泛

最初的对比

这部分将从最明显的对比开始，由此展开其他差异，这个对比就是所感兴趣的年龄段的差异。后文将进一步回顾第三章、第四章、第五章的观点，即心理理论不再是专门关于学前以及更小年龄段儿童的研究，不过目前大多数的研究还是针对这一年龄段的。相反，大多数关于社会理解的早期研究关注的是比较大的儿童以及成人，过去很少有研究关注婴儿期，关注学步期和学前早期的研究则几乎没有。

相比于早期研究，心理理论的研究不仅告诉我们更多的关于儿童早期发展的知识，而且它向我们提供了一幅关于儿童早期能理解什么、能做什么的更为积极的图景。当然这并不是因为今天的 4 岁儿童比 30 年前或 40 年前他们的同龄人更有能力，而是反映了不同的研究方法。一方面，相比于早期研究，心理理论研究包括了一些年幼儿童更擅长的心理状态（如愿望、假装），更重要的是，以往对儿童使用的研究方法只是对成人研究方法的延伸使用，而当前对儿童的研究过程则是特意针对儿童开发的。如此，可以更好地揭示幼儿的能力。

当然，心理理论研究关注早期发展也有消极面。至少到目前为止，这些方法告诉我们的在生命前 5 年的发展变化比其后 70 年如何发展的知识多得多。虽说在某种程度上这种相对忽视有一定的合理性，因为数十年的研究已经告诉我们很多关于儿童在 5 岁后如何发展的内容，心理理论的研究者不必一味重复前人的努力。然而，目前急需用一种补充的方法来弥补之前研究所遗漏的内容，这一点正是心理理论研究已经做出的。

另一个积极的论点是（虽然接下来可能会变得消极一点），心理理论的研究并没有止步于 5 岁。第三章、第四章、第五章叙述了一些为较大儿童（甚至成人）设计的研究范式，以及使用这些方法得到的一系列新结果。当然每一个心理理论的研究者和理论家都承认，学前期会发生超越一阶错误信念的变化以及其他的发展成就，过去 25 年研究者所做的就是逐步弄清这些变化都是什么。更重要的是，这些研究所发现的变化并不是对上千个皮亚杰式的对较大儿童思维的研究结果的细微变形，而是包含了前人文献不曾有的发展成就（如二阶错误信念，对多样性的理解）。

先前叙述的主旨在于说明作为一个相对较新的研究领域，心理理论的研究达到了这一目标：增加了我们所知道的内容，而非简单重复。不仅没有重复，我们还能期待许多新旧成果的交互——新研究建立于已有研究之上并增进了我们对已有研究结果的理解。考虑到心理理论与原来研究关注的年龄段有所不同，我们更能期待心理理论的研究可以揭示早期研究发现的那些发展成就的早期形式或者征兆。

一些对比新旧研究的学者已经准确地指出了这一点（Bartsch & Estes, 1996；Flavell, 2000；Kuhn, 2000）。库恩的讨论是最全面的，并部分基于她自己对科学推理和认识论的研究。她指出科学推理需要以基础心理理论的实现为基础，人们需要明白构成理论的信念与事实是分离的，但是也必须以事实为根据。同样的，认识论的发生也需要基础的一阶错误信念的发展，即人们需要明白信念只是一种主张而非事实，它可以被批判性地评价。巴奇、埃斯蒂斯和弗拉维尔都指出过新旧文献有跨年龄的更为广泛的联系。他们认为，如果儿童不能理解存在心理状态这一前提，他们是不能发展出调节心理状态的元认知知识的。

就像以上几个例子，大多数（总数有限的）试图发现两种文献联系的尝试都是理论争辩，而非实证检验。当然，一些联系确实不适合实证研究，但我们如何证伪"了解内心状态的存在是反思和操作内心状态的前提"这个观点呢？许多其他可能的联系则适用于实证研究，但事实上，到目前为止还没有针对心理理论的发展与其他来自更早期研究的发展的研究内检验（第六章提到的两个元认知研究是少有的例子）。这一问题需要更具信息的研究内、被试内设计来解决，即需要应用纵向设计的方法来研究早期与后期发展。确实，即使我们将范围缩小至心理理论的研究领域，纵向设计也是少之又少，而且大多数的纵向设计关心婴儿期和学前或学前早期和晚期的儿童发展变化，而不是如本书所界定的早期和晚期的发展。在第三章提到，只有三个纵向研究关注了一阶和二阶错误信念这两个对学前和学龄儿童最为常用的研究方法的关系。纵向设计总是推荐起来容易做起来难，但是在此还是要推荐使用这种方法。

理论的对比

像开篇章节中提到的，新旧研究之间在理论上存在更强烈的对比。并非所有不同时代的研究都有一个清晰的理论导向（实际上，可能很多研究都没有）。某种程度上讲，理论是重要的，但是理论会随着时间的流逝而改变。早期的研究大多具有皮亚杰理论或者新皮亚杰理论的背景，至少是基于他们有关儿童本质和发展本质的一些假设。很多以理论研究为目的的心理理论研究都是基于三个方向之一：理论论取向、模拟理论取向、模块论取向。近年来，以维果茨基文化历史观导向的理论视角开始成为第四个主流理论角色。

但是，大多数本领域的理论争议关注出生后前5年的发展，而关于高阶心理理论的研究有明显的非理论本质（atheoretical quality），这部分是因为这方面的很多研究有实用取向，尤其是第四章列举的研究。但即使是更加理论化的研究主题

（如高阶错误信念），理论化也受到限制。关注一阶发展的大多数研究者已经阐述了学前后期的发展问题，这些讨论局限于"更相似"等简要论述（Leslie，German，& Polizzi，2005；Perner，1988；Wellman，1990）。如第五章提到的，钱德勒的研究是一个例外（Chandler，1987），他的研究的特征是关注某一个主题而非一个成熟的理论。维果茨基的社会历史观可能在解释后期发展时起到一定的帮助作用，这个社会建构主义者认为跨年龄的应用性才是核心。但是到目前为止，关于位置表征的研究（Carpendale & Lewis，2004；Fernyhough，2008；Symons，2004）对较大儿童和高阶心理理论的关注较少。

正如第三章结论部分提到的，一个备受争议的问题是学前期前后的发展是否至少包含一部分概念的变化，也就是说，在知识基础下的一些特质、结构的改变。概念变化包括两个"只有"中的一个或全部：只有执行功能的提高、只有语言的提高。语言和执行功能对一阶、二阶发展都有贡献，我们的争议点在于语言和执行功能的贡献如何，以及这二者对发展起了什么样的作用：足够的、必不可少的或者仅仅是有帮助？值得注意的是，这个问题不仅仅应用于发展变化而且还要探究心理理论与其他发展之间的关系（第六章中讨论的问题）——说明了为什么用统计的方法控制执行功能和语言在这些研究中如此普遍。

新旧研究的显著差别在于后者是否讨论执行功能和语言。考虑到当时关于执行能力和语言的研究还没有形成清晰的、一致的结构，因此以往研究中不涉及它们也就不足为奇了。当然，到底哪些方面能反映执行功能并不是此处要讨论的内容，第七章中讨论了执行能力的一个方面：元认知的调节作用。

除了结构和方法的流动变化，新旧研究之间的差异有更深的理论基础。前人文献中阶段发展模型更为常见，第七章列举了几个这方面的例子，还包括本章未提及的一个更为重要的例子：关于道德推理的研究。阶段发展理论的一个中心是领域一般性（domain generality）：相同的推理在不同的内容和情境中发展，一般的认知结构可应用于不同的内容领域。这种观点使非阶段性的元素，如语言能力，得到的关注很少，人们很少想到这种元素可能对正在研究的主题会做出巨大的贡献。如果语言或者执行功能是重要的（假如研究者对其进行了探讨），一种领域一般的模型或者称为一般性阶段模型，就能解释而非替代这些现象。

心理理论的研究经常指向一般到特殊这个连续体的领域特殊那一端。这个结论来源于这些研究中阶段理论的缺失。实际上，领域特殊性（domain specificity）是心理理论的理论论和模块化理论的结合点。这样的观点下，澄清语言和执行功能在心理理论发展中的贡献有两个很重要的方面。第一方面也是最基本的，领域特殊性认为发展不能只用认知系统的一般方面来解释，如执行能力和语言。虽然执行能力和语言确实有贡献，但是它们并不能解释测量心理理论的任务表现、发展变化的表现、心理理论与其他理论的关系中所有的或者大部分的变异。第二方面，有关语言和执行能力的研究带有强烈的领域一般性取向，也提供了一种方法，用以区分认知系统中的某些共性，以及跨不同内容领域的认知功能的共性。很多人都直觉地认为一定会有一些普遍性的东西，因为并不是所有的事物都是领域特殊性的。语言和执行能力的研究也证实了这种直觉是正确的。

很难说心理理论是唯一一个语言和执行能力有重要作用的研究领域，但是至少对于执行能力，心理理论可能是最清晰和最彻底的研究案例。心理理论的研究方法——与以往文献的研究方法不同——为探究领域一般性和领域特殊性在儿童有关社会和心理世界推理上的交互作用做了贡献。但像我们在前几章中看到的，这部分研究还未得到确定的结论，关于语言和执行能力如何起作用还存在一些问题。另外，相对于一阶发展的研究，高阶发展的研究太少了。实际上，像第五章那样研究语言和执行能力对发展的影响才是有价值的。显然，在这方面还需要做更多的研究。

研究内容的对比

心理理论和先前研究的一般主题是相同的：儿童对社会和心理世界的理解。然而，在研究的内容以及如何研究一些特殊的问题上存在差异。

在先前文献中，"是什么"的标题下最显眼的是关系与群体，但在心理理论的文献中并不是这样，后者的结论需要量化。在心理理论的研究中，儿童在关系和群体中所获得的经验是一个自变量，也就是说，它可以用来解释发展。同时，从不同心理理论能力可以预测儿童在不同情境中的表现的角度来讲，关系和群体也被看成是因变量。但是目前为止还没有研究从心理理论的角度揭示当关系和群体作为儿童思考对象时的情况：儿童是如何思考这些问题的？他们的推理思维是如何随着发展变化而改变的？

理解心理状态在新旧文献中都是关键问题。但是随着时间推移，具体关注的重点改变了。早期的研究关注三种心理状态：认识状态（知识、信念、观点），情感，意图。心理理论研究的范围则更包罗万象。另一方面，一些观点认为先前的文献研究是更加广泛的。比如，信念这个话题，心理理论的研究超越了暗含在经典的一阶错误信念任务中的两种信念：对藏起来的物体的辨认和定位。关于定义二阶推理的信念的信念就是一个拓展问题，在第四章、第五章中还讨论了许多其他类似的拓展问题。无论如何，以往研究涉及的范围确实不同于当下的研究范围。归因和个人知觉方面的研究提出了一个大部分心理理论研究都未关注的问题：信念不只是关注一般意义上的人，而应该关注具体化的人（这个对比将后述）。然而，这种范围的扩大在认识论上可能最为明显。这部分的研究包含了大量不同的信念，包括有重大个人意义的信念和对于复杂而重要的现实世界问题的信念。另外，这类研究的目的不是简单地提出信念多样性而是探究有关信念的思维：它们从何而来？有什么不同？它们是如何被坚持的？关键在于明确信念而非简单地理解信念。

如在讨论元认知时提到的，一个更深入的对比在于前人研究不仅关注心理状态本身，而且关注心理状态改变了什么，也就是心理活动（mental actions）。关注儿童做了什么而不是仅仅关注他们知道什么使这类研究更具实用性，在先前的文献中，对其在不同领域中的应用比当前心理理论研究对它的应用更为普遍。元认知领域的研究就是一个例子，但绝不仅此一例。有关儿童对社会世界的推理研究就是用来帮助社会适应困难儿童的先驱：为攻击性儿童设计的再归因训练是一个例子，为低社会成功儿童设计的换位思考训练是另一个例子。

尽管新旧文献研究内容的区别是十分显著的，但也许它们之间更显著的区别在于对一些特殊问题的讨论。下面将回到本部分先前简单提到的一个问题。以往研究总是将儿童熟悉的他人作为他们的思考对象。很多个体感知的研究是这样，当儿童在描述他们好朋友或者自己特征的研究也是如此。极少数研究关注儿童对一般目标（generic targets）的推理，而非对熟悉他人的推理，即任何人如何在某种情境下思考、感受和行动。麦克斯、约翰和玛丽以及第四章使用的方法中的其他主人公的错误信念研究是一些例子。

由于思考对象不同而导致的差异衍生出来各种观点。最基本的是一般化问题：尽管预期一致是合理的，但是我们真的不知道儿童对妈妈、兄弟姐妹和好朋友的推理会不会和对麦克斯、约翰和玛丽的推理一样。不论如何，第五章提到的一点是相关的：不仅关注一般的，而且关注可以互换的目标（interchangeable targets）。这意味着标准化范式不仅告诉我们信念和其他心理状态情境维度的决定因素，也不仅仅是个人维度，即形成心理状态的不同人物造成的差异。毫无疑问，妈妈和兄弟姐妹会在相同情境下做出不同的行为，但是大多数心理理论研究没有告诉我们儿童如何理解这个事实。

因为目标是一般化的且可以互换的，很多心理理论研究也没有告诉我们任何儿童关于个体差异的知识。当然，这个问题应当扩大到（这部分研究也未说明）儿童是否以及何时能够根据潜在特质而不仅仅是表面特征进行推理。同样，这些研究也未能展现儿童社会认知的评估而非纯粹是认识的维度。表 7-7 展示了我们现今已经了解的信息：在生命的早期，思考别人不仅仅是基于事实的，许多方面的喜恶也起到了重要的作用。

注意，刚刚提到的观点不仅仅适用于思考他人的思维，也适用于思考自己的思维。当然，自我理解在心理理论中是一个核心问题，实际上，研究主要用模拟的方式，研究在理解自己的基础上去理解别人的方法。然而，在大多数心理理论的研究中，自我是一个一般化的目标，就像麦克斯、约翰和玛丽那样。因此，儿童可以判断他们是形成了一个正确的还是错误的信念，他们是否能在特殊信息输入的时候领会其中的意思，以及他们能否控制一种特定的思维方式。我们没有办法判断儿童关于自己的一些特殊的特征或者信念是否进入了这些判断，因此也就没有办法区分不同儿童间是否有差别。

本章中先前提到的一个观点要重申一下。一直以来，人类知觉、自我评价、归因风格等方面的研究加速了心理理论的研究，并且这些研究告诉了我们儿童对于一些特殊的人的认知，以及他们可以意识到人与人的差异。我们没有必要再去证实那些已有观点，然而，值得注意的是，即使是验证同一年龄阶段的特点，如何对这些研究分类还存在问题。例如，儿童在理解差异时表现出来的不同是否与他们知觉、归因风格的差异存在着某些联系。又如，儿童推理小插画（如陌生故事测验）中人物的差异是否与他们如何看待他们的同龄人或者朋友有关。总之，我们应该更广泛地探讨儿童有关人的认识共性和特性的特点。

马乔里·泰勒于 1996 年提出了心理理论是如何与相关的研究联系起来的问题。

将来的一大挑战是更好地理解儿童如何将其对个体差异的知识融入他们的行为中，其中，他们对个体差异的理解基于社会类别成员关系（social category membership）。同时也需要理解一些特异性变量，如对自我和熟悉他人的知识，其中儿童对一般解释性的理解基于信念—愿望心理学。（p. 315；copy right 1996 by Academic Press；with permission）

5 岁以上儿童的发展

本部分列出了有关儿童在 4 岁或 5 岁时获得一阶成就之后的心理理论理解发展的要点，并用这些要点总结了每一章及全书的内容。本书从以往和最新的研究文献中找到了切入点（尽管更强调最新的文献），由于现有的例子中很少有对心理理论很完善的理解，因此还推荐了未来的研究方向。表 8-2 总结了将要讨论的发展内容。

表 8-2　学前期以后儿童心理理论理解的发展

对二阶错误信念的理解

对解释的多样性的理解

对指代不明的理解

对不确定的理解

对更大范围的心理状态的理解

对心理活动(包括如何调节活动)的理解

对不同类型的信念间差异的理解

对信念起源的进一步理解——特别是对沟通和推理的理解,对信念形成的个体决策的理解

进一步发展一阶和二阶理解——更确定,更适用,应用更轻松、更有技巧

记忆和其他认知功能的知识积累

减少自我中心

对他人和自己的推理逐渐精确,包括对特质的归因

对群体和关系的知识增长

心理理论理解中个体差异的扩展结果

　　某些发展主要是一种从无到有的转变——某些理解的形式在系统刚开始发展时并没有出现并成为认知体系中的一部分,对二阶错误信念的理解就属于这一类。的确,即使对一个存在正确答案的任务,如二阶信念,仅进行通过—不通过的划分也是过于简单的,可能存在一个短暂的时期,在此期间儿童能够处理一些问题,但却不能通过另外一些类似的问题。而研究结果表明确实如此(如有证据说明一阶错误信念经历了逐步的,而非突然的发展;又如先前的研究结果说明守恒的发展也如此)。本书认为,儿童能够一直通过标准化任务后可能还有更大的发展,但是,在二阶错误信念这类的任务中探讨儿童是否——如果不是即刻也是最终——"具有"这种知识还是有意义的。答案是显而易见的:年龄小的儿童没有,年龄大的儿童才有。

　　尽管对二阶错误信念的理解本身有时可能是重要的,然而作为认知系统变化的指标,任务的成功同样重要。成功地完成任务表明儿童掌握了这样一个基本概念:不仅仅是物质世界,精神世界同样可以作为信念的目标,包括那些最后被证明是错误的信念。尽管标准任务解决了有关信念的问题,然而儿童还是认识到其他心理状态可以作为"A 认为 B……"这一链条中的最终环节。意图和情绪是至今为止已经研究的状态,其他可能的状态有待进一步的研究。未来研究还要关注,B 的某种心理状态是否影响儿童推断 A 对 B 的信念。

　　二阶错误信念任务的成功,同样代表了儿童能清晰递归推理的第一个指标,或者至少是语言领域以外的第一个指标——就像之前提到的,还需要更多的工作

来列举语言领域的递归与推理及问题解决递归间的关系。最初，儿童可能局限于二阶任务中的双环型递归，最终他们能解决越来越复杂的问题(尽管 5 个环节可能是上限，而且许多认知努力需要 3 个以上的环节)。

关于二阶任务的最后一点在第六章中提到过，识别二阶真实信念的需要比推断错误信念的需要更加普遍。由于信念与现实以及儿童自身的知识相符合，该任务在多数例子中很简单，对于大多数一阶真实信念也是如此。然而出人意料的是，最新的研究表明，在特定的环境下，学前儿童判断一阶真实信念是有困难的 (Fabricius，Boyer，Weimer，& Carroll，2010；Riggs & Simpson，2005)。因此，确定二阶水平中是否存在一个类似的挑战就变得很有趣了。

对解释的多样性的理解是要点中的第二条。同样，人们关注成就，因为成就是广义发展的一个指标。在这里，每个心理理论家都同意广义的发展是关键因素：能理解思想的作用不仅仅是复制现实，更是解释现实。没有理由将解释的多样性看作实现这一理解的第一步，儿童在学前期多方面的发展都超越了心理理论的解释。然而，解释的多样性标志着学前期没有发现的一个主要新进展：能够理解同一现实可以根据不同的思想进行不同的解释。

与错误信念一样，对于多样性的理解并不是一个短时间内达到的成就。至少在最开始，儿童成功识别多样性几乎随着环境和显而易见的线索变化而变化。最终，儿童能进行这样的推断，不仅是两个人的信念有差异，每个人信仰也都不同。反过来，这种成就与其对信念来源的逐渐了解紧密相连(在后面的内容中还会提到)。

在第五章中讨论了拉加图塔等人(Lagattuta et al.，2010)在研究中所提到的心理现象首次发生之后的进一步发展。拉加图塔等人的研究表明，最初儿童过分扩展其对多样性的理解，即使证据显示出一个共同的观点，儿童仍预测有不同解释的差异。那么高水平成就是否在过分扩展中显示出相似性就成了一个有趣的问题。过分扩展现象在早期有关"过分保护"的文献中就已提到。当然，语言学中给出了最清晰和著名的例子：儿童明显的应用新学习的文法规则。

第三条是对指代不明的理解。由经验得到的数据要比解释数据更加清晰，即使是将任务简单化，关于指代不明的推理要比一阶错误信念和其他学前期成就都要难。在一项分析中，这种推理需要二阶递归能力——假设分析是有效的，该能力能解释任务的难度。正如之前提到的，无论是何种理解都需要进一步论述和验证。

模糊任务是一个典型的例子，看起来似乎是很简单的任务，结果却比我们想象的要困难得多。另一个例子是对于回避的推理，将标准一阶信念任务由接近范式转变为一种回避范式，这大大增加了难度。同样，儿童(某些例子中也包括成人)推理一个不明确的信念比推理一个错误信念要困难得多。尽管当所得的信息不足以支持任何信念时，4 岁儿童对无知就有了精确的归因，但这种推理的困难仍然存在。当然，年仅 4 岁的儿童能对错误信念进行归因，但对不确定性的理解是之后获得的成就。对于歧义的学习是另一个证据来源。

最近的研究表明，比想象的要困难这一结论甚至拓展到那些一阶的能力上。不论自变量还是因变量的改变都可能引起儿童在回答一阶错误信念任务时至今都无法预测的改变。在一些情境下，即使是成年人，其一阶能力也可能不是自动的、没有差错。尽管成人所遇到的困难显然是值得注意的，但是这种研究也是发展变化的进一步证据来源。无论成人面对怎样的挑战，对于 5 岁或 6 岁的儿童，这种困难显然是更大的，实际的研究中也证实了这一点。

对他人心理状态的推理过程中一个最为普遍和持久的挑战是，一个首次出现在早期文献中的概念——实际上，该概念在早期的研究中曾具有长远的影响。这个概念就是皮亚杰自我中心化(在某些研究中被称为，知识偏差、后见之明、知识利己主义)。不论在心灵主义的理解中所面临的其他挑战是什么，出发点总是克服其自身的观点，并且这是一个持续一生的挑战。年长儿童总是要比年幼儿童好，而成人总是比儿童强——然而，其程度是不同的。

除了逐渐衰退的自我中心化之外，对于一个刚掌握上述问题知识的儿童来说，其认知系统是否成熟？在心理理论的文献中，我们能看到早期皮亚杰研究中的局限，该局限在我们讨论首次掌握一个概念以后的发展时也会遇到。可能没有人相信，一个 5 岁儿童的一阶能力几乎与成人相同，但是只要将评估方法局限于及格—不及格的绩效考核，那么二者之间就没有差异了。

某种特殊形式的知识是如何在儿童初步掌握知识以后进行改变的？我们认为有一些简单的途径，有些途径是根据他人的文章，有些基于有效的证据，有些则依赖于直觉。这些知识可能会应用于一个逐渐扩大的相关情境。当需要的时候，知识可能更加容易被熟练地使用，知识可能与认知系统中其他部分更好地整合。适当的时候，知识作为一个有意识的反射，可能会变得更加有效，相反，知识在表达方式上，其有意识性可能减小，自动化程度增加，从而降低了对认知资源的需求。最终，知识会以更大的确定性存在。以上提到的一些观点跟二阶错误信息任务与第四章所讨论的测量方法(如陌生故事测验，失礼故事测验)的对比有关。每种新的方法在不同程度上比错误信念任务难。这些不同难度的一个根源是"应用的方便性"维度。信念任务是一种理想的、尽可能简单的测量方法——如果儿童有相关知识，他们就能表现出来，但是陌生故事和其他的方法并不能让儿童更容易地得出结论，它们需要儿童将知识应用于一系列像真实世界一般的情境中，这些情境像现实世界一样，会有很多障碍干扰理解。回想一下就知道，实际上哈佩设计陌生故事的目标之一就是创造一个更加自然和充满挑战的环境。

二阶错误任务和"陌生故事"这样的测验方法之间的差异不仅仅是情境。正如第四章所说，解决"陌生故事"有时需要依赖于三阶推理。并且，即便当任务中仅有二阶推理时，"陌生故事"或日常生活中的故事（可能更明显）这类评估方式肯定会更加复杂——他们需要儿童去记忆和推理比在二阶错误信念任务中更多的特征和心理状态。儿童所能处理的心理状态的广度实际上是学前儿童特有的另一个变化。心理理论研究确实证明了学前儿童对心理状态广度的理解。并且，不仅仅是对那些孤立的状态的理解，而经常是对多个状态如何共同作用的理解（如愿望的实现是情绪的一种来源，愿望和信念共同引发行为）。无论如何，儿童随着发展越来越了解心理状态如何相互作用和影响，他们开始意识到那些在学龄前期并不敏感的心理状态。对于最后两个推论，"解读眼测试"是其中一个论据。

随着发展，儿童对心理活动也越来越了解。第五章里提到的那些之前一直聚焦于心理状态的心理理论研究，已经开始探索儿童对心理活动的理解。然而，我们对于这一主题的知识大多来自元认知的框架。这类研究记录了几乎所有五岁后出现的令人印象深刻的发展，在很广泛的背景下，既包含知道式（knowing-that）的陈述性知识，也包含知道"如何做"（knowing-how）的程序性知识。此外，这两种知识形式都影响儿童认知行为的发展变化和个体差异，并同样贯穿于一个很宽的环境领域。

在大多数的情况中，早期的研究文献并不关注"有或无"这类非连续发展的来源。然而，有关元认知的描述性研究是一个例外。这些研究表明，儿童最终会了解许多关于记忆、注意、语言以及其他内容的事实，而儿童在学前期并不了解这些事实。

尽管对于信念的理解一直都是研究的一个基本主题，但是各个具体研究的侧重点不同。在心理理论研究中，将信念基本的、最初的知识看作心理状态。一阶错误信念任务测量的是这样一个事实，信念是心理表征，并且不直接反映现实，这种观点本身可能就是错的。在二阶任务中增加了信念的一个现实问题：信念（包括错误信念）的内容中可能有其他心理表征。心理理论还研究有关信念来源的基本问题，包括信念的不同来源（感觉、交流、推理），信念准确性变化的基础（真实信念、错误信念、不坚定的信念、无知）。其中一些知识在学前期就出现，但大部分都是之后发展出来的，特别是对沟通和推理的理解几乎贯穿了整个童年期。

有关认识论的研究一般同样涉及信念。这类研究主要关注信念如何被证明，以及信念是否是个人的主观建构，或者是否反映了某个客观现实。然而，一个基本的认识论发展问题是，对于这类问题没有单一的普遍答案，而这类信念必需纳入到考虑范围内。因此，这类研究要求儿童能识别和推论不同类型的信念，并且这一要求比在心理理论中更高。这表明在这一领域的发展是长期的，可能持续一生。

到目前为止，尚没有提及第六章中讨论的材料——更高水平理解的结果。不过显然，第六章中讨论的所有事情几乎都被归入5岁后的发展。如果心理理论的某个独特方面还没有发展，那就不能影响其他发展，如对解释多样性的理解。通常，心理理论的差异可能随着儿童年龄增长而逐渐增大，并且这些差异的结果也随之增多。

最后提到了早期研究文献中涉及的一些最终发展。他们之所以来自早期文献，是因为早期文献关注心理理论研究中几乎不为人知的主题：儿童如何看待正常人以及特殊群体，熟悉的他人和自我？

儿童对于熟悉的人的关心显然并不是从5岁开始的。婴儿很早就能区分熟人和陌生人，并且他们最终对人生中重要的人形成了特定的工作模式（至少按照某些概念来说）。儿童的自我理解几乎是一出生就具备了，学龄前期出现了进一步的发展，正如我们看到的，即使是学前儿童也能对自我和他人进行一定的归因。

除了这些早期成就，考虑他人的能力从5岁起开始发展。正如我们在第七章看到的，这些发展显示出了很多相关特征。一般来说，随着儿童逐渐长大，对于人（自己或他人）的看法变得越来越不同，越来越完整，越来越多层面，越来越精确。存在一种普遍的由浅入深的变化，即相对表面的特征逐步被深层的本质特征所替代。这种发展的顶点是根据持久的倾向性特质来描述自己和他人特征的能力。

儿童对他人的考虑从个体扩展到对关系和群体的概念。除了知识的很多特殊形式的发展，对这些主题的考虑同样显示出了从表面到深层发展的转变，并且以考虑个体为特征。

儿童对人类差异越来越多的认识揭示了心理理论中的一些问题。儿童认识到了个体差异是人们在解释模糊刺激时存在差异的一个重要基础，并且认识到了这些差异导致了不同的解释。对差异的认识也是理解信念如何形成的关键。即使是学前儿童也理解许多信念形成的基本方面。例如，有充足知觉经验的人会知道一个客体的特性。儿童在5岁以后的许多发展都涉及个体差异的影响。例如，知道一个足够成熟的接收者才能从沟通和推理中学到知识。

下面要说的是除了学前期出现的知识形式以外，扩大社会理解范围的最后一个可能结果。其中涉及我们在儿童社会理解中能识别的个体差异。对年长儿童和高阶发展研究所使用的两种方法延伸了有关个体差异的研究，这种个体差异是指在达到一阶水平以后的个体差异。

最明显的延伸涉及作为成绩的个体差异范围。大多数一阶成就是二分（儿童掌握或没有掌握知识）和普遍的（每一个正常儿童都会掌握知识的基本形式）。唯一能被识别的个体差异有两种可能：发展速率的差异和临床症状标准的误差。尽管有些高阶评估也是二分的，但很多并不是，第四章中所讨论的测验提供了一系列分数，在早期研究文献中的测验也是这样。此外，这些测验中，大部分成绩在成人中也没有天花板效应，他们识别的个体差异并不仅仅是短暂的、发展迅速的。与一阶文献相比，高阶知识形式的研究让我们更加意识到，人类在心灵主义理解的范围内是多么的不同，以及相对较好的心理理论和相对较差的心理理论各自意味着什么。

第二种延伸属于更加质性的类型。除了在理解程度上有更多变异，后来的发展研究中所用的测量方法有助于告诉我们，儿童（或成人）掌握哪种心理理论类型。例如，儿童典型的归因方式是什么？儿童持有哪种智力理论类型？思考自己和思考他人之间如何比较？此外，思考的多种形式如何组合在一起？例如，有关知识本质的认识论信念与个体在各领域中对成败的解释有联系吗？与试图调节相关认知活动的元认知有联系吗？除了内容的变化之外，心理理论如何发展是否可能有更普遍的差异？例如，显著性是否有差异，或可获得性是否有差异，一些人按照常规方法寻找心理对行为的支撑作用，而另一些人则需要强烈的刺激来帮助他们寻找更深层次的解释？或者作为最后一个可能的差异（回到前面文献中讨论过的一个潜在的质性差异），是否真的存在"邪恶的"心理理论，如果有，这种消极因素是否存在于形成或使用各种认知的过程中？

经过了 80 年的研究，尚不能确定未来研究能否解决那些至今都未知的有关较大儿童对社会世界的理解的发展问题。但我们已经发现了要想将已经发现的元素组合到一起还需要做什么——特别是整合心理理论中所强调的个体—普遍知识和个体—特殊知识已经在早期研究中揭示了。这种整合模型将会为以下三个心理理论研究所关注的问题提供更加完整的答案：儿童心理理论的本质是什么？共同元素和独特元素从何而来？心理理论如何影响儿童其他方面的发展？

参考文献

Abraham, A., Rakoczy, H., Werning, M., von Cramon, D. Y., & Schubotz, R. (2010). Matching mind to world and vice versa: Functional dissociations between belief and desire mental state processing. Social Neuroscience, 5, 1—18.

Abu-Akel, A. (2003). A neurobiological mapping of theory of mind. Brain Research Reviews, 43, 29—40.

Adrian, J. E., Clemente, R. A., & Villanueva, L. (2007). Mothers'use of cognitive state verbs in picture-book reading and the development of children's understanding of mind: A longitudinal study. Child Development, 78, 1052—1067.

Ahmed, F. S., & Miller, L. S. (2011). Executive function mechanisms of theory of mind. Journal of Autism and Developmental Disorders, 41, 667—678.

Ahn, S., & Miller, S. A. (in press). Theory of mind and self-concept: A comparison of American and Korean children. Journal of Cross-Cultural Psychology.

Amsterlaw, J. (2006). Children s beliefs about everyday reasoning. Child Development, 77, 443—464.

Apperly, I. A. (2011). Mindreaders: The cognitive basis of"theory of mind. "New York, NY: Psychology Press.

Apperly, I. A., Back, E., Samson, D., & France, L. (2008). The cost of thinking about false beliefs: Evidence from adults'performance on a non-inferential theory of mind task. Cognition, 106, 1093—1108.

Apperly, I. A., & Butterfill, S. A. (2009). Do humans have two systems to track beliefs and belief-like states? Psychological Review, 116, 953—970.

Apperly, I. A., & Robinson, E. J. (1998). Children's mental representation of referential relations. Cognition, 67, 287—309.

Apperly, I. A., & Robinson, E. J. (2003). When can children handle referential opacity? Evidence for systematic variation in 5- and 6-year-old children's reasoning about beliefs and belief reports. Journal of Experimental Child Psychology, 85, 297—311.

Apperly, I. A., Samson, D., Carroll, N., Hussain, S., & Humphreys, G. (2006). Intact first- and second-order false belief in a patient with severely impaired grammar. Social Neuroscience, 1, 334—348.

Apperly, I. A., Samson, D., & Humphreys, G. W. (2009). Studies of adults can inform accounts of theory of mind development. Developmental Psychology, 45, 190—201.

Arsenio, W. F., & Lemerise, E. A. (2001). Varieties of childhood bullying: Values, emotion processes, and social competence. Social Development, 10, 59—73.

Aschersleben, G., Hofer, T., & Jovanovic, B. (2008). The link between infant attention to goal-directed action and later theory of mind abilities. Developmental Science, 11, 862—868.

Astington, J. W. (1993). The child's discovery of the mind. Cambridge, MA: MIT Press.

Astington, J. W. (2003). Sometimes necessary, never sufficient: False belief-understanding and social competence. In B. Repacholi & V. Slaughter (Eds.),

Individual differences in theory of mind (pp. 13 – 38). New York, NY: Psychology Press.

Astington, J. W. (2005, June). Beyond false belief: The development of social reasoning beyond the preschool years. Paper presented at the meeting of the Jean Piaget Society, Vancouver, BC.

Astington, J. W., & Baird, j. A. (Eds.). (2005). Why language matters for theory of mind. New York, NY: Oxford.

Astington, J. W., & Jenkins, J. M. (1995). Theory of mind and social understaning. Cognition and Emotion, 9, 151—165.

Astington, J. W., Pelletier, J., & Homer, B. (2002). Theory of mind and epistemological development: The relation between children's second-order false belief understanding and their ability to reason about evidence. New Ideas in Psychology, 20, 131—144.

Astington, J. W., Pelletier, j., & Jenkins, J. M. (1998, June). Language and theory of mind development over time: A Vygotskian perspective. Paper presented at the annual meeting of the Jean Piaget Society, Chicago, IL.

Atance, C. M., Bernstein, D. M., & Meltzoff, A. N. (2010). Thinking about false belief: It's not just what children say, but how long it takes them to say it. Cognition, 116, 297—301.

Avis, J., & Harris, P. L. (1991). Belief-desire reasoning among Baka children: Evidence for a universal conception of mind. Child Development, 62, 460—467.

Back, E., Ropar, D., & Mitchell, P. (2007). Do the eyes have it? Inferring mental states from animated faces in autism. Child Development, 78, 397—411.

Baillargeon, R. (2004). Infants'reasoning about hidden objects: Evidence for event-general and event-specific expectations. Developmental Science, 7, 391—424.

Baillargeon, R., Li, J., Ng, W., & Yuan, S. (2009). An account of infants' physical reasoning. In A. Woodward & A. Needham (Eds.), Learning and the infant mind (pp. 66—116). New York, NY: Oxford University Press.

Baird, J. A., & Astington, J. W. (2004). The role of mental state understanding in the development of moral cognition and moral action. In J. A. Baird & B. W. Sokol (Eds.), New directions for child and adolescent development: No. 103. Connections between theory of mind and sociomoral development (pp. 37—50). San Francisco, CA: Jossey-Bass.

Baird, J. A., & Sokol, B. W. (Eds.). (2004). New directions for child and adolescent development: No. 103. Connections between theory of mind and sociomoral development. San Francisco, CA: Jossey-Bass.

Baldwin, D. A., & Moses, L. J. (1996). The ontogeny of social information gathering. Child Development, 67, 1915—1939.

Banerjee, M. (1997). Hidden emotions: Pre-schoolers'knowledge of appearance-reality and emotion display rules. Social Cognition, 15, 107—132.

Banerjee, R. (2000). The development of an understanding of modesty. British Journal of Developmental Psychology, 18, 499—517.

Banerjee, R. (2002). Children's understanding of self-presentational behavior: Links with mental-state reasoning and the attribution of embarrassment. Merrill-Palmer Quarterly, 48, 378—404.

Banerjee, R. , & Henderson, L. (2001). Social-cognitive factors in childhood social anxiety: A preliminary investigation. Social Development, 10, 558—572.

Banerjee, R. , & Watling, D. (2005). Children's understanding of faux pas: Associations with peer relations. Hellenic Journal of Psychology, 2, 27—45.

Banerjee, R. , & Watling, D. (2010). Self-presentational features in social anxiety. Journal of Anxiety Disorders, 24, 34—41.

Banerjee, R. , Watling, D. , & Caputi, M. (2011). Peer relations and the understanding of faux pas: Longitudinal evidence for bidirectional associations. Child Development, 82, 1887—1095.

Banerjee, R. , & Yuill, N. (1999a). Children's explanations for self-presentational behaviour. European Journal of Social Psychology, 29, 105—111.

Banerjee, R. , & Yuill, N. (1999b). Children's understanding of self-presentational display rules: Associations with mental-state understanding. British Journal of Developmental Psychology, 17, 111—124.

Barbaro, J. , & Dissanayake, C. (2007). A comparative study of the use and understanding of self-presentational display rules in children with high functioning autism and Asperger's disorder. Journal of Autism and Developmental Disorders, 37, 1235—1246.

Barenboim, C. (1978). Development of recursive and nonrecursive thinking about persons. Developmental Psychology, 14, 419—420.

Barenboim, C. (1981). The development of person perception in childhood and adolescence: From behavioral comparisons to psychological constructs to psychological comparisons. Child Development, 52, 129—144.

Barlow, A. , Qualter, P. & Stylianou, M. (2010). Relationships between Machiavellianism, emotional intelligence and theory of mind in children. Personality and Individual Differences, 48, 78—82.

Barnes J. L. , Lombardo, M. V. , Wheelwright, S. , & Baron-Cohen, S. (2009). Moral dilemmas film task: A study of spontaneous narratives by individuals with autism spectrum conditions. Autism Research, 2, 148—156.

Baron-Cohen, S. (1989). The autistic child's theory of mind: A case of specific developmental delay. Journal of Child Psychology and Psychiatry, 30, 285—298.

Baron-Cohen, S. (1994). How to build a baby that can read minds: Cognitive mechanisms in mindreading. Cahiers de Psychologie Cognitive/Current Psychology of Cognition, 13, 513—552.

Baron-Cohen, S. (1995). Mindblindness: An essay on autism and theory of mind. Cambridge, MA: MIT Press/Bradford Books.

Baron-Cohen，S. (1999)，The extreme male-brain theory of autism，In H. Tager-Flusberg (Ed.)，Neurodevelopmental disorders(pp. 401—429). Cambridge，MA：MIT Press.

Baron-Cohen，S. (2000). Theory of mind and autism：A fifteen year review. In S. Baron-Cohen，H. Tager-Flusberg，& D. J. Cohen (Eds.)，Understanding other minds：Perspectives from developmental cognitive neuroseience (2nd ed. ，pp. 3 — 20). New York，NY：Oxford University Press.

Baron-Cohen，S. (2001). Theory of mind and autism：A review. In L. M. Glidden(Ed.)，International review of research in mental retardation：Vol. 23. Autism(pp. 169—184). San Diego，CA：Academic Press.

Baron-Cohen，S. (2003) . The essential difference：The truth about male and female brains. New York，NY：Basic Books.

Baron-Cohen，S. (2010). Autism and the empathizing-systemizing (E-S) theory，In P. D. Zelazo，M. Chandler，& E. Crone(Eds.)，Developmental social cognitive neuroscience (pp. 125—140). New York，NY：Psychology Press.

Baron-Cohen，S. ，& Hammer，J. (1997). Parents of children with Asperger syndrome：What is the cognitive phenotype? Journal of Cognitive Neuroscience，9，548—554.

Baron-Cohen，S. ，Jolliffe，T. ，Mortimore，C. ，& Robertson，M. (1997). Another advanced test of theory of mind：Evidence from very high functioning adults with autism or Asperger syndrome. Journal of Child Psychology and Psychiatry，38，813—822.

Baron-Cohen，S. ，Leslie，A. M. ，& Frith，U. (1985). Does the autistic child have a "theory of mind"? Cognition，21，37—46.

Baron-Cohen，S. O'Riordan，M. ，Stone，V. ，Jones，R. ，& Plaisted，K. (1999). Recognition of faux pas by normally developing children and children with Asperger syndrome or high-functioning autism. Journal of Autism and Developmental Disorders，29，407—418.

Baron-Cohen，S. ，Wheelright，S. ，Hill，J. ，Raste，Y. ，& Plumb，I. (2001)，The "Reading the Mind in the Eyes" Test Revised Version：A study with normal adults，and adults with Asperger syndrome or high-functioning autism. Journal of Child Psychology and Psychiatry，42，241—251.

Baron-Cohen，S. ，Wheelright，S. ，Spong，A. ，Scahill，V. ，& Lawson，J. (2001). Are intuitive physics and intuitive psychology independent? A test with children with Asperger syndrome. Journal of Developmental and Learning Disorders. 5，47—78.

Barquero，B. ，Robinson，E. J. ，& Thomas，G. V. (2003). Children's ability to attribute different interpretations of ambiguous drawings to a nive vs. a biased observer. InternationalJournal of Behavioral Development，27，445—456.

Barrett，J. L. ，Newman，R. M. ，& Richert，R. (2003). When seeing is not believing：Children's understanding of humans'and non-humans' use of background knowledge in interpreting visual displays. Journal of Cognition and Culture，3，91—108.

Barrett，J. L. ，Richert，R. A. ，& Driesenga，A. (2001). God's beliefs versus mother's：

The development of nonhuman agent concepts. Child Development，72，50－65.

Barrett，M. (2007). Children's knowledge，beliefs and feelings about nations and national groups. New York，NY：Psychology Press.

Barrett，M. ，& Buchanan-Barrow，E. (Eds.). (2005). Children's understanding of society. New York，NY：Psychology Press.

Bar-Tal，D. ，Raviv，A. ，Raviv，A. ，& Brosh，M. E. (1991). Perception of epistemic authority and attribution for its choice as a function of knowledge area and age. European Journal of Social Psychology，21，477－492.

Bartsch，K. (2002). The role of experience in children's developing folk epistemology：Review and analysis from the theory theory perspective. New Ideas in Psychology，20，145－161.

Bartsch，K. ，& Estes，D. (1996). Individual differences in children's developing theory of mind and implications for metacognition. Learning and Individual Differences，8，281－304.

Bartsch，K. ，& London，K. (2000). Children's use of mental state information in selecting persuasive arguments. Developmental Psychology，36，352－365.

Bartseh，K. ，London，K. ，& Campbell，M. D. (2007). Children's attention to beliefs in interactive persuasion tasks. Developmental Psychology，43，111－120.

Bartsch，K. ，& Wellman，H. M. (1989). Young children's attribution of action to beliefs and desires. Child Development，60，946－964.

Bartsch，K. ，& Wellman，H. M. (1995). Children talk about the mind. New York，NY：Oxford University Press.

Beaumont，R. B. ，& Sofronoff，K. (2008). A new computerized advanced theory of mind measure for children with Asperger syndrome：The ATOMIC. Journal of Autism and Developmental Disorders，38，249－260.

Begeer，S. ，Banerjee，R. ，Lunenburg，P. ，Terwogt，M. M. ，Stegge，H. ，& Rieffe，C. (2008). Self-presentation of children with autism spectrum disorders. Journal of Autism and Developmental Disorders，38，1187－1191.

Belenky，M. F. ，Clinchy，B. M. ，Goldberger，N. R. ，& Tarule，J. M. (1986). Women's ways of knowing：The development of self，voice and mind. New York，NY：Basic Books.

Bennett，M. ，& Gillingham，K. (1991). The role of self-focused attention in children's attributions of social emotions to the self. Journal of Genetic Psychology，152，303－309.

Bennett，M. ，& Matthews，L. (2000). The role of second-order belief-understanding and social context in children's self-attribution of social emotions. Social Development，9，126－130.

Bernstein，D. M. ，Thornton，W. K. ，& Sommerville，J. A. (2011). Theory of mind through the ages：Older and middle-aged adults exhibit more errors than do younger adults on a continuous false-belief task. Experimental Aging Research, 37, 481−502.

Birch, S. A. J. (2005). When knowledge is a curse: Children's and adults' reasoning about mental states. Current Directions in Psychological Science, 14, 25−29.

Birch, S. A. J., Akmal, N., & Frampton, K. L. (2010). Two-year-olds are vigilant of others' non-verbal cues to credibility. Developmental Science, 13, 363−369.

Birch, S. A. J., & Bloom, P. (2007). The curse of knowledge in reasoning about false beliefs. Psychological Science, 18, 382−386.

Birch, S. A. J., Vauthier, S. A., & Bloom, P. (2008). Three- and four-year-olds spontaneously use others' past performance to guide their learning. Cognition, 107, 1018−1034.

Bloom, P., & German, T. P. (2000). Two reasons to abandon the false belief task as a test of theory of mind. Cognition, 77, B25−B31.

Borke, H. (1975). Piaget's mountains revisited: Changes in the egocentric landscape. Developmental Psychology, 11, 240−243.

Bosacki, S. L. (2000). Theory of mind and self-concept in preadolescents: Links with gender and language. Journal of Educational Psychology, 92, 709−717.

Bosacki, S. L., & Astington, J. W. (1999). Theory of mind in preadolescence: Relations between social understanding and social competence. Social Development, 8, 237−255.

Boseovski, J., & Lee, K. (2008). Seeing the world through rose-colored glasses? Neglect of consensus information in young children's personality judgments. Social Development, 17, 399−416.

Botting, N., & Conti-Ramsden, G. (2008). The role of language, social cognition, and social skill in the functional social outcomes of young adolescents with and without a history of SLI. British Journal of Developmental Psychology, 26, 281−300.

Bowler, D. M. (1992). Theory of mind in Asperger syndrome. Journal of Child Psychology and Psychiatry, 33, 877−895.

Bowler, D. M. (1997). Reaction times to mental state and non-mental state questions in false belief tasks by high-functioning individuals with autism. European Child and Adolescent Psychiatry, 6, 160−165.

Bradmetz, J., & Schneider, R. (1999). Is Little Red Riding Hood afraid of her grandmother? Cognitive vs. emotional response to a false belief. British Journal of Developmental Psychology, 17, 501−514.

Bradmetz, J., & Schneider, R. (2004). The role of counterfactually satisfied desire in the lag between false-belief and false-emotion attributions in children aged 4 − 7. British Journal of Developmental Psychology, 22, 185−196.

Brent, E., Rios, P., Happé, F., & Charman, T. (2004). Performance of children with autism spectrum disorder on advanced theory of mind tasks. Autism, 8, 283−299.

Bretherton, I., & Beeghly, M. (1982). Talking about internal states: The acquisition of an explicit theory of mind. Developmental Psychology, 18, 906−921.

Broomfield，K. A.，Robinson，E. J.，& Robinson，W. P. （2002）. Children's understanding about white lies. British Journal of Developmental Psychology，20，47—65.

Brown，A. L.，Palincsar，A. S.，& Armbruster，B. B，（1984）. Inducing comprehension-fostering activities in interactive learning situations. In H. Mantl，N. L. Stein，& T. Trabasso(Eds.)，Learning and comprehension of text(pp. 255—286). Hillsdale，NJ：Erlbaum.

Brown，W. T. （2010）. Genetics of autism. In A. Chauhan，V. Chauhan，& W. T. Brown （Eds.)，Autism：Oxidative stress，inflammation，and immune system abnormalities(pp. 61—72). Boca Raton，FL：CRC Press.

Bruell，M.，& Woolley，J. D. (1996). Young children's awareness of the origins of their mental representations. Developmental Psychology，32，335—346.

Burr，J. E.，& Hofer，B. K. (2002). Personal epistemology and theory of mind：Deciphering young children's beliefs about knowledge and knowing. New Ideas in Psychology，20，199—224.

Buttelmann，D.，Carpenter，M.，& Tomasello，M. （2009）. Eighteen-month-old infants show false belief understanding in an active helping paradigm. Cognition，112，337—342.

Caillies，S.，& Le Sourn-Bissaoui，S. （2008）. Children's understanding of idioms and theory of mind development. Developmental Science，11，703—711.

Call，J.，& Tomasello，M. (2008). Does the chimpanzee have a theory of mind? 30 years later. Trends in Cognitive Science，12，187—192.

Caputi，M.，Lecce，S.，Pagnin，A.，& Banerjee，R. （2012）. Longitudinal effects of theory of mind on later peer relations：The role of prosocial behaviour. Developmental Psychology，48，257—270.

Caravita，S. C. S.，Di Blasio，P.，& Salmivalli，C. （2010）. Early adolescents' participation in bullying：Is ToM involved? Journal of Early Adolescence，30，138—170.

Caron，A. J. (2009). Comprehension of the representational mind in infancy. Developmental Review，29，69—95.

Carpendale，J.，& Chandler，M. J. (1996). On the distinction between false belief under standing and subscribing to an interpretive theory of mind. Child Development，67，1686—1706.

Carpendale，J.，& Lewis，C. （2004）. Constructing and understanding of mind：The development of children's social understanding within social interaction. Behavioral and Brain Sciences，27，79—151.

Carpendale，J.，& Lewis，C. (2006). How children develop social understanding. Malden，MA：Blackwell Publishing.

Carpendale，J.，& Lewis，C. （2010）. The development of social understanding：A relational perspective. In W. F. Overton （Ed.)，The handbook of life-span development: Vol. 1. Cognition, biology, and methods(pp. 584－627). New York, NY: Wiley.

Carr, M. (2010). The importance of metacognition for conceptual change and strategy use in mathematics. In H. S Waters & W. Schneider(Eds.), Metacognition, strategy use, and instruction(pp. 176－197). New York, NY: Guilford Press.

Carrington, S. J., & Bailey, A. J. (2009). Are there theory of mind regions in the brain? A review of the neuorimaging literature. Human Brain Mapping, 30, 2313－2335.

Carruthers, P., & Smith, P. K. (Eds.). (1996). Theories of theories of mind. Cambridge, England: Cambridge University Press.

Casey, B. J., & de Haan, M.(Eds.).(2002). Imaging techniques and their application to developmental science[Special issue]. Developmental Science, 5(3).

Cassidy, K. W. (1998). Three- and 4-year-old children's ability to use desire- and belief-based reasoning. Cognition, 66, B1－B11.

Castelli, I., Blasi, V., Alberoni, M., Falini, A., L, iverta-Sempio, O., Nemni, R., & Marchetti, A. (2010). Effects of aging on mindreading ability through the eyes: An fMRI study. Neuropsychologia, 48, 2586－2594.

Chandler, M. J. (1973). Egocentrism and antisocial behavior: The assessment and training of social perspective-taking skills. Developmental Psychology, 9, 326－332.

Chandler, M. J. (1987). The Othello effect: Essay on the emergence and eclipse of skeptical doubt. Human Development, 30, 137－159.

Chandler, M. J., & Birch, S. A. J. (2010). The development of knowing. In W. F. Overton(Ed.), The handbook of life-span development: Vol. 1. Cognition, biology, and methods(pp. 671－719). New York, NY: Wiley.

Chandler, M. J., Boyes, M. C., & Ball, L. (1990). Relativism and stations of epistemic doubt. Journal of Experimental Child Psychology, 50, 370－395.

Chandler, M. J., & Carpendale, J. I. M. (1998). Inching toward a mature theory of mind. In M. D. Ferrari & R. J. Sternberg(Eds.), Self-awareness: Its nature and development(pp. 148－190). New York, NY: Guilford Press.

Chandler, M. J., Fritz, A. S., & Hala, S. (1989). Small-scale deceit: Deception as a marker of 2-, 3-, and 4-year-olds early theories of mind. Child Development, 60, 1263 －1277.

Chandler, M. J., & Hala, S. (1994). The role of personal involvement in the assessment of early false belief skills. In C. Lewis & P. Mitchell (Eds.), Children's early understanding of mind: Origins and development (pp. 403－425). Hillsdale, NJ: Erlbaum.

Chandler, M. J., & Sokol, B. W. (1999). Representation once removed: Children's developing conceptions of representational life. In I. E. Sigel(Ed.), Development of mental representation(pp. 201－230). Mahwah, NJ: Erlbaum.

Chandler, M. J., Sokol, B. W., & Hallett, D. (2001). Moral responsibility and the inter pretive turn: Children's changing conceptions of truth and rightness. In B. F. Malle, L. J. Moses, & D. A. Baldwin (Eds.), Intentions and intentionality: Foundations ofsocial cognition(pp. 345−365). Cambridge, MA: MIT Press.

Charlton, R. A., Barrick, T. A., Markus, H. S., & Morris, R. G. (2009). Theory of mind asso ciations with other cognitive functions and brain imaging in normal aging. Psychology and Aging, 24, 338−348.

Charman, T., Carroll, F., & Sturge, C. (2001). Theory of mind, executive function and social competence in boys with ADHD. Emotional and Behavioural Difficulties, 6, 31−49.

Charman, T., Ruffman, T., & Clements, W. A. (2002). Is there a gender difference in false belief development? Social Development, 11, 1−10.

Christie, R., & Geis, F. L. (1970). Studies in Machiavellianism. New York, NY: Academic Press.

Clement, F., Koenig, M., & Harris, P. L. (2004). The ontogenesis of trust. Mind and Language, 19, 360−379.

Clements, W. A., & Perner, J. (1994). Implicit understanding of belief. Cognitive Development, 9, 377−395.

Clements, W. A., Rustin, C. L., & McCallum, S. (2000). Promoting the transition from implicit to explicit understanding: A training study of false belief. Developmental Science, 3, 81−92.

Cohen, L. B. (2009). The evolution of infant cognition: A personal account. Infancy, 14, 403−413.

Cole, K., & Mitchell, P. (2000). Siblings in the development of executive control and a theory of mind. British Journal of Developmental Psychology, 18, 279−295.

Cole, P. (1986). Children's spontaneous control of facial expression. Child Development, 57, 1309−1321.

Colonnesi, C., Koops, W., & Terwogt, M. M. (2008). Young children's psychological explanations and their relationship to perception-and intention-understanding. Infant and Child Development, 17, 163−179.

Colonnesi, C., Rieffe, C., Koops, W., & Perucchini, P. (2008). Precursors of a theory of mind: A longitudinal study. British Journal of Developmental Psychology, 26, 561−577.

Colvert, E., Rutter, M., Kreppner, J., Beckett, C., Castle, J., Groothues, C., … Sonuga-Barke, E. J. S. (2008). Do theory of mind and executive function deficits underlie the adverse outcomes associated with profound early deprivation?: Findings from the English and Romanian adoptees study. Journal of Abnormal Child Psychology, 36, 1057−1068.

Comay, J. (March, 2011). Interpretive understanding and second-order theory of mind: How are they related? Poster session presented at the biennial meeting of the Society for Research in Child Development, Montreal, Canada.

Comay，J.，& Astington，J. W. (2011). Narrative perspective taking and theory of mind. Manuscript in preparation.

Corballis，M. (2011). The recursive mind: The origins of human language, thought, and civilization. Princeton, NJ: Princeton University Press.

Corriveau，K.，Meints，K.，& Harris，P. L. (2009). Early tracking of informant accuracy and inaccuracy. British Journal of Developmental Psychology，27，331—342.

Coull，G. J.，Leekam，S. R.，& Bennett，M. (2006). Simplifying second-order belief attribution: What facilitates children's performance on measures of conceptual understanding? Social Development，15，260—275.

Costa，P. T.，& McCrae，R. R. (1992). Manual for Revised NEO Personality Inventory (NEO-PI-R) and Five Factor Inventory (NEO-FFI). Odessa, FL: Psychological Assessment Resources.

Crick，N. R.，& Dodge，K. A. (1994). A review and reformulation of social information processing mechanisms in children's social adjustment. Psychological Bulletin，115，74—81.

Crick，N. R.，& Dodge，K. A. (1999). 'Superiority'is in the eye of the beholder: A comment on Sutton, Smith, and Swettenham. Social Development，8，128—131.

Curran，S.，& Bolton，P. (2009). Genetics of autism. In Y. Kim(Ed.)，Handbook of behavior genetics(pp. 397—410). New York, NY: Springer.

Custer，W. (1996). A comparison of young children's understanding of contradictory representations in pretense, memory, and belief. Child Development，67，678—688.

Cutting，A. L.，& Dunn，J. (1999). Theory of mind, emotion understanding, language, and family background: Individual differences and interrelations. Child Development，70，853—865.

Cutting，A. L.，& Dunn，J. (2002). The cost of understanding other people: Social cognition predicts young children's sensitivity to criticism. Journal of Child Psychology and Psychiatry and Allied Disciplines，43，849—860.

Damon，W. (1977). The social world of the child. San Francisco, CA: Jossey-Bass.

Damon，W.，& Hart，D. (1982). The development of self-understanding from infancy through adolescence. Child Development，53，841—864.

Davies，M.，& Stone，T. (2003). Synthesis: Psychological understanding and social skills. In B. Repacholi & V. Slaughter(Eds.)，Individual differences in theory of mind (pp. 305—352). New York, NY: Psychology Press.

Davis，T. L. (2001). Children's understanding of false beliefs in different domains: Affective vs. physical. British Journal of Developmental Psychology，19，47—58.

Davis-Unger，A. C.，& Carlson，S. M. (2008). Development of teaching skills and relations to theory of mind in preschoolers. Journal of Cognition and Development，9，26—45.

Dennett，D. C. (1978). Beliefs about beliefs. Behavioral and Brain Sciences，1，568—570.

De Rosnay，M. ，Pons，F. ，Harris，P. L. ，& Morrell，J. M. B. (2004). A lag between understanding false belief and emotion attribution in young children: Relationships with linguistic ability and mothers'mental-state language. British Journal of Developmental Psychology，22，197—218.

Dickhauser，O. ，& Meyer，W. (2006). Gender differences in young children's math attributions. Psychology Science，48，3—16.

Divitto，B. ，& McArthur，L. Z. (1978). Developmental differences in the use of distinctiveness，consensus，and consistency information for making causal attributions. Developmental Psychology，14，474—482.

Doan，S. N. ，& Wang，Q. (2010). Maternal discussions of mental states and behaviors: Relations to emotion situation knowledge in European American and immigrant Chinese children. Child Development，81，1490—1503.

Dodge，K. A. (1980). Social cognition and children's aggressive behavior. Child Development，51，162—170.

Dodge，K. A. ，& Crick，N. R. (1990). Social-information processing bases of aggressive behavior in children. Personality and Social Psychology Bulletin，16，8—22.

Doherty，M. J. (2009). Theory of mind. Philadelphia，PA: Psychology Press.

Dorris，L. ，Espie，C. A. E. ，Knott，F. ，& Salt，J. (2004). Mind-reading difficulties in the siblings of people with Asperger's syndrome: Evidence for a genetic influence in the abnormal development of a specific cognitive domain. Journal of Child Psychology and Psychiatry，45，412—418.

Dunn，J. (1991). Young children's understanding of other people: Evidence from observations within the family. In D. Frye & C. Moore(Eds.). Children's theories of mind(pp. 97—114). Hillsdale，NJ: Erlbaum.

Dunn，J. (1999). Mindreading and social relationships. In M. Bennett (Ed.). Developmental psychology: Achievements and prospects(pp. 55 — 71). New York，NY: Psychology Press.

Dunn，J. ，Bretheron，I. ，& Munn，P. (1987). Conversations about feeling states between mothers and their young children. Developmental Psychology，23，132—139.

Dunn，J. ，Brown，J. ，& Beardsall，L. (1991). Family talk about feeling states and children's later understanding of others'emotions. Developmental Psychology，27，448—455.

Dunn，J. ，Brown，J. ，Slomkowski，C. ，Tesa，C. ，& Youngblade，L. (1991). Young children's understanding of other people's feelings and beliefs: Individual differences and their antecedents. Child Development，62，1352—1366.

Dunn，J. ，Cutting，A. L. ，& Demetriou，H. (2000). Moral sensibility，understanding others，and children's friendship interactions in the preschool period. British Journal of Developmental Psychology，18，159—177.

Dunn，J. ，& Kendrick，C. (1982). The speech of two- and three-year-olds to infant siblings:

"Baby talk"and the context of communication. Journal of Child Language，9，579—595.

Dweck，C. S. （1999）. Self theories：Their role in motivation，personality，and development. New York，NY：Psychology Press.

Dweck，C. S.，& Leggett，E. L.（1988）. A social-cognitive approach to motivation and personality. Psychological Review，95，256—273.

Dyck，M. J.，Ferguson，K.，& Schochet，I. M.（2001）. Do autism spectrum disorders differ from each other and from non-spectrum disorders on emotion recognition tasks? European Child and Adolescent Psychiatry，10，105—116.

Dyck，M. J.，Piek，J. P.，Hay，D.，Smith，L.，& Hallmayer，J.（2006）. Are abilities abnormally independent in children with autism? Journal of Clinical Child and Adolescent Psychology35，20—33.

Dziobek，I.，Fleck，S.，Kalbe，E.，Rogers，K.，Hassenstab，J.，Brand，M.，… Convit，A.（2006）. Introducing MASC：A movie for the assessment of social cognition. Journal of Autism and Developmental Disorders，36，623—636.

Dziobek，I.，Rogers，K.，Fleck，S.，Hassenstab，J.，Gold，S.，Wolf，O. T.，& Convit，A.（2005）. In search of"master mindreaders"：Are psychics superior in reading the language of the eyes? Brain and Cognition，58，240—244.

Eder，R. A.（1989）. The emergent personologist：The structure and content of 3—，5— and 7-year-olds' concepts of themselves and other persons. Child Development，60，1218—1228.

Eder，R. A.（1990）. Uncovering young children's psychological selves：Individual and developmental differences. Child Development，61，849—863.

Efklides，A.，& Misalidi，P.（Eds.）.（2010）. Trends and prospects in metacognition research. New York，NY：Springer.

Eisbach，A. O.（2004）. Children's developing awareness of diversity in people's trains of thoughts. Child Development，75，1694—1707.

Eisenberg，N.，Murphy，B. C.，& Shepard，S.（1997）. The development of empathic accuracy. In W. Ickes（Ed.），Empathic accuracy（pp. 73—116）. New York，NY：Guilford Press.

Eliot，J.，Lovell，K.，Dayton，C. M.，& McGrady，B. F.（1979）. A further investigation of children's understanding of recursive thinking. Journal of Experimental Child Psychology，28，149—157.

Ellis，B. J.，Bjorklund，D. F.，& King，A. C.（2011，March）. Surviving the savanna：How reasoning about predators can disrupt theory of mind performance in children. Paper presented at the biennial meeting of the Society for Research in Child Development，Montreal，Canada.

Epley，N.，Morewedge，C.，& Keysar，B.（2004）. Perspective taking in children and adults：Equivalent egocentrism but different correction. Journal of Experimental Social Psychology，40，760—768.

Evans，A. D.，Xu，F.，& Lee，K.（2011）. When all signs point to you：Lies told in the face of evidence. Developmental Psychology，47，39—49.

Fabricius，W. V.，Boyer，T. W.，Weimer，A. A.，& Carroll，K.（2010）. True or false：Do 5-year-olds understand belief? Developmental Psychology，46，1402—1416.

Fabricius，W. V.，Schwanenflugel，P. J.，Kyllonen，P. C.，Barclay，C. R.，& Denton，S. M.（1989）. Developing theories of the mind：Children's and adults'concepts of mental activities. Child Development，60，1278—1290.

Farmer，M.（2000）. Language and social cognition in children with specific language impairment. Journal of Child Psychology and Psychiatry and Allied Disciplines，41，627—636.

Feldman，N. S.，& Ruble，D. N.（1981）. The development of children's perceptions and attributions about their social world. In S. S. Brehm，S. M. Kassin，& F. X. Gibbons（Eds.），Developmental social psychology：Theory and research（pp. 191 — 206）. New York，NY：Oxford University Press.

Feldman，N. S.，& Ruble，D. N.（1988）. The effects of personal relevance on psychological inference：A developmental analysis. Child Development，59，1339—1352.

Fernyhough，C.（2008）. Getting Vygotskian about theory of mind：Mediation，dialogue，and the development of social understanding. Developmental Review，28，225—262.

Ferrell，J. M.，Guttentag，R. M.，& Gredlein，J. M.（2009）. Children's understanding of counterfactual emotions：Age differences，individual differences，and the effects of counterfactual-information salience. British Journal of Developmental Psychology，27，569—585.

Filippova，E.，& Astington，J. W.（2008）. Further development in social reasoning revealed in discourse irony understanding. Child Development，79，126—138.

Flapan，D.（1968）. Children's understanding of social interaction. New York，NY：Teachers College Press.

Flavell，J. H.（1963）. The developmental psychology of Jean Piaget. Princeton，NJ：Van Rostrand.

Flavell，J. H.（1979）. Metacognition and cognitive monitoring. American Psychologist，34，906—911.

Flavell，J. H.（1985）. Cognitive development（2d ed.）. Englewood Cliffs，NJ：Prentice Hall.

Flavell，J. H.（1992）. Perspectives on perspective taking. In H. Beilin & P. Pufall（Eds.），Piaget's theory：Prospects and possibilities（pp. 107—139）. Hillsdale，NJ：Erlbaum.

Flavell，J. H.（2000）.Development of children's knowledge about the mental world. lntentational Journal of Behavioral Development，24，15—23.

Flavell，J. H.，Botkin，P. T.，Fry，C. L.，Wright，J. W.，& Jarvis，P. E.（1968）. The development of role-taking and communication skills in children. New York，NY：Wiley.

Flavell，J. H.，Everett，B. A.，Croft，K.，& Flavell，E. R.（1981）. Young children's knowledge about visual perception: Further evidence for the Level 1- Level 2 distinction. Developmental Psychology，17，99—103.

Flavell，J. H.，Flavell，E. R.，& Green，F. L. (1983). Development of the appearance-reality distinction. Cognitive Psychology，15，95—120.

Flavell，J. H.，Flavell，E. R.，Green，F. L.，& Moses，L. J. (1990). Young children's understanding of fact beliefs versus value beliefs. Child Development，61，915—928.

Flavell，J. H.，Friedrichs，A. G.，& Hoyt，J. D. (1970). Developmental changes in memorization processes. Cognitive Psychology，1，324—340.

Flavell，J. H.，& Green，F. L. (1999). Development of intuitions about the controllability of different mental states. Cognitive Development，14，133—136.

Flavell，J. H.，Green，F. L.，& Flavell，E. R. (1986). Development of knowledge about the appearance-reality distinction. Monographs of the Society for Research in Child Development，51(1，Serial No. 212).

Flavell，J. H.，Green，F. L.，& Flavell，E. R. (1993). Children's understanding of the stream of consciousness. Child Development，64，387—398.

Flavell，J. H.，Green，F. L.，& Flavell，E. R. (1995). Young children's knowledge about thinking. Monographs of the Society for Research in Child Development，60(1，Serial No. 243).

Flavell，J. H.，Green，F. L.，& Flavell，E. R. (1998). The mind has a mind of its own: Developing knowledge about mental uncontrollability. Cognitive Development，13，127—138.

Flavell，J. H.，Green，F. L.，Flavell，E. R.，& Lin，N. T. (1999). Development of children's knowledge about unconsciousness. Child Development，70，396—412.

Flavell，J. H.，& Miller，P. H. (1998). Social cognition. In W. Damon(Series Ed.)& D. Kuhn & R. S. Siegler (Vol. Eds.), Handbook of child psychology: Vol. 2. Cognition, perception, and language(5th ed.，pp. 851—898). New York，NY: Wiley.

Flavell，J. H.，Miller，P. H.，& Miller，S. A. (2002). Cognitive development(4th ed.). Upper Saddle River，NJ: Prentice Hall.

Flavell，J. H.，Mumme，D. L.，Green，F. L.，& Flavell，E. R. (1992). Young children's understanding of different types of beliefs. Child Development，63，960—977.

Flavell，J. H.，Speer，J. R.，Green，F. L.，& August，D. L. (1981). The development of comprehension monitoring and knowledge about communication. Monographs of the Society for Research in Child Development，46 (Serial No. 192).

Flynn，E. (2006). A mierogenetie investigation of stability and continuity in theory of mind development. British Journal of Developmental Psychology，24，631—654.

Flynn，E. (2010). Underpinning collaborative learning. In B. W. Sokol，U. Muller，J. Carpendale，A. R. Young，& G. Iarocci(Eds.)，Self and social regulation: Social interaction and the development of social understanding and executive functions (pp. 312—336). New York, NY: Oxford University Press.

Foote, R. C., & Holmes-Lonergan, H. A. (2003). Sibling conflict and theory of mind. British Journal of Developmental Psychology, 21, 45—58.

Friedman, O., & Leslie, A. M. (2004). Mechanisms of belief-desire reasoning. Psychological Science, 15, 547—552.

Friedman, O., & Leslie, A. M. (2005). Processing demands in belief-desire reasoning: Inhibition or general difficulty? Developmental Science, 8, 218—225.

Frith, U., & Frith, C. (2003). Development and neurophysiology of mentalizing. Philosophical Transactions of the Royal Society of London—Series B: Biological Sciences, 258, 459—473.

Frith, U., Morton, J., & Leslie, A. M. (1991). The cognitive basis of a biological disorder: Autism. Trends in Neuroscience, 14, 433—438.

Froese, K. A., Glenwright, M. R., & Eaton, W. O. (2011, March). Is online data collection a useful approach for studying second-order false beliefs? Poster session presented at the biennial meeting of the Society for Research in Child Development, Montreal, Canada.

Furth, H. G. (1980). The world of grown-ups: Children's conceptions of society. New York, NY: Elsevier.

Furth, H. G. (1996). Desire for society: Children's knowledge as social imagination. New York, NY: Plenum Press.

Garner, P., Curenton, S., & Taylor, K. (2005). Predictors of mental state understanding in preschoolers of varying socioeconomic background. International Journal of Behavioral Development, 29, 271—281.

Garner, R. (1998). Metacognition and reading. Norwood, N | : Ablex Publishing.

Garnham, W. A., & Perner, J. (2001). Actions really do speaker louder than words-but only implicitly: Young children's understanding of false belief in action. British Journal of Developmental Psychology, 19, 413—432.

Garnham, W. A., & Ruffman, T. (2001). Doesn't see, doesn't know: Is anticipatory looking really related to understanding of belief? Developmental Science, 4, 94—100.

Gasser, L., & Keller, M. (2009). Are the competent the morally good? Perspective taking and moral motivation of children involved in bullying. Social Development, 18, 798—816.

German, T. P., & Hehman, J. A. (2007). Representational and executive selection resources in 'theory of mind': Evidence from compromised belief-desire reasoning in old age. Cognition, 101, 129—152.

Gillot, A., Furniss, E, & Walter, A. (2004). Theory of mind ability in children with specific language impairment. Child Language Teaching and Therapy, 20, 1—11.

Gini, G. (2006). Social cognition and moral cognition in bullying: What's wrong? Aggressive Behavior, 32, 528—539.

Gnepp, J. , & Chilamkurti, C. (1988). Children's use of personality attributions to predict other people's behavioral and emotional reactions. Child Development, 59, 743—754.

Golan, O. , Baron-Cohen, S. , & Golan, Y. (2008). The 'Reading the Mind in Films' Task[Child Version]: Complex emotion and mental state recognition in children with and without autism spectrum conditions. Journal of Autism and Developmental Disorders, 38, 1534—1541.

Golan, O. , Baron-Cohen, S. , Hill, J. R. , & Rutherford, M. D. (2007). The 'Reading the Mind in tile Voice' Test-Revised: A study of complex emotion recognition in adults with and without autism spectrum conditions. Journal of Autism and Developmental Disorders, 37, 1096—1106.

Goldberg, W. A. , Jarvis, K. L. , Osann, K. , Laulhere, T. M. , Straub, C. , Thomas, E. , . . . Spence, M. A. (2005). Brief report: Early social communication behaviors in the younger siblings of children with autism. Journal of Autism and Developmental Disorders, 35, 657—664.

Gonzalez, C. M. , Zosuls, K. M. , &Ruble, D. N. (2010). Traits as dimensions or categories? Developmental change in the understanding of trait terms. Developmental Psychology, 46, 1078—1088.

Gopnik, A. , & Astington, J. W. (1988). Children's understanding of representational change and its relation to the understanding of false belief and the appearance-reality distinction. Child Development, 59, 26—37.

Gopnik, A. , & Rosati, A. (2001). Duck or rabbit? Reversing ambiguous figures and understanding ambiguous representations. Developmental Science, 4, 175—183.

Gopnik, A. , Slaughter, V. , & Meltzoff, A. N. (1994). Changing your views: How understanding visual perception can lead to a new theory of mind. In C. Lewis & P. Mitchell(Eds.), Children's early understanding of mind: Origins and development(pp. 157—181). Hillsdale, NJ: Erlbaum.

Gopnik, A. , & Wellman, H. M. (1992). Why the child's theory of mind really is a theory. Mind and Language, 7, 145—171.

Gopnik, A. , & Wellman, H. M. (1994). The theory theory. In L. A. Hirschfeld & S. A. Gelman(Eds.), Mapping the mind: Domain specificity in cognition and culture(pp. 257—293). New York, NY: Cambridge University Press.

Gordon, F. R. , & Flavell, J. H. (1977). The development of intuitions about cognitive cueing. Child Development, 48, 1027—1033.

Gregory, C. , Lough, S. , Stone, V. , Erzinclioglu, S. , Martin, L. , Baron-Cohen, S. , & Hodges, J. R. (2002). Theory of mind in patients with frontal variant frontotemporal dementia and Alzheimer's disease: Theoretical and practical implications. Brain, 125, 752—764.

Gross, D. , & Harris, P. L. (1988). False beliefs about emotion: Children's understanding of misleading emotional displays. International Journal of Behavioral Development, 11, 475—488.

Hacker, D. J., Dunlosky, J., & Graesser, A. C. (Eds.). (2009). Handbook of metacognition in education. New York, NY: Routledge.

Hadwin, J., & Perner, J. (1991). Pleased and surprised: Children's cognitive theory of emotion. British Journal of Developmental Psychology, 9, 215—234.

Haith, M. M. (1998). Who put the cog in infant cognition? Is rich interpretation too costly? Infant Behavior and Development, 21, 167—179.

Hale, C. M., & Tager-Flusberg, H. (2003). The influence of language on theory of mind: A training study. Developmental Science, 6, 346—359.

Hansen, M., & Markman, E. M. (2005). Appearance questions can be misleading: A discourse-based account of the appearance-reality problem. Cognitive Psychology, 50, 233—263.

Happé, E(1993). Communicative competence and theory of mind in autism: A test of relevance theory. Cognition, 48, 101—119.

Happé, F. (1994). An advanced test of theory of mind: Understanding of story characters'thoughts and feelings by able autistic, mentally handicapped and normal children and adults. Journal of Autism and Developmental Disorders, 24, 129—154.

Happé, F. (1995a). The role of age and verbal ability in the theory of mind task performance of subjects with autism. Child Development, 66, 843—855.

Happé, F. (1995b). Understanding minds and metaphors—insights from the study of figurative language in autism. Metaphor and Symbolic Activity, 10, 275—295.

Happé, F., Winner, E., & Brownell, H. (1998). The getting of wisdom: Theory of mind in old age. Develop mental Psychology, 34, 358—362.

Harris. J. M., Best, C. S., Moffat, V. J., Spencer, M. D., Phillip, R. C. M., Power, M. J., & Johnstone, E. C. (2008). Autistic traits and cognitive performance in young people with mild intellectual impairment. Journal of Autism and Developmental Disorders, 38, 1241—1249.

Harris, K. R., Santangelo, T., & Graham, S. (2010). Metacognition and strategies instruction in writing. In H. S. Waters & W. Schneider (Eds.), Metacognition, strategy use, and instruction(pp. 226—256). New York, NY: Guilford Press.

Harris, P. L. (1991). The work of the imagination. In A. Whiten(Ed.), Natural theories of mind(pp. 283—304). Oxford: Blackwell.

Harris, P. L. (1992). From simulation to folk psychology: The case for development. Mind and Language, 7, 120—144.

Harris, P. L. (2006). Social cognition. In W. Damon & R. M. Lerner(Series Eds.)& D. Kuhn & R. S. Siegler(Vol. Eds.), Handbook of child psychology: Vol. 2. Cognition, perception, and language(6th ed., pp. 811—858). New York, NY: Wiley.

Harris, P. L. (2009). Simulation (mostly) rules: A commentary. British Journal of Developmental Psychology, 27, 555—559.

Harris, P. L., Johnson, C., Hutton, D., Andrews, G., & Cooke, T. (1989).

Young children's theory of mind and emotion. Cognition and Emotion, 3, 379 −400.

Hart, D. , & Damon, W. (1985). Contrasts between understanding self and understanding others. In R. L. Leahy(Ed.), The development of the self(pp. 151−178). Orlando, FL: Academic Press.

Harter, S. (2006). The self. In W. Damon & R. M. Lerner(Series Eds.)& N. Eisenberg (Vol. Ed.), Handbook of child psychology: Vol. 3. Social, emotional, and personality development(6th ed. , pp. 505−570). New York, NY: Wiley.

Harvey, J. H. , & Weary, G. (1984). Current issues in attribution theory and research. Annual Review of Psychology, 35, 427−59.

Hasselhorn, M. , Mahler, C. , & Grube, D. (2005). Theory of mind, working memory, and verbal ability in preschool children: The proposal of a relay race model of the developmental dependencies. In W. Schneider, R. Schumann-Hengsteler, & B. Sodian (Eds.), Young children's cognitive development: Interrelations among executive functioning, working memory, verbal ability, and theory of mind(pp. 219−237). Mahwah, NJ: Erlbaum.

Hayashi, H. (2007a). Children's moral judgments of commission and omission based on their understanding of second-order mental states. Japanese Psychological Research, 49, 261−274.

Havashi, H. (2007b). Young children's understanding of second-order mental states. Psychologia, 50, 15−25.

Hayward, E. O. (2011). Measurement of advanced theory of mind in school-age children: Investigating the validity of a unified construct. Unpublished doctoral dissertation, New York University.

Hayward, E. O. , & Homer, B. D. (2011, March). Measurement of advanced theory of mind in school-age children. Poster session presented at the biennial meeting of the Society for Research in Child Development, Montreal, Canada.

Heerey, E. A. , Capps, L. M. , Keltner, D. , & Kring, A. M. (2005). Understanding teasing: Lessons from children with autism. Journal of Abnormal Child Psychology, 33, 55−68.

Heider, F. (1958). The psychology of interpersonal relations. New York, NY: Wiley.

Helt, M. S. , Eigsti, I. , Snyder, P. J. , & Fein, D. A. (2010). Contagious yawning in autistic and typical development. Child Development, 81, 1620−1631.

Helweg, C. C. (2006). The development of personal autonomy through cultures. Cognitive Development, 21, 458−473.

Henderson, H. A. , Zahka, N. E. , Kojkowski, N. M. , Inge, A. P. , Schwartz, C. B. , Hileman, C. M. , ... Mundy, P. C. (2009). Self-referenced memory, social cognition, and symptom presentation in autism. Journal of Child Psychology and Psychiatry, 50, 853−861.

Heyman, G. (2009). Children's reasoning about traits. In P. J. Bauer(Ed.), Advances in chila development behavior(Vol. 37, pp. 105－143). London: Elsevier.

Heyman, G. D. , & Gelman, S. A. (1999). The use of trait labels in making psychological inferences. Child Development, 70, 604－619.

Higgins, E. T. (1981). Role taking and social judgment: Alternative developmental perspectives and processes. In J. H. Flavell & L. Ross (Eds.), Social cognitive developmumt(pp. 119－153). Cambridge, England: Cambridge University Press.

Higgins, E. T. , & Bryant, S. L. (1982). Consensus information and the fundamental attribution error: The role of in-group versus out-group knowledge. Journal of Personality and Social Psychology, 43, 889－900.

Hill, E. L. (2004). Evaluating the theory of executive dysfunction in autism. Developmental Review, 24, 189－233.

Hillier, A. , & Allinson, L. (2002). Beyond expectations: Autism, understanding embarrassment, and the relationship with theory of mind. Autism, 6, 299－314.

Hobson, J. , & Bowler, D. (2010). Editorial. Autism, 14, 387－389.

Hofer, B. K. , & Pintrich, P. R. (1997). The development of epistemological theories: Beliefs about knowledge and knowing and their relation to learning. Review of Educational Research, 67, 88－140.

Hofer, B. K. , & Pintrich, P. R. (Eds.). (2002). Personal epistemology: The psychology of beliefs about knowledge and knowing. Mahwah, NJ: Erlbaum.

Hoglund, W. L. G. , Lalonde, C. E. , & Leadbeater, B. J. (2008). Social-cognitive competence, peer rejection and neglect, and behavioral and emotional problems in middle childhood. Social Development, 17, 528－553.

Hogrefe, G. J. , Wimmer, H. , & Perner, J. (1986). Ignorance versus false belief: A developmental lag in attribution of epistemic states. Child Development, 57, 567－582.

Holmes, H. A. , Black, C. , & Miller, S. A. (1996). A cross-task comparison of false belief understanding in a Head Start population. Journal of Experimental Child Psychology, 63, 263－285.

Homer, B. D. , & Astington, J. W. (1995, March). Children's understanding of second-order beliefs in self and other. Paper presented at the biennial meeting of the Society for Research in Child Development, Indianapolis, IN.

Homer, B. D. , & Astington, J. W. (2001). Children's representation of second-order beliefs in self and other. Unpublished manuscript, University of Toronto, Toronto, Canada.

Hughes, C. (1998). Finding your marbles: Does preschoolers'strategic behavior predict later understanding of mind? Developmental Psychology, 34, 1326－1339.

Hughes, C. (2011). Social understanding and social lives. New York, NY: Psychology Press.

Hughes, C. , Adlam, A. , Happé, F. , Jackson, J. , Taylor, A. , & Caspi, A. (2000). Good test-retest reliability for standard and advanced false-belief tasks across a wide range of abilities. Journal of Child Psychology and Child Psychiatry, 41, 483−490.

Hughes, C., Jaffe, S. R., Happé, F. Taylor, A., Caspi, A., & Moffitt, T. E. (2005). Origins of individual differences in theory of mind: From nature to nurture? Child Development, 76, 356−370.

Hughes, C., & Leekam, S. (2004). What are the links between theory of mind and social relations? Review, reflections and new directions for studies of typical and atypical development. Social Development, 13, 590−619.

Hulme, S., Mitchell, P., & Wood, D. (2003). Six-year-olds'difficulty handling intensional contexts. Cognition, 87, 73−99.

Humfress, H., O'Connor, T. G., Slaughter, J. U., Target, M. U., & Fonagy, P. (2002). General and relationship-specific models of social cognition: Explaining the overlap and discrepancies. Journal of Child Psychology and Psychiatry, 43, 873−883.

Hutto, D. D. (2008). Folk psychological narratives: The sociocultural basis of understanding reasons. Cambridge, MA: MIT Press.

Iannotti, R. (1978). Effects of role taking experience on role taking, empathy, altruism, and aggression. Developmental Psychology, 14, 119−124.

Jahoda, G. (1964). Children's concepts of nationality: A critical study of Piaget's stages. Child Development, 35, 1081−1092.

Jahromi, L. B., & Stifter, C. A. (2008). Individual differences in preschoolers' self-regulation and theory of mind. Merrill-Palmer Quarterly, 54, 125−150.

James, W. (1890). The principles of psychology(Vol. 1). New York, NY: Holt.

Jenkins, J. M., & Astington, J. W. (1996). Cognitive factors and family structure associated with theory of mind development in young children. Developmental Psychology, 32, 70−78.

Jingxin, Z., Jiliang, S., & Wenxin, Z. (2006). Second-order false belief attribution and second-order emotion understanding in children. Psychological Science(China), 29, 57−60.

Jingxin, Z., Wenxin, Z., & Li, J. (2005). Relationship between children's second-order false belief, prosocial behavior and peer acceptance. Acta Psychologica Sinica, 37, 760−766.

Johnson, L., Miles, L., & McKinlay, A. (2008). A critical review of the Eyes Test as a measure of social-cognitive impairment. Australian Journal of Psychology, 60, 135−141.

Jones, D. N., & Paulhus, D. L. (2009). Machiavellianism. In M. R. Leary & R. H. Hoyle (Eds.), Handbook of social behavior(pp. 93−108). New York, NY: Guilford Press.

Kagan, J. (2008). In defense of qualitative changes in development. Child Development, 79, 1606−1624.

Kaland, N., Calleson, K., Moiler-Nielsen, A., Mortensen, E. L., & Smith, L. (2008). Performance of children and adolescents with Asperger syndrome or high-functioning autism on advanced theory of mind tasks. Journal of Autism and Developmental Disorders, 38, 1112−1123.

Kaland, N., Moiler-Nielsen, A., Callsen, K., Mortensen, E. L., Gottlieb, D., & Smith, L. (2002). An'advanced' test of theory of mind: Evidence from children and adolescents with Asperger syndrome. Journal of Child Psychology and Psychiatry，43，517—528.

Kaland，N.，Smith，L.，& Mortensen，E. L.（2007）. Response times of children and adolescents with Asperger syndrome on an 'advanced' test of theory of mind. Journal of Autism and Developmental Disorders，37，197—209.

Kamawar，D.，& Olson，D. R.（1999）. Children's representational theory of language：The problem of opaque concepts. Cognitive Development，14，531—548.

Kamawar，D.，& Olson，D. R.（2009）. Children's understanding of referentially opaque contexts：The role of metarepresentational and metalinguistic ability. Journal of Cognition and Development，10，285—305.

Kamawar，D.，& Olson，D. R.（2011）. Thinking about representations：The case of opaque contexts. Journal of Experimental Child Psychology，108，734—746.

Kamawar，D.，Pelletier，J.，& Astington，J. W.（1998，April）. "I know where she'll look for it，but I don't know where she'll say it is"：The development of children's proficiency with embedded verbs. Paper presented at the annual meeting of the American Educational Research Association，San Diego，CA.

Kassin，S. M.，& Lowe，C. A.（1979）. On the development of the augmentation principle：A perceptual approach. Child Development，50，728—734.

Keenan，T.（2003）. Individual differences in theory of mind：The preschool years and beyond. In B. Repacholi & V. Slaughter（Eds.），Individual differences in theory of mind（pp. 121—142）. New York，NY：Psychology Press.

Keenan，T.，& Ellis，B. J.（2003）. Children's performance on a false-belief task is impaired by activation of an evolutionary-canalized response system. Journal of Experimental Child，Psychology，85，236—256.

Keenan，T.，Ruffman，T.，& Olson，D. R.（1994）. When do children begin to understand logical inference as a source of knowledge? Cognitive Development，9，331—353.

Kelley，H. H.（1967）. Attribution theory in social psychology. In D. Levine（Ed.），Nebraska Symposium on Motivation（Vol. 15，pp. 192—241）. L，incoln：University of Nebraska Press.

Kikuno，H.，Mitchell，P.，& Ziegler，F.（2007）. How do young children process beliefs about beliefs? Evidence from response latency. Mind and Language，22，297—316.

Kim，J. M.（1998）. Korean children's concepts of adult and peer authority and moral reasoning. Developmental Psychology，34，947—955.

Kinderman，P.，Dunbar，R. I. M.，& Bentall，R. P.（1998）. Theory-of-mind deficits and causal attributions. British Journal of Psychology，89，191—204.

King，P. M.，& Kitchener，K. S.（1994）. Developing reflective judgment：Understanding and promoting intellectual growth and critical thinking in adolescents and adults. San Francisco，CA：Jossey-Bass.

Knight，N. (2008). Yukatek Maya children's attributions of belief to natural and non-natural entities. Journal of Cognition and Culture，8，235—243.

Kobayashi，C.，Glover，G. H.，& Temple，E. (2007). Cultural and linguistic effects on neural bases of "Theory of Mind" in American and Japanese children. Brain Research，1164，95—107.

Kreutzer，M. A.，Leonard，C.，& Flavell，J. H. (1975). An interview study of children's knowledge about memory. Monographs of the Society for Research in Child Development，40(1，Serial No. 159).

Kuebli，J.，Butler，S.，& Fivush，R. (1995). Mother-child talk about past emotions：Relations of maternal language and child gender over time. Cognition and Emotion，9，265—283.

Kuhn，D. (1991). The skills of argument. Cambridge，England：Cambridge University Press.

Kuhn，D. (1999). Metacognitive development. In L. Balter & C. S. Tamis-Monda(Eds.)，Child psychology：A handbook of contemporary issues(pp. 259—286). Philadelphia，PA：Psychology Press.

Kuhn，D. (2000). Theory of mind，metacognition，and reasoning：A life-span perspective. In P. Mitchell(Ed.)，Children's reasoning and the mind(pp. 301—326). Hove，England：Psychology Press.

Kuhn，D. (2001). Why development does(and does not)occur：Evidence from the domain of inductive reasoning. In J. L. McClelland & R. S. Siegler(Eds.)，Mechanisms of cognitive development(pp. 221—249). Mahwah，NJ：Erlbaum.

Kuhn，D.，Amsel，E.，& O'Laughlin，M. (1988). The development of scientific thinking skills. Orlando，FL：Academic Press.

Kuhn，D.，& Franklin，S. (2006). The second decade：What develops and when? In W. Damon & R. M. Lerner(Series Eds.)& D. Kuhn & R. S. Siegler(Vol. Eds.)，Handbook of child psychology：Vol. 2. Cognition，perception，and language(6th ed.，pp. 953—993). New York，NY：Wiley.

Kuhn，D.，Garcia-Mila，M.，Zohar，A.，& Andersen，C. (1995). Strategies of knowledge acquisition. Monographs of the Society for Research in Child Development，60 (Serial No. 245).

Kuhn，D.，& Pearson，S. (1998). Relations between metastrategic knowledge and strategic performance. Cognitive Development，13，227—247.

Kuhn，D.，& Pearsall，S. (2000). Developmental origins of scientific thinking. Journal of Cognition and Development，1，113—129.

Kun，A. (1977). Development of the magnitude-covariation and compensation schemata in ability and effort attributions of performance. Child Development，48，862—873.

Lagattuta，K. H.，Nucci，L.，& Bosacki，S. L. (2010). Bridging theory of mind and the personal domain：Children's reasoning about resistance to parental control. Child

Developmennt，81，616—635.

Lagatutta，K. H.，Sayfan，L.，& Blattman，A. J. (2010). Forgetting common ground: Six-to seven-year-olds have an overinterpretive theory of mind. Developmental Psychology，46，1417—1432.

Lalonde，C. E.，& Chandler，M. J. (2002). Children's understanding of interpretation. New Ideas in Psychology，20，163—198.

Landry，M. O.，& Lyons-Ruth，K. (1980). Recursive structure in cognitive perspective taking. Child Development，51，386—394.

Langdon，R.，Davies，M. & Coltheart，M. (2002) Understanding minds and understanding communicated meanings in schizophrenia. Mind and Language，17，68—104.

Larkin，S. (2010). Metacognition in young children. London，England: Routledge.

Laupa，M.，Turiel，E.，& Cowan，P. A. (1995). Obedience to authority in children and adults. In M. Killen & D. Hart(Eds.)，Morality in everyday life(pp. 131—165). New York，NY: Cambridge University Press.

Leahy，R. H. (1979). Development of conceptions of prosocial behavior: Information affecting rewards given for altruism and kindness. Developmental Psychology，15，34—37.

Leaper，C.，Anderson，K. J.，& Sanders，P. (1988). Moderators of gender effects on parents'talk to their children: A meta-analysis. Developmental Psychology，34，3—27.

Lecce，S.，& Hughes，C. (2010). The Italian job? Comparing theory of mind performance in British and Italian children. British Journal of Developmental Psychology，28，747—766.

Lecce，S.，Zocchi，S.，Pagnin，A.，Palladino，P.，& Taumoepeau，M. (2010). Reading minds: The relation between children's mental state knowledge and their metaknowledge about reading. Child Development，81，1876—1893.

Leekam，S. R. (1991). Jokes and lies: Children's understanding of intentional falsehood. In A. Whiten(Ed.)，Natural theories of mind: Evolution，development and simulation of everyday mindreading(pp. 159—174). Oxford: Basil Blackwell.

Legerstee，M. (2006). Infants' sense of people: Precursors to a theory of mind. New York，NY: Cambridge University Press.

Lepper，M. R.，Green，D.，& Nisbett，R. E. (1973). Undermining children's intrinsic interest with extrinsic rewards: A test of the"overjustification"hypothesis. Journal of Personality and Social Psychology，28，129—137.

Leslie，A. M. (1994). Pretending and believing: Issues in the theory of ToMM. Cognition，50，211—238.

Leslie，A. M.，German，T. P.，& Polizzi，P. (2005). Belief-desire reasoning as a process of selection. Cognitive Psychology，50，45—85.

LeSourn-Bissaoui，S.，Caillies，S.，Gierski，F.，& Motte，J. (2009). Inference processing in adolescents with Asperger syndrome: Relationship with theory of mind abilities. Research in Autism Spectrum Disorders，3，797—808.

Leudar，I & Costall，A. (Eds.). (2009). Against theory of mind. New York，NY:

Palgrave Macmillan.

Leudar, I., Costall, A., & Francis, D. (2004). Theory of mind: A critical assessment. Theory and Psychology, 14, 571−578.

Lewis, C., Freeman, N. H., Kriakidou, C., Maridaki-Kassotaki, K., & Berridge, D. M. (1996). Social influences on false belief access: Specific sibling influences or general apprenticeship? Child Development, 67, 2930−2947.

Liddle, B., & Nettle, D. (2006). Higher-order theory of mind and social competence in school-age children. Journal of Cultural and Evolutionary Psychology, 4, 231−244.

Lillard, A. S., & Flavell, J. H. (1990). Young children's preference for mental state versus behavioral descriptions of human action. Child Development, 61, 731−741.

Lindberg, S. M., Hyde, J. S., Peterson, J. L., & Linn, M. C. (2010). New trends in gender and mathematics research. Psychological Bulletin, 136, 1123−1135.

Liu, D., Gelman, S. A., & Wellman, H. M. (2007). Components of young children's trait understanding: Behavior-to-trait inferences and trait-to-behavior predictions. Child Development, 78, 1543−1558.

Liu, D., Meltzoff, A. N., & Wellman, H. M. (2009). Neural correlates of belief-and desire- reasoning. Child Development, 80, 1163−1171.

Liu, D., Wellman, H. M., Tardif, T., & Sabbagh, M. A. (2008). Theory of mind development in Chinese children: A meta-analysis of false belief understanding across cultures and languages. Developmental Psychology, 44, 523−531.

Livesley, W. J., & Bromley, D. B. (1973). Person perception in childhood and adolescence. London, England: Wiley.

Liwag, E. C. D. (1999). What do young children think about thinking? Exploring preschoolers'understanding of Pag-iisip. Philippine Journal of Psychology, 32, 1−29.

Lockl, K., & Schneider, W. (2007). Knowledge about the mind: Links between theory of mind and later metamemory. Child Development, 78, 148−167.

Lohmann, H., & Tomasello, M. (2003). The role of language in the development of false belief understanding: A training study. Child Development, 74, 1130−1144.

Lombardo, M. V., Barnes, J. L., Wheelwright, S. J., & Baron-Cohen, S. (2007). Self-referential cognition and empathy in autism. PLoSONE, 9(e883), 1−11.

Loth, E., Gomez, J. C., & Happé, F. (2008). Event schemas in autism spectrum disorders: The role of theory of mind and weak central coherence. JourLal of Autism and Developmental Disorders, 38, 449−463.

Loth, E., Happé, F., & Gomez, J. C. (2010). Variety is not the spice of life for people with autism spectrum disorders: Frequency ratings of central, variable and inappropriate aspects of common real-life events. Journal of Autism and Developmental Disorders, 40, 730−742.

Low, J. (2010). Preschoolers'implicit and explicit false-belief understanding: Relations with complex syntactical mastery. Child Development, 81, 597−615.

Maas，F. K. (2008). Children's understanding of promising，lying，and false belief. Journal of General Psychology，135，301—321.

MacPherson，S. E.，Phillips，L. H.，& Sala，S. D. (2002). Age，executive function，and social decision making：A dorsolateral prefrontal theory of cognitive aging. Psychology and Aging，17，598—609.

MacWhinney，B. (2000a). The CHILDES project：Tools for analyzing talk：Vol. 1. The format and programs(3rd ed.). Mahwah，NJ：Erlbaum.

MacWhinney，B. (2000b). The CHILDES project：Tools for analyzing talk：Vol. 2. The database(3rd ed.). Mahwah，NJ：Erlbaum.

Makris，N.，& Pnewnatikos，D. (2007). Children's understanding of human and super-natural mind. Cognitive Development，22，365—375.

Malti，T.，Gasser，L.，& Gutzwiller-Helfenfinger，E. (2010). Children's interpretive understanding，moral judgments，and emotion attributions：Relations to social behaviour. British Journal of Developmental Psychology，28，275—293.

Mansfield，A. F.，& Clinchy，B. (2002). Toward the integration of objectivity and subjectivity：Epistemological development from 10 to 16. New Ideas in Psychology，20，225—262.

Mant，C. M.，& Perner，J. (1988). The child's understanding of commitment. Developmental Psychology，24，343—351.

Markman，E. M. (1979). Realizing that you don't understand：Elementary children's awarehess of inconsistencies. Child Development，50，643—655.

Martin，J.，Sokol，B. W.，& Elfers，T. (2008). Taking and coordinating perspectives：From prereflective interactivity，through reflective intersubjectivity，to metareflective sociality. Human Development，51，294—317.

Maylor，E. A.，Moulson，J. M.，Muncer，A.，& Taylor，L. A. (2002). Does performance on theory of mind tasks decline in old age? British Journal of Psychology，93，465—485.

McAlister，A.，& Peterson，C. C. (2007). A longitudinal study of child siblings and theory of mind development. Cognitive Development，22，258—270.

McGamery，M. E.，Ball，S. E.，Henley，T. B.，& Besozzi，M. (2007). Theory of mind，attention，and executive function in kindergarten boys. Emotional and Behavioural Difficulties，12，29—47.

McKeown，M. G.，& Beck，I. L. (2009). The role of metacognition in understanding and supporting reading comprehension. In D. J. Hacker，J. Dunlosky，& A. G. Graesser (Eds.)，Handbook of metacognition in education (pp. 7—25). New York，NY：Routledge.

McKinnon，M. C.，& Moscovitch，M. (2007). Domain-general contributions to social reasoning：Theory of mind and deontic reasoning re-explored. Cognition，102，179—218.

Meins，E.，& Fernyhough，C. (1999). Linguistic acquisitional style and mentalising development：The role of maternal mind-mindedness. Cognitive Development，14，363—380.

Meins, E., Fernyhough, C., Johnson, F., & Lidstone, J. (2006). Mind-mindedness in children: Individual differences in internal-state talk in middle childhood. British Journal of Developmental Psychology, 24, 181−196.

Meins, E., Fernyhough, C., Wainwright, R., Clark-Carter, D., Gupta, M. D., Fradley, E., & Tuckey, M. (2003). Pathways to understanding mind: Construct validity and predictive validity of maternal mind-mindedness. Child Development, 74, 1191−1211.

Meis, A. P., Call, J., & Tomasello, M. (2010). 36-month-olds conceal auditory and visual information from others. Developmental Science, 13, 479−489.

Meltzoff, A. N. (1995). Understanding the intentions of others: Re-enactment of intended acts by 18-month-old children. Developmental Psychology, 31, 838−850.

Meltzoff A. N. (2006). The"like me"framework for recognizing and becoming an intentional agent. Acta Psychologica, 124, 26−43.

Meltzoff, A. N. (2007). "Like me"A foundation for social cognition. Developmental Science, 10, 126−134.

Meristo, M., Falkman, K. W., Hjelmquist, E., Tedoldi, M., Surian, L., & Siegal, M. (2007). Language access and theory of mind reasoning: Evidence from deaf children in bilingual and oralist environments. Developmental Psychology, 43, 1156−1169.

Meristo, M., & Hjelmquist, E. (2009). Executive functions and theory-of-mind among deaf children: Different routes to understanding other minds? Journal of Cognition and Development, 10, 67−91.

Miller, P. H. (1985). Children's reasoning about the causes of human behavior. Journal of Experimental Child Psychology, 39, 343−362.

Miller, P. H., & Aloise, P. A. (1989). Young children's understanding of the psychological causes of behavior: A review. Child Development, 60, 257−285.

Miller, P. H., & Aloise, P. A. (1990). Discounting in children: The role of social knowledge. Developmental Review, 10, 266−298.

Miller, P. H., & Bigi, L. (1979). The development of children's understanding of attention. Merrill-Palmer Quarterly, 25, 235−250.

Miller, P. H., & Coyle, T. R. (1999). Developmental change: Lessons from microgenesis. In E. K. Scholnick, K. Nelson, S. A. Gelman, & P. H. Miller (Eds.), Conceptual development: Piaget's legacy (pp. 209 − 239). Mahwah, NJ: Erlbaum.

Miller, P. H., Kessel, F., & Flavell, J. H. (1970). Thinking about people thinking about people thinking about...: A study of social cognitive development. Child Development, 41, 613−623.

Miller, S. A. (2000). Children's understanding of preexisting differences in knowledge and belief. Developmental Review, 20, 227−282.

Miller, S. A. (2009). Children's understanding of second-order mental states. Psychological

Bulletin，135，749—773.

Miller，S. A. (2011). Children's understanding of second-order false belief: Comparisons of content and method of assessment. Manuscript submitted for publication.

Miller, S. A. , Hardin, C. A. , & Montgomery, D. E. (2003). Young children's understanding of the conditions fo r knowledge acquisition. Journal of Cognition and Development，4，325—356.

Miller，S. A. , Holmes, H. A. , Gitten, J. , & Danbury, J. (1997). Children's understanding of false beliefs that result from developmental misconceptions. Cognitive Development，12，21—51.

Milligan, K. , Astington, J. W. , & Dack, L. A. (2007). Language and theory of mind: A meta-analysis of the relation between language ability and false-belief understanding. Child Development，78，622—646.

Mills, C. M. , & Grant, M. G. (2009). Biased decision-making: Developing an understanding of how positive and negative relationships may skew judgments. Developmental Science，12，784—797.

Mills, C. M. , & Keil, F. C. (2005). The development of cynicism. Psychological Science，16，385—390.

Mills, C. M. , & Keil, F. C. (2008). Children's developing notions of (im) partiality. Cognition，107，528—551.

Misalidi, P. (2010). Children's metacognition and theory of mind: Bridging the gap. In A. Efklides(Ed.)，Trends and prospects in metacognition research(pp. 279—291). New York，NY: Springer.

Mitchell, J. P. (2008). Contributions of functional neuroimaging to the study of social cognition. Current Directions in Psychological Science，17，142—146.

Mitchell, P. , Robinson, E. J. , Nye, R. M. , & Isaacs, J. E. (1997). When speech conflicts with seeing: Young children's understanding of informational priority. Journal of Experimental Child Psychology，64，276—294.

Mitroff, S. R. , Sobel, D. M. , & Gopnik, A. (2006). Reversing how to think about ambiguous figure reversals: Spontaneous alternating by uninformed observers. Perception，35，709—715.

Montgomery，D. E. (1992). Young children's theory of knowing: The development of a folk epistemology. Developmental Review，12，410—430.

Montgomery, D. E. (1993). Young children's understanding of interpretive diversity between different-aged listeners. Developmental Psychology，29，337—345.

Montgonery, D. E. (1994). Situational features influencing young children's mentalistic explanations of action. Cognitive Development，9，425—454.

Moore, C. (2006). The development of commonsense psychology. Mahwah，NJ: Erlbaum.

Moore, C. , & Corkum, V. (1994). Social understanding at the end of the first year of life. Developmental Review，14，349—372.

Moore, W. S. (2002). Understanding learning in a postmodern world: Reconsidering the Perry scheme of intellectual and ethical development. In B. K. Hofer & P. R. Pintrich (Eds.), Personal epistemology: The psychology of beliefs about knowledge and knowing(pp. 17−36). Mahwah, NJ: Erlbaum.

Mosconi, M. W., Mack, P. B., McCarthy G., & Pelphrey, K. A. (2005). Taking an "intentional stance" on eye-gaze shifts: A functional neuroimaging study of social perception in children. Neuroimage, 27, 247−252.

Moses, L. J. (2005). Executive functioning and children's theories of mind. In B. F. Malle & S. D. Hodges(Eds.), Other minds: How humans bridge the gap between self and others(pp. 11−25). New York, NY: Guilford Press.

Moses, L. J., Carlson, S. M., & Sabbagh, M. A. (2005). On the specificity of the relation between executive function and children's theories of mind. In W. Schneider, R. Schumann-Hengesteler, & B. Sodian (Eds.), Young children's cognitive development: Interrelations among executive functioning, working memory, verbal ability, and theory of mind(pp. 131−145). Mahwah, NJ: Erlbaum.

Myers, L. J., & Libeh, L. S. (in press). Graphic symbols as"the mind on paper": Links between children's interpretive theory of mind and symbol understanding. Child Development.

Naito, M., & Seki, Y. (2009). The relationship between second-order false belief and display rules reasoning: The integration of cognitive and affective social understanding. Developmental Science, 12, 150−164.

Nelson, K. (2007). Young minds in social worlds: Experience, meaning, and memory. Cambridge, MA: Harvard University Press.

Nelson-Le Gall, S., & Gumerman, R. (1984). Children's perception of helpers and helper motivation. Journal of Applied Developmental Psychology, 5, 1−12.

Nettle, D., & Liddle, B. (2008). Agreeableness is related to social-cognitive, but not social-perceptual, theory of mind. European Journal of Personality, 22, 323−335.

Newton, A. M., & de Villiers, J. G. (2007). Thinking while talking: Adults fail nonverbal false-belief reasoning. Psychological Science, 18, 574−579.

Newton, P., Reddy, V., & Bull, R. (2000). Children's everyday deception and performance on false-belief tasks. British Journal of Developmental Psychology, 18, 297−317.

Nguyen, L., & Frye, D. (1999). Children's theory of mind: Understanding of desire, belief and emotion with social referents. Social Development, 8, 70−92.

Nicholls, J. G. (1978). The development of the concepts of effort and ability, perception of academic attainment, and the understanding that difficult tasks require more ability. Child Development, 49, 800−814.

Nilsen, E. S., Glenwright, M., & Huyder, V. (2011). Children and adults realize that verbal irony interpretation depends on listener knowledge. Journal of Cognition and

Development，12，374－409.

Norbury，C. F. (2005). The relationship between theory of mind and metaphor：Evidence from children with language impairment and autistic spectrum disorder. British Journal of Developmental Psychology，23，383－399.

Norbury，C. F.，& Bishop，D. V. M. (2002). Inferential processing and story recall in children with communication problems：A comparison of specific language impairment，pragmatic language impairment and high-functioning autism. International Journal of Language and Communication Disorders，37，227－251.

O'Connor，T. G.，& Hirsch，N. (1999). Intraindividual differences and relationship-specificity of mentalizing in early adolescence. Social Development，8，256－274.

O'Hare，A. E.，Bremner，L.，Nash，M.，Happé，F.，& Pettigrew，L. M. (2009). A clinical assessment tool for advanced theory of mind performance in 5 to 12 year olds. Journal of Autism and Developmental Disorders，39，916－928.

O'Neill，D. K. (1996). Two year-olds'sensitivity to a parent's knowledge state when making requests. Child Development，67，659－667.

O'Neill，D. K.，& Chong，S. C. F. (2001). Preschool children's difficulty understanding the types of information obtained through the five senses. Child Development，72，803－815.

O'Neill，D. K.，& Gopnik，A. (1991). Young children's ability to identify the sources of their beliefs. Developmental Psychology，27，390－397.

Onishi，K. H.，& Baillargeon，R. (2005). Do 15-month-old infants understand false beliefs? Science，308，255－258.

Ozonoff，S.，Pennington，B. F.，& Rogers，S. J. (1991). Executive functioning deficits in high-fimctioning autistic individuals：Relationship to theory of mind. Journal of Child Psychology and Psychiatry，32，1081－1105.

Ozonoff，S.，Rogers，S. J.，& Pennington，B. F. (1991). Asperger's syndrome：Evidence of an empirical distinction from high-functioning autism. Journal of Child Psychology and Psychiatry，32，1107－1122.

Paal，T.，& Bereczkie，T. (2007). Adult theory of mind，cooperation，Machiavellianism：The effect of mindreading on social relations. Personality and Individual Differences，43，541－551.

Palincsar，A. S.，& Brown，A. L. (1984). Reciprocal teaching of comprehension-fostering and monitoring activities. Cognition and Instruction，1，117－175.

Pardini，M.，& Nichelli，P. (2009). Age-related decline in mentalizing skills across adult life span. Experimental Aging Research，35，98－106.

Parker，J. R.，MacDonald，C. A.，& Miller，S. A. (2007). "John thinks that Mary feels …" False belief across the physical and affective domains. Journal of Genetic Psychology，168，43－62.

Patnaik，B. (2006). Recursive thought in speech acts of children. Social Science International，22，24－37.

Pears, K. C., & Moses, L. J. (2003). Demographics, parenting, and theory of mind in preschool children. Social Development, 12, 1−19.

Pellicano, E. (2007). Links between theory of mind and executive function in young children with autism: Clues to developmental primacy. Developmental Psychology, 43, 974−990.

Pellicano, E. (2010). Individual differences in executive function and central coherence predict developmental changes in theory of mind in autism. Developmental Psychology, 46, 530−544.

Pellicano, E., Murray, M., Durkin, K., & Maley, A. (2006). Multiple cognitive capabilities/deficits in children with an autism spectrum disorder: "Weak" central coherence and its relationship to theory of mind and executive control. Development and Psychopathology, 18, 77−98.

Perner, J. (1988). Higher-order beliefs and intentions in children's understanding of social interaction. In J. W. Astington, P. L. Harris, & D. R. Olson(Eds.), Developing theories of mind(pp. 271−294). Cambridge, England: Cambridge University Press.

Perner, J. (1991). Understanding the representational mind. Cambridge, MA: MIT Press.

Perner, J. (1995). The many faces of belief: Reflections on Fodor's and the child's theory of mind. Cognition, 57, 241−269.

Perner, J. (1998). The meta-intentional nature of executive functions and theory of mind. In P. Carruthers & J. Boucher (Eds.), Language and thought (pp. 270 − 283). Cambridge, England: Cambridge University Press.

Perner, J. (2000). About + belief + counterfactual. In P. Mitchell & K. J. Riggs(Eds.), Children's reasoning and the mind(pp. 367−401). Hove, England: Psychology Press.

Perner, J. (2009). Who took the cog out of cognitive science? Mentalism in an era of anti-cognitivism. In P. A. Frensch & R. Schwarzer (Eds.), Cognition and neuropsychology: International perspectives on psychological science(Vol. 1, pp. 241−261). Hove, England: Psychology Press.

Perner, J., & Davies, G. (1991). Understanding the mind as an active information processor: Do young children have a "copy theory of mind"? Cognition, 39, 51−69.

Perner, J., & Howes, D. (1992). "He thinks he knows": and more developmental evidence against the simulation(role-taking)theory. Mind and Language, 7, 72−86.

Perner, J., Kain, W., & Barchfeld, P. (2002). Executive control and higher-order theory of mind in children at risk of ADHD. Infant and Child Development, 11, 141−158.

Perner, J., & Lang, B. (2000). Theory of mind and executive function: Is there a devel opmental relationship? In S. Baron-Cohen, H. Tager-Flusberg, & D. Cohen(Eds.), Understanding other minds: Perspectives from developmental cognitive neuroscience (2nd ed., pp. 151−181). London, England: Oxford University Press.

Perner, J., Lang, B., & Kloo, D. (2002). Theory of mind and self-control: More than a common problem of inhibition. Child Development，73，752—767.

Perner，J.，& Ruffman，T. (2005). Infants'insight into the mind: How deep? Science，308，214—216.

Perner，J.，& Wimme'r，H. (1985). "Johnthinks that Mary thinksthat..."Attribution of second-order beliefs by 5- to 10-year-old children. Journal of Experimental Child Psychology，39，437—471.

Perry，W. G. (1970). Forms of intellectual and ethical development in the college years. New York，NY: Holt，Rinehart，and Winston.

Peterson，C. C. (2000). Kindred spirits: Influences on siblings'perspectives on theory of mind. Cognitive Development，15，435—455.

Peterson，C. C.，& Slaughter，V. P. (2003). Opening windows into the mind: Mothers'preferences for mental state explanations and children's theory of mind. Cognitive Development，18，399—429.

Pexman，P. M.，& Glenwright，M. (2007). How do typically-developing children grasp the meaning of verbal irony? Journal of Neurolinguistics，20，178—196.

Pexman，P. M.，Rostad，K. R.，McMorris，C. A.，Climie，E. A.，Stowkowy，J.，& Glenwright，M. R. (2011). Processing of ironic language in children with high-functioning autism spectrum disorder. Journal of Autism and Developmental Disorders，41，1097—1112.

Piaget，J. (1926). The language and thought of the child. New York，NY: Harcourt Brace.

Piaget，J. (1928). Judgment and reasoning in the child. London，England: Routledge and Kegan Paul.

Piaget，J. (1929). The child's conception of the world. London，England: Routledge and Kegan Paul.

Piaget，J. (1932). The moral judgment of the child. New York，NY: Free Press.

Piaget，J. (1962). Comments on Vygotsky's critical remarks concerning The Language and Thought of the Child，and Judgment and Reasoning in the Child. Addendum to L. S. Vygotsky，Thought and Language. Cambridge，MA: MIT Press.

Piaget，J.，& Inhelder，B. (1956). The child's conception of space. London，England: Routledge & Kegan Paul.

Piaget，J.，& Weil，A. M. (1951). The development in children of the idea of the homeland and of relations to other countries. International Social Science Journal，3，561—578.

Pillow，B. H. (1991). Children's understanding of biased social cognition. Developmental Psychology，27，539—551.

Pillow，B. H. (1999). Children's understanding of inferential knowledge. Journal of Genetic Psychology，160，419—428.

Pillow，B. H. (2002). Children's and adults'evaluations of the certainty of deductive inferences，inductive inferences，and guessing. Child Development，73，779—792.

Pillow，B. H. (2008). Development of children's understanding of cognitive activities. Journal of Genetic Psychology, 169, 297—321.

Pillow, B. H., & Heinrichon, A. J. (1996). There's more to the picture than meets the eye: Young children's difficulty in understanding biased interpretation. Child Development, 67, 803—819.

Pillow, B. H., Hill, V., Boyce, A., & Stein, C. (2000). Understanding inference as a source of knowledge: Children's ability to evaluate the certainty of deduction, perception, and guessing. Developmental Psychology, 36, 169—179.

Pillow, B. H., Pearson, R. M., Hecht, M., & Bremer, A. (2010). Children's and adults'judg ments of the certainty of deductive inferences, inductive inferences, and guessing. Journal of Genetic Psychology, 171, 203—217.

Pillow, B. H., & Weed, S. T. (1995). Children's understanding of biased interpretation: Generality and. limitations. British Journal of Developmental Psychology, 13, 347—366.

Platek, S. M., Critton, S. R., Myers, T. E., & Gallup, G. G. (2003). Contagious yawning: The role of self-awareness and mental state attribution. Cognitive Brain Research, 17, 223—227.

Polak, A., & Harris, P. L. (1999). Deception by young children following noncompliance. Devehrpmental Psychology, 35, 561—568.

Poulin-Dubois, D., Brooker, I., & Chow, V. (2009). The developmental origins of naïve psychology in infancy. In P. J. Bauer(Ed.), Advances in child development behavior (Vol. 37, pp. 55—104). London, England: Elsevier

Povinelli, D. J, & Vonk, J. (2004). We don't need a microscope to explore the chimpanzee's mind. Mind and Language, 19, 1—28.

Pratt, P., & Bryant, P. (1990). Young children understand that looking leads to knowing (as long as they are looking in a single barrel). Child Development, 61, 973—982.

Premack, D., & Woodruff, G. (1978). Does the chimpanzee have a theory of mind? Behavioral and Brain Sciences, 1, 515—526.

Presmanes, A. G., Walden, T. A., Stone, W. L., & Yoder, P. J. (2007). Effects of differential cues on responding to joint attention in younger siblings of children with autism spectrum disorders. Journal of Autism and Developmental Disorders, 37, 133—144.

Pressley, M., Borkowski, J. G., & O'Sullivan, J. (1985). Children's metamemory and the teaching of memory strategies. In D. L. Forrest-Pressley, G. E. MeKinnon, & T. G. Waller(Eds.), Metacognition, cognition, and human performance: Vol. 1: Theoretical perspectives(pp. 111—153). New York, NY: Academic Press.

Qualter, P., Barlow, A., & Stylianou, M. S. (2011). Investigating the relationship between trait and ability emotional intelligence and theory of mind. British Journal of Developmental Psychology, 29, 437—454.

Rai, R., & Mitchell, P. (2004). Five-year-old children's difficulty with false belief when the sought entity is a person. Journal of Experimental Child Psychology, 89, 112—126.

Rai, R., & Mitchell, P. (2006). Children's ability to impute inferentially based knowledge. Child Development，77，1081－1093.

Rajendran，G.，& Mitchell，P.（2007）. Cognitive theories of autism. Developmental Review，27，224－260.

Randell，A. C.，& Peterson，C. C.（2009）. Affeetive qualities of sibling disputes，mothers'conflict attitudes，and children's theory of mind development. Social Development，18，857－874.

Recchia，H. E.，& Howe，N.（2009）. Associations between social understanding，sibling relationship quality，and siblings'conflict strategies and outcomes. Child Development，80，1564－1578.

Reddy，V.（2008）. How infants know minds. Cambridge，MA：Harvard University Press.

Reddy，V.，& Morris，P.（2004）. Participants don't need theories：Knowing minds in engagement. Theory and Psychology，14，647－665.

Repacholi，B. M.，& Gopnik，A.（1997）. Early reasoning about desires：Evidence from 14-and 18-month-olds. Developmental Psychology，33，12－21.

Repaeholi，B. M.，& Slaughter，V.（Eds.）.（2003）. Individual differences in theory of mind. New York，NY：Psychology Press.

Repacholi，B.，Slaughter，V.，Pritchard，M.，& Gibbs，V.（2003）. Theory of mind，Machiavellianism，and social functioning in childhood. In B. Repacholi & V. Slaughter（Eds.），Individual differences in theory of mind（pp. 67－98）. New York，NY：Psychology Press.

Riggs，K. J.，& Simpson，A.（2005）. Young children have difficulty ascribing true beliefs. Developmental Science，8，F27－F30.

Robinson，E. J.，& Apperly. I. A.（2001）. Children's difficulties with partial representations in ambiguous messages and referentially opaque contexts. Cognitive Development，16，595－615.

Robinson，E. J.，Haigh，S. N.，& Pendle，J. E. C.（2008）. Children's working understanding of the knowledge gained from seeing and feeling. Developmental Science，11，299－305.

Robinson，E. J.，& Mitchell，P.（1995）. Masking of children's early understanding of the representational mind：Backwards explanation versus prediction. Child Development，66，1022－1039.

Robinson，E. J.，& Nurmsoo，E.（2009）. When do children learn from unreliable speakers? Cognitive Development，24，16－22.

Rochat，P.（2009）. Others in mind：Social origins of self-consciousness. New York，NY：Cambridge University Press.

Rogers，S. J.（2009）. What are infant siblings teaching us about autism in infancy? Autism Research，2，125－137.

Ronald，A.，Viding，E.，Happé，F.，& Plomin，R.（2006）. Individual differences in theory of mind ability in middle childhood and links with verbal ability and autistic traits：

A twin study. Social Neuroscience, 1, 412−425.

Ross, H. S., Recchia, H. E., & Carpendale, J. (2005). Making sense of divergent interpretations of conflict and developing an interpretive understanding of mind. Journal of Cognition and Development, 6, 571−592.

Roth, D., & Leslie, A. M. (1998). Solving belief problems: Toward a task analysis. Cognition, 66, 1−31.

Rubin, K. H., Bukowski, W. M., & Parker, J. G. (2006). Peer interactions, relationships, and groups. In W. Damon & R. M. Lerner (Series Eds.) & N. Eisenberg(Vol. Ed.), Handbook of child psychology: Vol. 3. Social emotional, and personality development(6th ed., pp. 571−645). New York, NY: Wiley.

Ruble, D. N., & Rholes, W. S. (1983). The development of children's perceptions and attributions about their social world. In J. H. Harvey, W. Ickes, & R. F. Kidd (Eds.), New directions in attribution research(Vol. 3, pp. 3−29). Hillsdale, NJ: Erlbaum.

Ruffman, T., Gamham, W., Import, A., & Connolly, D. (2001). Does eye gaze indicate implicit knowledge of false belief? . Charting transitions in knowledge. Journal of Experimental Child Psychology, 80, 201−224.

Ruffman, T., Olson, D. R., & Astington, J. W. (1991). Children's understanding of visual ambiguity. British Journal of Developmental Psychology, 9, 89−102.

Ruffman, T., & Perner, J. (2005). Do infants really understand false belief? Trends in Cognitive Science, 9, 462−463.

Ruffman, T., Perner, J., Naito, M., Parkin, L., & Clements, W. A. (1998). Older (but not younger) siblings facilitate false belief understanding. Developmental Psychology, 34, 161−174.

Ruffman, T., Perner, J., & Parkin, L. (1999). How parenting style affects false belief understanding. Social Development, 8, 395−411.

Ruffman, T., Slade, L., & Crowe, E. (2002). The relation between children's and mothers'mental state language and theory-of-mind understanding. Child Development, 73, 734−751.

Ruffman, T., Slade, L., Rowlandson, K., Rumsey, C., & Garnham, A. (2003). How language relates to belief, desire, and emotion understanding. Cognitive Development, 18, 139−158.

Russell, J. (1987). "Can we say. . . ?"Cognition, 25, 289−308.

Russell, J. (1992). The theory theory: So good they named it twice? Cognitive Development, 7, 485−519.

Rutherford, M. D. (2004). The effect of social role on theory of mind reasoning. British Journal of Psychology, 95, 91−103.

Rutter, M., Sonuga-Barke, E. J., Beckett, C., Castle, J., Kreppner, J., Kumsta, R. … Bell, C. A. (2010). Deprivation-specific psychological patterns: Effects of institutional deprivation. Monographs of the Society for Research in Child Development, 75(1).

Sabbagh, M. A. , & Callanan, M. A. (1998). Metarepresentation in action: 3-, 4-, and 5-year-olds'developing theories of mind in parent-child conversations. Developmental Psychology, 34, 491—502.

Sabbagh, M. A. , & Seamans, E. L. (2008). Intergenerational transmission of theory-of-mind. Developmental Science, 11, 354—360.

Sachs, J. , & Devin, J. (1976) Young children's use of age appropriate speech styles in social interaction and role-playing. Journal of Child Language, 3, 81—98.

Sapp, F. , Lee, K. , & Muir, D. (2000). Three-year-olds'difficulty with the appearance-reality distinction: Is it real or is it apparent? Developmental Psychology, 36, 547—560.

Saxe, R. (2006). Why and how to study Theory of Mind with fMRI. Brain Research, 1079, 57—65.

Saxe, R. , Carey, S. , & Kanwisher, N. (2004). Understanding other minds: Linking developmental psychology and functional neuroimaging. Annual Review of Psychology, 55, 87—124.

Saxe, R. , & Pelphrey, K. A. (2009). Introduction to a special section of developmental social cognitive neuroscience. Child Development, 80, 946—951.

Saxe, R. , & Powell, L. J. (2006). It's the thought that counts: Specific brain regions for one component of theory of mind. Psychological Science, 17, 692—699.

Scarlett, H. H. , Press, A. N. , & Crockett, W. H. (1971). Children's description of peers: A Wernerian developmental analysis. Child Development, 42, 439—453.

Scheeren, A. M. , Begeer, S. , Banerjee, R. , Terwogt, M. , & Koot, H. M. (2010). Can you tell me something about yourself?: Self-presentation in children and adolescents with high functioning autism spectrum disorder in hypothetical and real life situations. Autism, 14, 457—473.

Schmidt, J. Z. , & Zachariae, R. , (2009). PTSD and impaired eye expression recognition: A preliminary study. Journal of Loss and Trauma, 14, 46—56.

Schneider, W. (2010). Metacognition and memory development in childhood and adolescence. In H. S Waters & W. Schneider(Eds.), Metacognition, strategy use, and instntction(pp. 54—81). New York, NY: Guilford Press.

Schneider, W. , & Pressley, M. (1997). Memory development between 2 and 20(2d ed.). Mahwah, NJ: Erlbaum.

Scholl, B. J. , & Leslie, A. M. (1999). Modularity, development, and"theory of mind. " Mind and Language, 14, 131—153.

Schwanenflugel, P. J. , Fabricius, W. V. , & Alexander, J. (1994). Developing theories of mind: Understanding concepts and relations between mental activities. Child Development, 65, 1546—1563.

Schwanenflugel, P. J. , Fabricius, W. V. , & Noyes, C. R (1996). Developing organization of mental verbs: Evidence for the development of a constructivist theory of mind in middle childhood. Cognitive Development，11，265－294.

Schwanenflugel，P. J. ，Henderson，R. L. ，& Fabricius，W. V. （1998）. Developing organization of mental verbs and theory of mind in middle childhood: Evidence from extensions. Developmental Psychology，34，512－524.

Scott，R. M. ，& Baillargeon，R. (2009). Which penguin is this? Attributing false beliefs about object identity at 18 months. Child Development，80，1172－1196.

Secord，P. F. ，& Peevers，B. H. （1974）. The development and attribution of person concepts. In T. Mischel(Ed.)，Understanding other persons(pp. 117－142). Totowa，NJ: Rowman & Littlefield.

Sehnan，R. L. (1976). The development of interpersonal reasoning. In A. D. Pick(Ed.)，Minnesota symposia，on child psychology（Vol. 10，pp. 156 － 200）. Minneapolis: University of Minnesota Press.

Selman，R. L. （1980）. The growth of interpersonal understanding: Developmental and clinical analyses. New York，NY: Academic Press.

Selman，R. L. (2008). Through thick and thin. Human Development，51，318－325.

Selman，R. L. ，& Byrne，D. F. (1974). A structural-developmental analysis of levels of role-taking in middle childhood. Child Development，45，803－806.

Selman，R. L. ，& Jaquette，D. （1977）. Stability and oscillation in interpersonal awareness: A clinical-developmental analysis. In C. B. Keasey（Ed.)，Nebraska symposium on notivation(Vol. 25，pp. 261－304). Lincoln: University of Nebraska Press.

Senju，A. ，Maeda，M. ，Kichuyi，Y. ，Hasegawa，T. ，Tojo，Y. & Osani，H. (2007). Absence of contagious yawning in children with autism spectrum disorder. Biology Letters，3，706－708.

Senju，A. ，Southgate，V. ，White，V. ，& Frith，U. （2009）. Mindblind eyes: An absence of spontaneous theory of mind in Asperger syndrome. Science，325，883－885.

Shadish，W. R. ，Cook，T. D. ，& Campbell，D. T. （2002）. Experimental and quasi-experimental designs for generalized causal inference. Boston，MA: Houghton Mifflin.

Shaked，M，Gamliel，I. ，& Yirmiya，N. （2006）. Theory of mind abilities in young siblings of children with autism. Autism，10，173－187.

Shantz，C. U. (1983). Social cognition. In J. H. Flavell & E. M. Markman(Vol. Eds.)& P. H. Mussen（Series Ed.)，Handbook of child psychology: Vol. 2. Cognitive development(4th ed. ，pp. 495－555). New York，NY: Wiley.

Shatz，M. ，Diesendruck，G. ，Martinez-Beck，I. ，& Akar，D. (2003). The influence of language and socioeconomic status on children's understanding of false belief. Developmental Psychology，39，717－729.

Shatz，M. ，& Gehnan，R. （1973）. The development of communication skills: Modifications in the speech of young children as a function of listener. Monographs of the Society for Research in Child Development，38(5，Serial No. 152).

Shatz, M., Welhnan, H. M., & Silber, S. (1983). The acquisition of mental verbs: A systematic investigation of first references to mental state. Cognition, 14, 301-321.

Shaughnessy, M. F., Veenman, M. V. J., & Kleyn-Kennedy, C. (Eds.). (2008). Meta-cognition: A recent review of research, theory, and perspectives. New York, NY: Nova Science Publishers.

Shiverick, S. M., & Moore, C. F. (2007). Second-order beliefs about intention and children's attributions of sociomoral judgment. Journal of Experimental Child Psychology, 97, 44-60.

Shultz, T. R., Butkowsky, I., Pearce, J. W., & Shanfield, H. (1975). Development of schemes for the attribution of multiple psychological causes. Developmental Psychology, 11, 502-510.

Shultz, T. R., & Cloghesy, K. (1981). Development of recursive awareness of intention. Developmental Psychology, 17, 465-471.

Siegler, R. S. (1996). Emerging minds: The process of change in children's thinking. New York, NY: Oxford University Press.

Slaughter, V. (2011). Early adoption of Machiavellian attitudes: Implications for children's interpersonal relationShips. In T. Barry, C. P. Kerig, & K. Stellwagen (Eds.) Narcissism and MachiaveUianism in youth: Implications for the development of adaptive and maladaptive behavior(pp. 177-192). Washington, DC: APA Books.

Slessor, G., Phillips, L. H., & Bull, R. (2007). Exploring the specificity of age-related differences in theory of mind tasks. Psychology and Aging, 22, 639-643.

Smetana, J. G. (1981). Preschool children's conceptions of moral and social rules. Child Development, 52, 1333-1336.

Smetana, J. G. (1995). Context, conflict, and constraint in adolescent-parent authority relationships. In M. Killen & D. Hart(Eds.), Morality in everyday life(pp. 225-255). New York, NY: Cambridge University Press.

Smith, M. C. (1978). Cognizing the behavior stream: The recognition of intentional action. Child Development, 49, 736-743.

Sobel, D. M., Capps, L. M., & Gopnik, A. (2005). Ambiguous figure perception and theory of mind understanding in children with autistic spectrum disorders. British Journal of Developmental Psychology, 23, 159-174.

Sodian, B. (1988). Children's attributions of knowledge to the listener in a referential communication task. Child Development, 59, 378-395.

Sodian, B. (2011). Theory of mind in infancy. Child Development Perspectives, 5, 39-43.

Sodian, B., & Hulsken, C. (2005). The developmental relationship of theory of mind, metacognition and executive functions: A study of advanced theory of mind abilities in children with attention deficit hyperactivity disorder. In W. Schneider, R. Schumann-Hengesteler, & B. Sodian (Eds.), Young children's cognitive development: Interrelations among executive functioning, working memory, verbal ability, and theory of mind(pp. 175－187). Mahwah, NJ: Erlbaum.

Soclian, B. , Taylor, C. , Harris, P. L. , & Perner, J. (1991). Early deception and the child's theory of mind: False trails and genuine markers. Child Development, 62, 468－83.

Sodian, B. , & Wimmer, H. (1987). Children's understanding of inference as a source of knowledge. Child Development, 58, 424－433.

Song, H. , Onishi, K. H. , & Baillargeon, R. (2008). Can an agent's false belief be corrected by an appropriate communication? Psychological reasoning in 18-month-old infants. Cognition, 109, 295－315.

Sonnenschein, S. (1988). The development of referential communication: Speaking to different listeners. Child Development, 59, 694－702.

Southgate, V. , Senju, A. , & Csibra, G. (2007). Action anticipation through attribution of false belief by 2-year-olds. Psychological Science, 18, 587－592.

Speck, A. A. , Scholte, E. M. , & Van Berckelaer-Onnes, I. A. (2010). Theory of mind in adults with HFA and Asperger Syndrome. Journal of Autism and Developmental Disorders, 40, 280－289.

Spelke, E. S. , Breinlinger, K. , Macomber, J. , & Jacobson, K. (1992). Origins of knowledge. Psychological Review, 99, 605－632.

Spelke, E. S. , & Kinzler, K. D. (2007). Core knowledge. Developmental Science, 10, 89－96.

Sperber, D. , & Wilson, D. (1995). Relevance: Communication and cognition(2nd ed.). Cambridge, MA: Blackwell Publishers.

Sprung, M. (2008). Unwanted intrusive thoughts and cognitive functioning in kindergarten and young elementary-aged children following Hurricane Katrina. Journal of Clinical Child and Adolescent Psychology, 37, 575－587.

Sprung, M. (2010). Clinically relevant measures of children's theory of mind and knowledge about thinking: Non-standard and advanced measures. Child and Adolescent Mental Health, 15, 204－216.

Sprung, M. , & Harris, P. L. (2010). Intrusive thoughts and young children's knowledge about thinking following a natural disaster. Journal of Child Psychology and Psychiatry, 51, 1115－1124.

Sprung, M. , Lindner, M. , & Thun-Hohenstein, L. (2011, March). Unwanted intrusive thoughts and knowledge about thinking in maltreated and injured children. Poster session presented at the biennial meeting of the Society for Research in Child Development, Montreal, Canada.

Sprung, M. , Perner, J. , & Mitchell, P. (2007). Opacity and discourse referents: Object identity and Object properties. Mind and Language, 22, 215－245.

Stack, J. , & Lewis, C. (2008). Steering toward a developmental account of infant social understanding. Human Development, 51, 229－234.

Stiller, J. , & Dunbar, R. I. M. (2007). Perspective-taking and memory capacity predict social network size. Social Networks，29，93—104.

Stipek, D. J., & Daniels, D. H. (1990). Children's use of dispositional attributions in predicting the performance and behavior of classmates. Journal of Applied Developmental Psychology，11，13—28.

Stipek, D. J., Recchia, S., & McClintic, S. (1992). Self-evaluation in young children. Monographs of the Society for Research in Child Development，57(1, Serial No. 226).

Strauss, S., Ziv, M., & Stein, A. (2002). Teaching as a natural cognition and its relations to preschoolers'developing theory of mind. Cognitive Development，17，473—487.

Sullivan, K., & Winner, E. (1991). When 3-year-olds understand ignorance, false belief and representational change. British Journal of Developmental Psychology，9，159—171.

Sullivan, K., Winner, E., & Hopfield, N. (1995). How children tell a lie from a joke: The role of second-order mental state attributions. British Journal of Developmental Psychology，13，191—204.

Sullivan, K., Zaitchik, D., & Tager-Flusberg, H. (1994). Preschoolers can attribute second-order beliefs. Developmental Psychology，30，395—402.

Surian, L., Caldi, S., & Sperber, D. (2007). Attribution of beliefs by 13-month-old infants. Psychological Science，18，580—586.

Sutton, J., Reeves, M., & Keogh, E. (2000). Disruptive behaviour, avoidance of responsibility and theory of mind. British Journal of Developmental Psychology，30，1—11.

Sutton, J., Smith, P. K., & Swettenham, J. (1999a). Bullying and'theory of mind': A critique of the'social skills deficit'view of anti-social behaviour. Social Development，8，117—134.

Sutton, J., Smith, P. K., & Swettenham, J. (1999b). Social cognition and bullying: Social inadequacy or skilled manipulation? British Journal of Developmental Psychology，17，435—450.

Symons, D. K. (2004). Mental state discourse, theory of mind, and the internalization of self-other understanding. Developmental Review，24，159—188.

Symons, D. K., & Clark, S. E. (2000). A longitudinal study of mother-child relationships and theory of mind in the preschool period. Social Development，9，3—23.

Symons, D. K., McLaughlin, E., Moore, C., & Morine, S. (1997). Integrating relationship constructs and emotional experience into false belief tasks in preschool children. Journal of Experimental Child Psychology，67，423—447.

Tager-Flusberg, H. (2007). Evaluating the theory-of-mind hypothesis of autism. Current Directions in Psychological Science，16，311—315.

Tager-Flusberg, H., & Joseph, R. M. (2005). How language facilitates the acquisition of false-belief understanding in children with autism. In J. W. Astington & J. A. Baird (Eds.), Why language matters for theory of mind(pp. 298—318). New York, NY: Oxford University Press.

Talwar, V., Gordon, H. M., & Lee, K. (2007). Lying in the elementary school years: Verbal deception and its relation to second-order belief understanding. Developmental Psychology, 43, 804—810.

Talwar, V., & Lee, K. (2002). Emergence of white-lie telling in children between 3 and 7 years of age. Merrill-Palmer Quarterly, 48, 160—181.

Talwar, V., & Lee, K. (2008). Social and cognitive correlates of children's lying behavior. Child Development, 79, 866—881.

Talwar, V., Murphy, H. M., & Lee, K. (2007). White-lie telling in children for politeness purposes. International Journal of Behavioral Development, 31, 1—11.

Tarricone, P. (2011). The taxonomy of metacognition. New York, NY: Psychology Press.

Taylor, M. (1996). A theory of mind perspective on social cognitive development. In R. Gelman & T. Au (Eds.), E. C. Carterette & M. P. Friedman (General Eds.), Handbook of perception and cognition: Vol. 13. Perceptual and cognitive development (pp. 283—329). San Diego, CA: Academic Press.

Taylor, M., Cartwright, B. S., & Bowden, T. (1991). Perspective taking and theory of mind: Do children predict interpretive diversity as a function of differences in observers' knowledge? Child Development, 62, 1334—1351.

Taylor, M., Esbensen, B. M., & Bennett, B. T. (1994). Children's understanding of knowledge acquisition: The tendency for children to report that they have always known what they just learned. Child Development, 65, 1581—1604.

Tomasello, M. (1999a), Having intentions, understanding intentions, and understanding communicative intentions. In P. D. Zelazo, J. W. Astington, & D. R. Olson(Eds.), Developing theories of intention(pp. 63—75). Mahwah, NJ: Erlbaum.

Tomasello, M. (1999b). The cultural origins of human cognition. Cambridge, MA: Harvard University Press.

Tomasello, M. (2008). Origins of human communication. Cambridge, MA: MIT Press.

Tomasello, M., Kruger, A. C., &Ratner, H. H. (1993). Cultural learning. Behavioral and Brain Sciences, 16, 495—552.

Trauble, B., Marinovi, V., & Vesna, S. (2010). Early theory of mind competencies: Do infants understand others'beliefs? Infancy, 15, 434—444.

Trillingsgaard, A. (1999). The script model in relation to autism. European Journal of Child and Adolescent Psychiatry, 8, 45—49.

Turiel, E. (1983). The development of social knowledge: Morality and convention. Cambridge, England: Cambridge University Press.

Turkstra, L. S., Williams, W. H., Tonks, J., & Frampton, I. (2008). Measuring social cognition in adolescents: Implications for students with TBI returning to school. NeuroRehabilitation, 23, 501—509.

Underwood, B., & Moore, B. (1982). Perspective-taking and altruism. Psychological Bulletin, 91, 143—173.

Van Overwalle, F. (2009). Social cognition and the brain: A meta-analysis. Human Brain Mapping, 30, 829—858.

Varouxaki, A., Freeman, N. H., & Peters, D. (1999). Inference neglect and ignorance denial. British Journal of Developmental Psychology, 17, 483—499.

Vinden, P. G. (2002). Understanding minds and evidence for belief: A study of Mofu children in Cameroon. International Journal of Behavioral Development, 26, 445—452.

Wainryb, C., Shaw, L. A., Langley, M., Cottam, K., & Lewis, R. (2004). Children's thinking about diversity of belief in the early school years: Judgments of relativism, tolerance, and disagreeing persons. Child Development, 75, 687—703.

Walker-Andrews, A. S. (1997). Infants'perception of expressive behaviors: Differentiation of multimodal information. Psychological Bulletin, 123, 437—456.

Waters, H. S., & Schneider, W. (Eds.). (2010). Metacognition, strategy use, and instruction. New York, NY: Guilford Press.

Weiner, B. (1986). An attributional theory of motivation and emotion. New York, NY: Springer-Verlag.

Wellman, H. M. (1990). The child's theory of mind. Cambridge, MA: MIT Press.

Wellman, H. M. (2010). Developing a theory of mind. In U. Goswami(Ed.), The Wiley-Blackwell handbook of childhood cognitive development(2nd ed., pp. 258—284). New York, NY: Wiley.

Wellman, H. M., & Banerjee, M. (1991). Mind and emotion: Children's understanding of the emotional consequences of beliefs and desires. British Journal of Developmental Psychology, 9, 191—214.

Wellman, H. M., & Cross, D. (2001). Theory of mind and conceptual change. Child Development, 72, 702—707.

Wellman, H. M., Cross, D., & Watson, J. (2001). Meta-analysis of theory-of-mind development: The truth about false belief. Child Development, 72, 655—684.

Wellman, H. M., & Hickling, A. K. (1994). The mind's"I": Children's conception of the mind as an active agent. Child Development, 65, 1564—1580.

Wellman, H. M., Hollander, M., & Schult, C. A. (1996). Young children's understanding of thought bubbles and of thoughts. Child Development, 67, 768—788.

Wellman, H. M., & Liu, D. (2004). Scaling of theory-of-mind tasks. Child Development, 75, 523—541.

Wellman, H. M., Lopez-Duran, S., LaBounty, J., & Hamilton, B. (2008). Infant attention to intentional action predicts preschool theory of mind. Developmental Psychology, 44, 618—623.

Wellman, H. M., Olson, S., Lagattuta, K., &Liu, D. (2008). Mothers' and fathers' use of internal state talk with their young children. Social Development, 17, 757—775.

Wellman, H. M., & Woolley, J. (1990). From simple desires to ordinary beliefs: The early development of everyday psychology. Cognition, 35, 245—275.

White, B., Frederiksen, J., & Collins, A. (2009). The interplay of scientific inquiry and metacognition: More than a marriage of convenience. In D. J. Hacker, J. Dunlosky, & A. G. Graesser(Eds.), Handbook of metacognition in education(pp. 175－205). New York, NY: Routledge.

White, S., Hill, E., Happé, F., & Frith, U. (2009). Revisiting the Strange Stories: Revealing mentalizing impairments in autism. Child Development, 80, 1097－1117.

Wimmer, H., Gruber, S., & Perner, J. (1984). Young children's conceptions of lying: Lexical realism-moral subjectivism. Journal of Experimental Child Psychology, 37, 1－30.

Wimmer, H., & Mayringer, H. (1998). False belief understanding in young children: Explanations do not develop before predictions. International Journal of Behavioral Development, 22, 403－422.

Wimmer, H., & Perner, J. (1983). Beliefs about beliefs: Representation and constraining function of wrong beliefs in young children's understanding of deception. Cognition, 13, 103－128.

Wimmer, H., & Weichbold, V. (1994). Children's theory of mind: Fodor's heuristics or understanding informational causation. Cognition, 53, 45－57.

Winner, E., Brownell, H., Happé, F., Blum, H., & Pincus, D. (1996). Distinguishing lies from jokes: Theory of mind deficits and discourse interpretation in fight hemisphere brain-damaged patients. Brain and Language, 62, 89－106.

Winner, E., & Leekam, S. R. (1991). Distinguishing irony from deception: Understanding the speaker's second-order intention. British Journal of Developmental Psychology, 9, 257－270.

Woodward, A. L. (2005). The infant origins of intentional understanding. In R. V. Kail (Ed.), Advances in child development and behavior(Vol. 33, pp. 229－262). Oxford, UK: Elsevier.

Woodward, A. L. (2009). Infants' grasp of others' intentions. Current Directions in Psychological Science, 18, 53－57.

Yau, J., Smetana, J. G., & Metzger, A. (2009). Young Chinese children's authority concepts. Social Development, 18, 210－229.

Yirmiya, N., Erel, O., Shaked, M., & Solomonica, D. (1998). Meta-analyses comparing theory of mind abilities of individuals with autism, individuals with mental retardation, and normally developing individuals. Psychological Bulletin, 124, 283－307.

Youngstrom, E. A., & Goodman, S. (2001). Children's perceptions of other people: Mentalistic versus behavioristic descriptions of peers and adults. Developmental Science, 4, 165－174.

Youniss, J. (1975). Another perspective on social cognition. In A. D. Pick (Ed.), Minnesota symposia on child psychology(Vol. 9, pp. 173－193). Minneapolis, MN: University of Minnesota Press.

Youniss, J. , & Volpe, J. (1978). A relational analysis of children's friendship. In W. Damon(Ed.), New directions for child development: No. 1. Social cognition(pp. 1— 22). San Francisco, CA: Jossey-Bass.

Yuill, N. (1997). Children's understanding of traits. In S. Hala(Ed.), The development of social cognition(pp. 273—295). Hove, England: Psychology Press.

Yuill, N. , & Perner, J. (1987). Exceptions to mutual trust: Children's use of second-order beliefs in responsibility attribution. International Journal of Behavioral Development, 10, 207—223.

Zaitchik, D. , Walker, C. , Miller, S. , Laviolette, P. , Feczko, E. , & Dickerson, B. C.(2010). Mental state attribution and the temporoparietal junction: An fMRI study comparing belief, emotion, and perception. Neuropsychologia, 48, 2528—2536.

Zelazo, P. D. , Astington, J. W. , & Olson, D. R. (Eds.). (1999). Developing theories of intention. Mahwah, NJ: Erlbaum.

Zelazo, P. D. , Chandler, M. J. , & Crone, E. (Eds.). (2010). Developmental social cognitive neuroscience. New York, NY: Psychology Press.

Zhang, T. , Zheng, X. , Zhang, L. , Sha, W. , Deak, G. , & Li, H. (2010). Older children's misunderstanding of uncertain belief after passing the false belief test. Cognitive Devehrpment, 25, 158—165.

Ziv, M. , Solomon, A. , & Frye, D. (2008). Young children's recognition of the intentionality of teaching. Child Development, 79, 1237—1256.

人名索引

术语索引

A

Ability，controllability-stability attributions and 归因与能力、可控性－稳定性 172-173

Absent-to-present transitions 从无到有的转变 191

Absolutist reasoning 绝对水平的推理 168

Abstract symbols 抽象符号 144

Academic performance，attributions for 学业成就，归因 172-173

Accidental-intentional attributions 偶然－故意归因 169-172

Adolescents，performance of on theory-of-mind measures 青少年在心理理论测量中的表现 78-81

Adults，performance of on theory of mind tasks 成年人在心理理论任务中的表现 118-121

Affective perspective taking 情感观点采择 156

Aggressive behavior，attribution and 攻击行为的归因 172

Aging 老化 61，64

 changes in higher-order processing 在二阶过程中的改变 78-81

 second-order false belief and 二阶错误信念 61

 theory of mind and 心理理论 61

Agreeableness，correlation of with recursive reasoning 宜人性与递归推理的关系 140-141

Ambiguity 模糊

 evidence and 证据；结论 20

 uncertain beliefs and 不确定的信念 118

 understanding of 理解 20

Ambiguous stimuli 模糊刺激 144

 auditory 听觉 95

 correlation of with other higher-order tasks 与其他高阶任务的关系 100-101

 visual 视觉 95-98；146

Animate targets 有生命的客体 117

Anticipated-interaction condition，person perception and 预期－互动条件，个体感知 176

Appearance-reality distinction 外表－现实区分 17

 autistic individuals and 自闭症患者 30

Argumentative thinking 辩证思维 168

Asperger syndrome，theory-of mind measure of relatives 阿斯伯格症状，对关系的心理理论测量 85-86

Assessment methods 评估方法 62

 evaluating 评估 45-47

 second-order false belief task 二阶错误信念任务 44-50

Assessments，comparison of 评估，比较 13-14

ATOMIC 儿童的模拟心理理论库 78

Attention 注意 114

 infant development and 婴儿发展 26-27

Theory of Mind:Beyond the Preschool Years by Scott A. Miller
Copyright © 2012 Authorized translation from English language edition published by Rout-
ledge Inc. ,part of Taylor & Francis Group LLC.
All Rights Reserved
Copies of this book sold without a Taylor & Francis sticker on the cover are unauthorized and
illegal.

北京市版权局著作权合同登记图字 01－2013－0547 号

图书在版编目(CIP)数据

心理理论:学龄儿童如何理解他人的思想/(美)米勒著;陈英和
译.—北京:北京师范大学出版社,2015.10
 ISBN 978-7-303-19239-7

Ⅰ.①心…　Ⅱ.①米…　②陈…　Ⅲ.①儿童心理学－研究
Ⅳ.①B844.1

中国版本图书馆 CIP 数据核字(2015)第 172809 号

营 销 中 心 电 话　　010-58805072　58807651
北师大出版社学术著作与大众读物分社　http://xueda. bnup. com

XINLI LILUN
出版发行:北京师范大学出版社　http://www. bnup. com
　　　　　北京新街口外大街 19 号
　　　　　邮政编码:100875
印　　刷:北京中印联印务有限公司
经　　销:全国新华书店
开　　本:730 mm×980 mm 1/16
印　　张:17.75
字　　数:333 千字
版　　次:2015 年 10 月第 1 版
印　　次:2015 年 10 月第 1 次印刷
定　　价:45.00 元

策划编辑:何　琳　　　责任编辑:齐　琳　乔　会
美术编辑:袁　麟　　　装帧设计:张洇萌
责任校对:陈　民　　　责任印制:马　洁